Menschen
Christenmenschen

MENSCHEN CHRISTEN-MENSCHEN

Herausgegeben von
Kurtmartin Magiera

Verlag Butzon & Bercker

Mitglied der »verlagsgruppe engagement«

ISBN 3 7666 8839 1

 Umschlaggestaltung: Kurt Wolff. Herstellung: Butzon & Bercker, Graphischer Betrieb, Kevelaer.

Vorwort

Jesus von Nazaret, den wir Christus nennen, ist nicht auf die Welt gekommen, damit wir uns Christen heißen. Er wurde Mensch, um uns zu helfen, selber Menschen zu werden. Menschen, wie sie von Anfang an gedacht sind. Erlöste Menschen, befreite Menschen.

Davon sind wir Christen allesamt weit entfernt. So weit, daß viele, die den von uns ausgerufenen Christus *in uns* suchen und entdecken wollen, in der Regel leer ausgehen. So sehr sind wir Allerwelt angeglichen, daß wir zu Allerweltschristen geworden sind, die das Evangelium zur Vergoldung gutbürgerlicher Existenz mißbrauchen. Kein Mensch erkennt uns am Wochentag. Im Höchstfall einmal in der Woche, wenn wir gestriegelt und gebügelt unserer Sonntagspflicht Genüge tun.

Das ist das Ärgernis!

Wir geben es denen, die den Klartext des Sonntagsevangeliums ernst nehmen und feststellen müssen, daß wir in der Woche auch ganz gut mit einer auf unsere Verhältnisse zugeschnittenen Interpretation auskommen.

Wir geben es denen, die sich in die Hoffnung verrannten, unser Jaja sei wirklich Jaja und unser Neinnein aufrichtig.

Wir geben es denen, die uns heiß wollen und kalt, immer wieder aber unsere Lauheit erfahren mit *ja aber* und *wer wird denn das so wörtlich nehmen* – pharisäisch gegen die Pharisäer, das Evangelium mißbrauchend als Alibi und als Drohmittel.

Christentum auf kleiner Flamme also, gerade noch warmgehalten; eine Botschaft, die nicht wehtut, den Reichen nicht, den Ungerechten nicht, den Habsüchtigen nicht und nicht den Egoisten. Das nur die Kleineleutesünder auf Trab hält, die hungrigen Brot- und Liebediebe in die heißeste Ecke der Hölle versetzt.

Trotz allem: immer wieder die Erfahrung mit einzelnen, die gegen den Strom schwimmen und Zeichen setzen. Die das Wort Jesu lebendig machen, ganze Gemeinden anstecken, infizieren, anheizen und für einen Augenblick die Möglichkeiten aufzeigen, die in der Botschaft des Nazareners enthalten sind. Die seine Worte in die Sprache von heute übersetzen. Die zu denken versuchen, was er gesagt und getan hätte, wären die Fragen von heute seine Fragen gewesen. Die Gegenwart und Zukunftsplan mit seinen Augen zu sehen versuchen, an seinem überlieferten Wort prüfen. So: »Alles, was Jesus entspricht und zu ihm paßt, ist hilfreich für den Menschen auf der Suche nach einer menschlicheren Welt. Was aber nicht zu Jesus paßt, erweist sich zuletzt als einengend, falsch, unmenschlich und bedrohend. Der Vergleich mit Jesus entlarvt und befreit« (Otto Knoch).

Von Menschen, die so denken, von Menschen, die das so Bedachte in ihrem eigenen Leben zu leben versuchen, ist hier die Rede. Einige kennt man, viele kennen nur wenige. Eines aber haben sie gemeinsam: Sie leben aus dem Wort des Nazareners. Darum und nur darum sind sie *Christenmenschen.* Katholiken und Protestanten, Außenseiter und Einzelgänger; Priester, Hausfrauen, Schriftsteller, Nonnen und Kinder; Kranke, Sterbende, Gefangene und Gescheiterte; Helfer, Beter und Demonstranten. Eins nur in einem: sie alle glauben, daß Gott in Jesus von Nazaret geschichtlich greifbar geworden ist als unser Ziel und daß dieses Ziel erreichbar ist für den, der Zeugnis ablegt von diesem Jesus von Nazaret, indem er das tut – und mit seinen schwachen Kräften zu tun versucht – was Jesus als Überlebenschance des Menschen unmißverständlich mit seinem eigenen Leben demonstrierte: *zu lieben.* Mit allen Konsequenzen, die dieses Tätigkeitswort einschließt.

Daniel Berrigan, engagierter Christ im gewaltlosen Widerstand gegen das amerikanische Engagement in Vietnam, formulierte, was die Lebenszeugnisse dieses Buches begründet:

»Ich kann euch nur sagen, was ich glaube. Ich glaube, daß ich nicht befreit werden kann durch Außenpolitik, durch die sexuelle Revolution, durch ein großes Bruttosozialprodukt, durch atomare Abschreckung, durch Priester, Presbyter, Künstler, Klempner, Städteplaner, Sozialwissenschaftler, weder durch den Vatikan noch durch den buddhistischen Weltbund, weder durch Hitler noch durch Jeanne d'Arc, weder durch Engel und Erzengel, noch durch Mächtige und Herrschende.

ICH KANN NUR BEFREIT WERDEN DURCH JESUS CHRISTUS.«

Inhalt

Bis zu dem Tage, an dem seine Sendung begann

EIN GUTER SOHN war er gewesen für Vater und Mutter.
Bis zu dem Tage, an dem seine Sendung begann,
Sein Predigen.
Ein guter Sohn für seine Mutter Maria.
Bis zu dem Tage, an dem seine Sendung begann.
Ein guter Sohn für seinen Vater Joseph.
Bis zu dem Tage, an dem seine Sendung begann.
Kurzum, alles war gut gegangen.
Bis zu dem Tage, an dem seine Sendung begann.

Er war allgemein beliebt.
Jedermann hatte ihn gern.
Bis zu dem Tage, an dem seine Sendung begann.
Die Kameraden, die Freunde, die Gesellen, die Obrigkeit,
Die Bürger,
Vater und Mutter,
Fanden das alles vortrefflich.
Bis zu dem Tage, an dem seine Sendung begann.
Die Kameraden schätzten ihn als guten Kameraden.
Die Freunde als guten Freund.
Die Gesellen als guten Gesellen.
Ohne Dünkel.

Die Bürger schätzten ihn als einen guten Bürger.
Seinesgleichen schätzten ihn als Seinesgleichen.
Bis zu dem Tage, an dem seine Sendung begann.
Die Bürger schätzten ihn als einen guten Bürger.
Bis zu dem Tage, an dem seine Sendung begann.
Bis zu dem Tage, an dem er sich offenbarte als ein anderer Bürger.

Als der Begründer, als Bürger einer anderen Stadt.
Nämlich der himmlischen Stadt.
Und der ewigen Stadt.

Die Obrigkeit fand das alles recht gut.
Bis zu dem Tage, an dem seine Sendung begann.
Die Obrigkeit fand, daß er ein Mann der Ordnung sei.
Ein bedächtiger junger Mann.
Ein friedlicher junger Mann.
Ein gesitteter junger Mann.
Bequem zu regieren.
Und der dem Kaiser gab, was des Kaisers ist.
Bis zu dem Tage, an dem er die Unordnung begann.
Die Unordnung einführte.
Die größte Unordnung, die es gab in der Welt.
Die es jemals gab in der Welt.
Die größte Ordnung, die es gab in der Welt.
Die einzige Ordnung.
Die es jemals gab in der Welt.

Bis zu dem Tage, da er andere Wege ging.
Und, da er andere Wege ging,
die Welt auf einen anderen Weg brachte.

Bis zu dem Tage, an dem er sich offenbarte
Als einzige Herrschaft der Welt.
Als Herr der Welt.

Charles Péguy

Ich sage nicht Amen

Der Armenpfarrer am Stadtrand von Paris, *Père Christian*, hat so etwas wie eine Autobiographie geschrieben. Notizen, aufbewahrt im Zettelkasten der Erinnerung. Ein ungeschminkter, keinen Augenblick langweiliger Bericht eines Lebens, der wie selten einer die Quellen erschließt, aus dem dieser Mann, randvoll zugeschüttet mit den Lasten und Sorgen anderer, sein Menschsein speist: eine unsentimentale, ins Unreine (seines unsauberen Alltags!) gesprochene Rede über der Christen Pflicht zur Solidarität mit dem geschundenen Menschen.

Jedes Wort ist durch Leben beglaubigt. Nichts ist abgewogen, abgesichert. Er gibt sich lächelnd Blößen. Was er ist? Ein franziskanischer Mensch, anstrengend und fröhlich. Schon ein paar Notizen beweisen es.

ICH LANGWEILE MICH NIE, und ich verzweifle niemals am Menschen. Ich schimpfe, ich verstehe nicht, aber ich sage nicht Amen! (Die Leute von uns tun das übrigens alle nicht.) Ich räsoniere folgendermaßen: die einen haben ein ganzes Faß zu füllen, und es gibt andere, die nur einen kleinen Becher zu füllen haben. Das Wesentliche ist, daß sie dann wenigstens ihren Becher füllen! In jedem menschlichen Leben gibt es eine Stunde X, die beim Schopf gepackt werden muß, und von da an beginnt der Mensch seinen Aufstieg und nimmt seinen Platz ein.

So spielt sich das also ab. Es gibt Leute, deren Lebensweg man seit 35 Jahren verfolgt und bei denen man immer noch kein Ergebnis sieht, aber an denen man trotzdem nicht verzweifeln muß. Was mich am meisten ärgert, ist, wenn ich mich sagen höre: »Da kann man nichts machen!« Ich habe immer in meinem Kopf eine kleine reservierte Ecke, in der ich mir sage, daß immer noch irgend etwas zu machen geht, wenn nicht, ist es tra-

gisch. Wenn ich z. B. gezwungen bin, das über gewisse Alkoholiker zu sagen, erschüttert es mich zutiefst.
Ich bin tief erschüttert, aber ich zeige es nicht, denn die Traurigkeit darf man nicht zeigen, man muß immer fröhlich sein. Ich bewundere die Clowns; sie haben eine sensationelle Berufung: sie behalten ihre Schmerzen, ihr Leiden für sich, sie müssen alle ihre Probleme lösen, aber den ganzen Zirkus zum Lachen bringen. Ach ja, das ist schön! Ich bin für die Freude gegenüber allem und allen, indem man das Drama seines eigenen Lebens versteckt. Es kommt zwar vor, daß man sich zuweilen niederdrücken läßt und überanstrengt ist, natürlich, denn ein solches Verhalten ist sehr ermüdend.

Für niemanden und nichts ...

Noch etwas anderes: man sieht Arbeiterfamilien, die nicht wissen, wo sie am Sonntag hingehen sollen, obwohl sie doch wissen, daß da ganz in der Nähe hektarweise Parkanlagen sind, die niemandem und zu nichts dienen. Diese Besitztümer müßten die Tore weit offen haben! Natürlich würde man auf den Raseneinfassungen herumtrampeln, aber die Leute im Haus könnten dann ja am Montagmorgen einen Rechen zur Hand nehmen, das würde ihnen guttun! Es stimmt, was ich da sage. Ich habe es bereits dem Ökonom eines riesigen Colleges von 700 Schülern gesagt, das drei Monate im Jahr leer ist, und das mit seinen Schwimmbädern und allem Komfort! Er hatte dann eine Stadtranderholungsgruppe aus Paris: da gab es 50 zerdepperte Fensterscheiben, etwa zehn kaputte Tische, und danach hat er zu mir gesagt: »Verstehen Sie – unter diesen Umständen kann ich das nicht noch mal machen!« »Aber«, habe ich ihm geantwortet, »welches gemeinsame Maß gibt es zwischen zehn zerbrochenen Tischen, 50 zersplitterten Fensterscheiben und 150 Jungen, die man aufgenommen hat und von denen vielleicht 50 dabei gelernt haben, daß sie einen Vater im Himmel haben? Welches gemeinsame Maß wollen Sie zwischen zwei solchen Dingen aufstellen? Es gibt keines. Es gibt auf der einen Seite das Evangelium und auf der anderen Seite eben nicht das Evangelium: eine ganze Unendlichkeit trennt diese beiden Konzeptionen!« Aber daran hatte er natürlich nicht gedacht, weil er Ökonom geblieben war. Er hatte in dieser Situation nicht die Präsenz Jesu Christi und seines Wortes beachtet.

Ich glaube, Satan gesehen zu haben

Ich weiß nicht, ob Satan eine Person ist oder nicht, ich diskutiere nicht darüber. Ich bin nicht schlau genug, um es zu tun, und außerdem weiß ich darüber nichts. Ich bin eher wie die Kinder, die einem sagen: »Ich weiß es nicht ... ich hab es noch nie gesehen.« Es scheint mir aber, daß ich ihn sogar gesehen habe. Das Geld ist es, der Gewinn ohne Scham, Gewinn ohne Gewissen, Gewinn ohne tiefe Ehrfurcht vor der menschlichen Person. Das ist Satan!

Ich habe meine Überzeugungen vom Vater geerbt, das kann ich unmöglich leugnen. Es gibt Dinge, die getan werden müssen. Für mich heißt Revolution nicht unbedingt Blut. Wenn ich gewisse Typen sehe, die das Foto des Che bei sich daheim haben, bringt es mich ein bißchen zum Lachen, wenn ich daran denke, was sie sonst noch alles haben: Landhaus, sensationelle Ferien, Sportwagen...! Das hat mich dazu gebracht, zu einem Typ von den Maoisten zu sagen: »Statt dir einen Sportwagen zu kaufen, hättest du besser daran getan, einen Bus zu kaufen, um die Kameraden zu transportieren.« Das akzeptiert man nicht; was man aber sehr wohl akzeptiert, ist, einen Pelzmantel zu besitzen und großes Einkommen und trotzdem revolutionär zu sein! Ich stelle mir deswegen verdammte Fragezeichen, denn ich glaube an das Teilen. Es muß da etwas auf gleiche Ebene gebracht werden, wenn man bedenkt, daß, wenn man dahin gekommen ist, wo sie sich befinden, dies dank der ganzen Gesellschaft geschehen ist und nicht dank ihnen allein: gut, sie sind intelligent, aber sie haben auch das Glück gehabt, jemanden auf ihrem Weg zu finden, sonst wären sie vielleicht Erdarbeiter geworden!

Wenn ich an Maria denke ...

Was ist uns versprochen worden? Wenn ich an die Jungfrau Maria denke, sehe ich sie nicht als Mutter Gottes, auch nicht als die kleine Frau aus Nazareth. Für mich ist sie die Frau, die ganz allein inmitten der schreienden Masse steht, die gegen ihren

Sohn schreit: »Zum Tode«, und sie bleibt ganz aufrecht inmitten der Menge stehen. Da also sehe ich die Jungfrau Maria: mitten im Streit! Und da soll sie auch bleiben, davon spricht man nie; denn diejenigen, die darüber sprechen, wissen nicht, was es heißt, sich inmitten einer Menge zu befinden, die ungerechterweise gegen jemanden schreit, und wenn man ganz allein gegen alle steht oder fast allein und trotzdem schweigend da bleibt. Das ist für mich die Jungfrau Maria, nicht die, die ihren Sohn am Fuß des Kreuzes empfängt, sondern jene, die aufrecht inmitten der von Haß schreienden Menge stehen bleibt. Das also ist für mich die Jungfrau Maria, und auch die Kirche ist so, und das ist der Grund, warum ich kein bißchen erschrocken bin. Es ist doch absolut in Ordnung, und ich verstehe nicht, ich schaffe es einfach nicht zu begreifen, daß man dermaßen Ärgernis nimmt, wenn ich an die ganze Geschichte und den ganzen Weg denke, den die Kirche durch die Zeitalter hindurch gemacht hat: immer ist es so gewesen! So bringen mich die Uneinigkeit und die Widersprüche in keinster Weise durcheinander: so ist die Kirche! Man hat ihr weder ein sanftes Leben noch permanenten Erfolg versprochen. Jesus Christus selbst hat das nie gehabt, im Gegenteil! Und die Kirche – noch einmal – ist für mich die Jungfrau Maria inmitten einer Menge, die ihren Haß gegen den Gerechten, gegen die Quelle der Gerechtigkeit, herausschreit. Die Kirche weiß wohl, daß das für sie ein normales Klima ist! Es gibt zwar die Sonne, die zermalmt, und die Sonne, die guttut. Es gibt die Wärme, die wohltuend ist, und das Unwetter, das alles zerstört ... Natürlich! Aber das greift meine Sicherheit und meinen Frieden nicht an. Überhaupt nicht! Der Welt mangelt es an Hoffnung, das ist die Tugend, die ihr am meisten mangelt; ich habe es bereits gesagt, und ich werde es leider Gottes noch oft sagen müssen!

Paulette und ihren Mann zum Beispiel:

Ich kenne noch viele andere außergewöhnliche Typen. Paulette und ihren Mann zum Beispiel: sie haben in eigener Verantwortung in Orléans ein Center des Blauen Kreuzes für 20 Geisteskranke in Freiheit aufgemacht, mit allem, was das an Pflege, Heilmitteln, Therapien usw. mit sich bringt: 20 Geisteskranke, die man in den Fabriken halten muß, fulltime, trotz gewisser Mängel in ihren Reflexen und in der Abfolge ihrer Gesten. Sie haben drei Kinder. Paulette ist in St. Colombe geschult worden. Trotz der Last der drei Kinder machen sie fantastische Sachen, alle beide, ohne übrigens je die Zeit zu haben, abends zu Versammlungen zu gehen, denn bis heute sind sie immer erst um 11.30 Uhr ins Bett gegangen, und er ist jeden Morgen um fünf Uhr aufgestanden, um bei der Ankunft und dem Aufbruch der Kranken dabei zu sein, mit allen Haken, die das jeden Tag mit sich bringt. Sie haben ein Gebäude und wohnen zusammen mit den Geisteskranken. Sie kümmern sich um sie, um die Verwaltung, um die Führung, um die Heilmittel, die gegeben werden müssen, die Kontrollen, die Beziehungen mit den Fabriken und alles und alles ... Paulette und ihr Mann ... Er ist ein ehemaliger Gewerkschaftler von Simca, der für den bezahlten Urlaub gekämpft hat, er ist ein großer Typ! Er kennt das Arbeiterleben, er ist voller gesundem Menschenverstand. Auch Paulette ist bemerkenswert: sie hat sich ganz allein gebildet, und das setzt eine wenig übliche Intelligenz voraus: sie mußte mehr als die anderen durch die wirklichen Fakten des Lebens sich bilden lassen. Ergebnis? Sie konnte mit 15 Mädchen vom »Guten Hirten« hinausgehen, der sich in der Nähe von St. Colombe befand, ohne daß je eine abgehauen wäre, einfach weil sie eben Paulette war! Ich könnte noch massenweise Fälle zitieren, wie den Fall dieses Paares, haufenweise Leute, die wunderbare Dinge auf der Ebene des Teilens und der Liebe tun.

Wenn ich meine Arbeit tue,
soll auch Gott die seine tun!

Ja, ich hasse den Rassismus, aber ich hasse noch etwas anderes: daß man mir von Bekehrungen spricht! Ich lege Wert darauf, es zu unterstreichen, daß der erste Fall, wo jemand aus Sainte Colombe herausgeworfen worden ist, der Fall desjenigen war, der ein Kreuz geschlagen hat, um mich günstiger zu stimmen, und dabei Theater gespielt hat. Ich will nicht, daß man mit dem Christentum spielt! Es gibt Leute, die sagen zu mir: »Alles das ist wunderbar, aber was tun Sie in Ihrem Center, um die Leute zu bekehren!?« Also: das ist ganz einfach: Ich spreche nicht

über Konversionen, weil ich nicht weiß, was das heißt. Wenn man zu mir sagt: »Haben Sie einen Protestanten bekehrt?« antwortete ich: »Ich bekehre keine Protestanten! Ich sage dem Protestanten einfach, daß er ein echter Protestant und ein wirklicher Christ sein soll: das ist alles, was ich zu ihm sage.« Ich weiß nicht, ob ich jemanden bekehre, der vom Kommunismus zum Sozialismus übergeht, ich weiß es nicht, und ich will mir dieses Recht nicht anmaßen, das wäre absolut abstoßend. Wenn ich meine Arbeit tue – ich tue sie nicht, wie ich es sollte, und ich schäme mich, wenn ich das Leben gewisser Leute anschaue und die Askese der Armen sehe – wenn ich versuche, meine Arbeit zu tun, eh bien, dann soll Gott auch die seine tun, das ist alles! Es interessiert mich absolut nicht, ob die Leute, die hier ankommen, Christen sind oder nicht. Ich hasse es, Hintergedanken zu haben und weigere mich absolut, an deren Konversion zu denken. Ich will nichts aus selbstischem Interesse machen – selbst nicht aus geistlichem Interesse: wenn ich meine Arbeit mache, soll Gott die seine tun, das ist alles.
Ich hasse den Satz: »Bekehren Sie sie wenigstens?« Ich bin selber nicht bekehrt. Wenn ich es wäre, wäre ich anders! Oder aber es kommt auch vor, daß man zu mir sagt: »Sind sie ihnen dankbar?« Das ist auch nicht besser.

Ich möchte als Eremit enden

Wenn ich mein Leben ansehe und diese Versuchung mich anspringt, sage ich nein, denn es ist unmöglich: ich kenne zu viele Leute, um einfach so abhauen zu können. Aber gleichzeitig sage ich mir: »Ich möchte als Eremit enden« ... Natürlich erst in dem Augenblick, in dem ich keinem Menschen mehr einen Dienst erweisen kann! Dann würde ich den Kameraden nicht lästig fallen. Ich will nicht, daß sie mir den Speichel abwischen und ein Lätzchen umbinden ... Nein! Ich will nicht lästig sein, nicht sie zwingen, Opfer zu bringen! Ich denke, daß sie im übrigen genug zu tun haben werden! Was klar ist, daß ich nicht aus Überdruß an der Welt als Eremit enden will; nein, nein und nochmals nein! Vielmehr will ich es, um mich in die reine Kontemplation zu versenken. Eremit sein gegenüber einem Gebirge, oder am Meer, mit Blumen vor mir. Feldblumen natürlich, denn die sind die schönsten ...

Père Christian

Neue Samariter

Telefonseelsorge – heute findet man ihre Notrufnummern überall. Einmal aber hat das angefangen. Entdeckte einer, daß das Telefon die Stelle sein kann, an der der Samariter stolpern muß, wenn er seinen unter die Räuber Gefallenen finden will; den Ausgeplünderten, seelisch Ausgeplünderten: den aus dem Gleis Gekommenen, den keiner sehen will, keiner anfassen – Unberührbare in den Gettos einer selbstbewußten Zivilisation, die Erfolg, persönliches Glück, Reichtum auf ihre Plakate pinseln läßt. Kein Wunder, daß der »Muffel« beargwöhnt wird.
Chad Varah, 1953 blutiger Anfänger am Telefon in London, hört den Ausweglosen zu. Er bietet sich an, versucht unaufdringlich zu helfen. Auch über ein Gespräch hinaus. Er fand Helfer. Unser Bericht zeigt, wie es bei ihnen zugeht.

EIN BEISPIEL, wo ein solcher von Laien gespendeter Trost erreichte, was weder eine ärztliche Behandlung noch Beratung hätte bewirken können:
eine Paranoid-Schizophrene, die als ungefährlich galt, war aus der Heilanstalt entlassen worden, als keinerlei Besserungsmöglichkeiten für ihren Zustand mehr bestanden. Ihr Ehemann wollte sie nicht wieder aufnehmen. (Wir hatten mehrere solcher Fälle, einige, bei denen eine andere Frau im Spiel war, einige ohne das – ich werde nicht sagen, um was für einen Fall es sich hier handelte, damit nicht etwa eine dieser Frauen sich hier wiederzuerkennen meint und glaubt, auch andere Menschen könnten sie erkennen.)
Diese Frau war sehr einsam und hätte sich wohl auch kaum mit jemandem anfreunden können, denn sie war äußerst langweilig und außerdem sehr mißtrauisch und empfindlich. Sie kam zu uns, um uns zu bitten, ihr eine Arbeit zu verschaffen: einer

der zahlreichen Menschen, die uns ein Nebenproblem statt ihres Hauptproblems vorlegen. Sie war damals kaum arbeitsfähig, und hätten wir jemanden überredet, sie einzustellen, so hätte derjenige uns bestimmt in dieser Weise nicht noch einmal geholfen. Es war unvorstellbar, welches Chaos sie an den Arbeitsstellen, die sie gelegentlich fand, hinterließ; offenbar konnten sich die betreffenden Firmen das leisten, aber ihr selbst war (außer finanziell) keineswegs damit gedient, wenn sie immer wieder hinausgeworfen wurde und man ihr dabei, statt die Kündigungsfrist einzuhalten, lieber das Geld auszahlte. Ihr wurde ein sehr geduldiger und unermüdlicher Samariter-Helfer zugeteilt, der viele Jahre hindurch unzählige Stunden mit ihr verbrachte. Es gab abwechselnd Fortschritte und Rückschläge, und man konnte nie von einer »Heilung« sprechen, doch die Frau konnte immerhin zeitweilig über einen relativ langen Zeitraum hin eine leichte Beschäftigung beibehalten, ihr Leben war viel glücklicher geworden, und ihr Geisteszustand besserte sich. Ich hätte sicher nicht den gleichen Erfolg wie dieser Helfer erzielen können – dazu gehörte mehr, als nur genügend freie Zeit zur Verfügung zu haben.

Ein anderer Fall, wo Freundschaft die einzige Hilfe war, nachdem alles andere versagt hatte, war ein Mann, der an einer tiefen Depression litt und sich konstant weigerte, einen Arzt aufzusuchen, obgleich er mir zustimmte, daß nur ärztliche Behandlung seine Depressionen heilen könnte. Er deutete an, daß er von einem Nachbarn (der jemanden kannte, der das durchgemacht hatte) irreführende Greuelgeschichten über Elektroplexie gehört hatte; er nannte es »Schock-Therapie«, obgleich dabei gar kein Schock entsteht (sogar eventuelle Krämpfe werden heute durch entspannende Medikamente vermieden), und sagte, nur über seine Leiche könnte man ihm das antun. Ich sagte ihm, daß der Arzt zu entscheiden habe, welche *Art* der Behandlung notwendig sei, und daß es ohne Behandlung sehr gut eine Leiche geben könne, an die dann niemand mehr Elektrizität oder entkrampfende Mittel verschwenden würde. Nachdem wir eine Stunde debattiert hatten, stimmte er mir zu, daß eine Behandlung ihm keine Schmerzen bereiten und seine Depressionen mildern würde, fügte jedoch hinzu, daß er sich auf gar keinen

Fall behandeln lassen würde. Er wies mich auf das hin, was ich in der Zeitung geschrieben hatte, daß es nämlich den Hilfesuchenden frei stünde, zu kommen und zu gehen, und daß wir, wenn sie nach einem Gespräch mit uns immer noch Selbstmord begehen wollten, sie nicht mit Gewalt davon zurückhalten würden. Ich stimmte ihm zu und fragte ihn, ob ihn ein Samariter nach Hause fahren sollte. Ich weiß nicht mehr, ob er der Mann war, der aus irgendeinem Grunde, den wir nie klären konnten, ständig eine schwere Nähmaschine mit sich herumtrug, auf jeden Fall nahm er das Angebot an, und ich sagte dem Samariter, den ich als seinen Betreuer ausgesucht hatte, kurz, worum es sich handelte. Dieser Samariter sprach nie von irgendeiner Behandlung oder von Depressionen oder von mir, sondern er bemühte sich, mit dem Mann Freundschaft zu schließen. Einige Wochen später (nach einigen gefährlichen kritischen Situationen, während derer sein Freund die ganze Nacht mit ihm durchwachte) bat der Kranke, zum Arzt gebracht zu werden, denn er wolle seinem Freund »nicht weiter so zur Last fallen«. (Dieser Mann bekam dann Elektroplexie und war innerhalb von drei Wochen geheilt.)

Noch ein anderes Beispiel, wo Freundschaft die richtige Lösung war: ein junger Mann, der sehr unter seiner Schüchternheit litt und sich fragte, ob er vielleicht homosexuell sei, da er sich nie traute, ein Mädchen anzusprechen, und völlig gehemmt war, wenn er angesprochen wurde. Seine einzige sexuelle Erfahrung (abgesehen von der üblichen Selbstbefriedigung in der Pubertät, die ihm aber dank eines weisen Pfarrers, der ihn konfirmiert hatte, nichts mehr zu schaffen machte) lag Jahre zurück, er hatte sie mit einem anderen Jungen in seiner Schule, von dem die Initiative ausging. Solche Fälle kommen gewöhnlich zunächst zumindest zu einer kurzen Beratung zu mir, er jedoch kam gleich zu einem Helfer, da ich zu der Zeit überlastet war, und als wir dann eine Beratung ansetzen wollten, stellte sich heraus, daß sie nicht mehr notwendig war. Sein Helfer hatte das Problem nicht als Frage der Homosexualität angesehen, denn der junge Mann war gleich schüchtern gegenüber Angehörigen beider Geschlechter. Der Samariter betrachtete es einfach als einen Fall von Vereinsamung, die durch einen Mangel an Selbstbewußtsein hervorgerufen war (wenn allerdings irgendwelche Komplikationen entstanden wären, hätte er davon natürlich sofort berichtet, und wir hätten eine Beratung angesetzt). Der Helfer nahm den jungen Mann zu allen möglichen Veranstaltungen mit, wo sich junge Menschen beiderlei Geschlechts trafen, er machte ihn aufgeschlossen, sorgte dafür, daß er sich an Unterhaltungen beteiligte, gab ihm die Chance, kleine Geschichten aus seinem Leben zu erzählen, die er vorher aus ihm herausgeholt hatte und unterhaltsam fand, und so weiter. Nachdem er das einige Wochen mit ihm so gemacht hatte, fand der junge Mann einen eigenen Freundeskreis, obgleich er glücklicherweise sicher niemals eine Partykanone werden würde. Nach einigen Monaten fand der junge Mann auch eine Freundin, und der Samariter zog sich zurück, nachdem es mit seiner Hilfe gelungen war, das Leben des jungen Mannes vollkommen zu verändern. Es war typisch, daß dieser Helfer, als er ein kleines Lob bekam – was selten genug geschieht –, nur vor sich hinmurmelte, er habe doch eigentlich gar nichts getan. Das hatte er auch nicht: außer, daß er ein Samariter war und die Not dieses jungen Mannes verstand.

Alle diese Helfer waren glücklich, zu einer Gemeinschaft von Laien zu gehören, die, wie der Samariter im Gleichnis, von Mitleid mit der verzweifelten Lage ihrer Mitmenschen bewegt sind und die, da ihnen eine fachliche Ausbildung oder Kompetenz fehlt, statt dessen sich selbst und was sie geben können anbieten, nämlich ihre persönliche Anteilnahme, ihre Zeit und ihre Freundschaft.
Es gibt alle Arten von Samaritern, in jeder Altersstufe, Männer und Frauen, aus jeder Gesellschaftsschicht, mit allen möglichen Interessen; es sind weitaus genug, um einen Notruf 24 Stunden am Tag zu besetzen, und für jeden Hilfsbedürftigen, der einen wahren Freund sucht, gibt es eine »passende Auswahl«. Der Samariter hört zu, nimmt die Situation in sich auf, kümmert sich; und genau das kann über Leben und Tod derjenigen entscheiden, die glauben, daß niemand Zeit für sie hat, daß sie ausgestoßen sind, daß sich kein Mensch um sie kümmert.

Chad Varah

Eine Siebzehnjährige stirbt

Die Schweizer Ärztin *Elisabeth Kübler-Ross,* seit Jahren in den USA als Psychiaterin tätig, machte im Rahmen eines Seminars für Ärzte, Theologen, Krankenhausseelsorger, Schwestern und Studenten den Versuch, ohne jede Sensationsmache eins der bestgehüteten Tabus aufzubrechen: das Gespräch über den Tod. Das Reden über den eigenen Tod. Ihre Absicht erläutert sie so:
»Wir haben Patienten« – sogenannte hoffnungslose Fälle – »gebeten, unser Lehrer zu werden, damit wir mehr als bisher über die Endstation des Lebens wissen, über seine Ängste, Sorgen und Hoffnungen.« So entstanden Berichte, *Interviews mit Sterbenden,* »die ihre Kämpfe, Erwartungen und Enttäuschungen mit uns teilen, und ich hoffe, daß es andere ermutigt, den ›Hoffnungslosen‹ nicht aus dem Weg zu gehen, sondern sie aufzusuchen, weil man ihnen in den letzten Stunden viel helfen kann.«
Das nachfolgende Interview mit einer Siebzehnjährigen, die an aplastischer Anämie litt, erweist sich als exemplarisches Glaubenszeugnis eines jungen Mädchens, das ohne Angst, in Gegenwart vieler junger Studenten, Auskunft gibt über ihr Leben und ihren Tod.

Ärztin: ICH MÖCHTE ES IHNEN möglichst leicht machen. Geht es so? Und sagen Sie, wenn Sie zu müde oder wenn die Schmerzen zu groß werden. Können Sie der Gruppe berichten, wie lange Sie krank waren und wie alles begann?
Patientin: Es kam einfach über mich.
Ärztin: Und auf welche Weise?
Patientin: Wir hatten in einem kleinen Nachbarort eine Veranstaltung von der Kirche. Ich hatte an allem teilgenommen. Dann gingen wir zum Essen ins Schulgebäude, ich nahm mein

Tablett und setzte mich. Plötzlich wurde mir sehr kalt, ich bekam Schüttelfrost und einen scharfen Schmerz in der linken Seite. Man brachte mich ins Haus des Pastors und legte mich ins Bett. Der Schmerz wurde heftiger und ich immer noch kälter. Sie holten ihren Arzt, der sprach von Blinddarm und ließ mich ins Krankenhaus bringen – da verging der Schmerz ganz von selbst. Sie haben mich gründlich untersucht und mir gesagt, es sei nicht der Blinddarm. Also fuhr ich mit den anderen wieder nach Hause. Ein paar Wochen lang war alles in Ordnung, ich ging wieder zur Schule.

Ärztin: Woran glaubten Sie zu leiden?

Patientin: Ich hatte keine Ahnung. Nach ein paar Wochen wurde ich sehr krank, fiel die Treppe hinunter und wurde ohnmächtig. Unser Hausarzt sagte, ich sei anämisch. Im Krankenhaus gab man mir Blutinfusionen. Dann begann es hier drinnen sehr weh zu tun. Man hielt es für die Milz und wollte sie entfernen, sie haben viele Röntgenaufnahmen gemacht. Aber ich hatte sehr viele Beschwerden und man wußte nicht, was man tun sollte. Schließlich wurde Dr. Y. konsultiert, ich kam in diese Klinik hier zu einer zehntägigen Untersuchung. Sie machten immer neue Röntgenaufnahmen und stellten schließlich fest, daß ich an aplastischer Anämie litt.

Student: Wann war das?

Patientin: Mitte Mai etwa.

Ärztin: Was bedeutet das für Sie?

Patientin: Ich wollte gern Klarheit haben, weil ich so viel in der Schule versäumte, außerdem waren die Schmerzen oft unangenehm – überhaupt, man möchte doch wissen, woran man ist. Deshalb blieb ich zehn Tage in der Klinik und ließ die vielen Untersuchungen über mich ergehen. Sie sagten mir, um was es sich handelte und daß es nicht schlimm sei. Sie hatten keine Ahnung, wodurch die Krankheit ausgelöst worden war.

Ärztin: Man sagte Ihnen, es sei nicht schlimm?

Patientin: Ja, meinen Eltern hat man die Wahrheit mitgeteilt. Meine Eltern haben mich dann gefragt, ob ich alles wissen wolle, ich sagte ja. Also haben sie mir Bescheid gesagt.

Student: Wie haben Sie es aufgenommen?

Patientin: Zuerst wußte ich nicht, wie ich es auffassen sollte, dann fand ich sozusagen heraus, daß Gott meine Krankheit wollte, denn ich war so plötzlich krank geworden und war vorher immer gesund gewesen. Und ich stellte mir vor, daß Gott für mich sorgt und ich keinen Grund habe, traurig zu sein. Das habe ich seitdem immer gespürt, und ich glaube, das hat mich bisher auch am Leben erhalten.

Student: Sind Sie manchmal sehr deprimiert?

Patientin: Nein.

Student: Glauben Sie, daß andere in Ihrer Lage deprimiert wären?

Patientin: Manchen geht es sehr, sehr elend. Ich weiß, dagegen gibt es kein Mittel, jeder, der schwer krank wird, fühlt sich wohl einmal niedergeschlagen.

Student: Wünschen Sie manchmal, daß nicht gerade Ihre Eltern Ihnen die Wahrheit mitgeteilt hätten – vielleicht wäre es Ihnen lieber gewesen, wenn die Ärzte gekommen und Ihnen berichtet hätten?

Patientin: Nein, es ist mir lieber, daß meine Eltern mit mir gesprochen haben. Nein, wirklich, es war ganz richtig, daß sie mich aufgeklärt haben ... aber ich hätte es sehr angenehm gefunden ... wenn der Arzt es mir mitgeteilt hätte. (Dieser Satz zeigt einen gewissen Zwiespalt in ihrer Reaktion auf die Benachrichtigung durch die Eltern.)

Student: Glauben Sie, daß die Menschen, die mit Ihnen beschäftigt sind – Ärzte und Schwestern –, das Thema vermeiden?

Patientin: Mit mir sprechen sie nie darüber, höchstens mit meinen Eltern, die es mir dann sagen sollen.

Student: Glauben Sie, daß Sie jetzt anders über die Konsequenzen Ihrer Krankheit denken als in der ersten Zeit, nachdem Sie mit der Wahrheit konfrontiert wurden?

Patientin: Nein, ich empfinde es genauso.

Student: Haben Sie viel darüber nachgedacht?

Patientin: Na ja.

Student: Und dadurch haben sich Ihre Empfindungen nicht verändert?

Patientin: Nein. Ich habe gerade Schwierigkeiten hinter mir, weil man keine brauchbaren Venen bei mir findet. Da sind so viele Dinge und immer neue Schwierigkeiten, aber man muß an seinem Glauben festhalten.

Student: Meinen Sie, daß Ihr Glaube sich in dieser Zeit noch gefestigt hat?

Patientin: Ja, das meine ich.
Student: Haben Sie sich also hierin nicht doch gewandelt? Ist Ihr Glaube jetzt nicht die wichtigste Hilfe, die Sie durchbringen wird?
Patientin: Ich weiß es nicht, es heißt, daß ich nicht durchkommen werde, aber wenn er es will, werde ich gesund werden.
Student: Hat sich Ihre Persönlichkeit verändert, haben Sie jeden Tag irgendwelche Veränderungen bemerkt?
Patientin: Ja, ich komme mit mehr Menschen gut aus. Allerdings habe ich mich schon immer mit Menschen verstanden. Ich besuche die Patienten und helfe ihnen. Auch mit den Zimmergenossen verstehe ich mich, und das ist gut, weil ich dann jemanden habe, mit dem ich sprechen kann. Wissen Sie, wenn man deprimiert ist, hilft es, mit anderen Leuten zu sprechen.
Ärztin: Sind Sie oft deprimiert? Vorher waren Sie zu zweit im Zimmer, jetzt sind Sie ja allein?
Patientin: Das hat man wohl so angeordnet, weil ich so elend war. Seit einer Woche bin ich nicht mehr aus dem Zimmer gekommen.
Ärztin: Werden Sie jetzt müde? Sagen Sie es mir, damit wir die Sitzung beenden.
Patientin: Ich bin überhaupt nicht müde.
Student: Haben Sie festgestellt, ob sich Ihre Umgebung, Familie und Freunde, jetzt anders als vorher verhält?
Patientin: Ich bin meinen Angehörigen viel näher gekommen. Wir kommen gut miteinander aus, mein Bruder und ich verstanden uns schon sehr gut, als wir klein waren. Er ist achtzehn, ich bin siebzehn, wir sind nur vierzehn Monate auseinander. Auch meine Schwester und ich stehen uns sehr nahe, und sie und meine Eltern sind sich näher gekommen. Ich kann besser mit ihnen reden, und sie – ich weiß nicht, aber ich habe einfach das Gefühl größerer Verbundenheit.
Student: Ihre Beziehung zu Ihren Eltern hat sich vertieft, ist bereichert worden?
Patientin: Und auch zu anderen jungen Leuten.
Student: Empfinden Sie das als eine Art Hilfe in Ihrer Krankheit?
Patientin: Ja, ich glaube nicht, daß ich es ertragen würde ohne meine Familie und meine vielen Freunde.

Student: Sie möchten Ihnen auf jede Weise helfen. Wie ist es mit Ihnen – können Sie ihnen auf irgendeine Art auch helfen?
Patientin: Ich versuche ... wenn sie kommen, versuche ich, ihnen die Sache leicht zu machen, damit sie beruhigt nach Hause gehen.
Student: Sind Sie sehr niedergeschlagen, wenn Sie allein bleiben?
Patientin: Es ist schon fast wie eine Art Panik, denn ich mag gern andere Leute, und ich mag, wenn Menschen um mich sind ... Ich weiß nicht, wie es kommt, aber wenn ich allein bin, tauchen alle Probleme auf. Manchmal fühlt man sich deprimiert, wenn man mit niemandem sprechen kann.
Student: Ängstigt Sie irgend etwas besonders, wenn Sie allein sind?
Patientin: Nein, es ist nur das Gefühl, allein zu sein und sich mit niemandem unterhalten zu können.
Ärztin: Wie waren Sie, ehe Sie krank wurden? Waren Sie sehr gesellig, oder mochten Sie gern allein sein?
Patientin: Ich ging sehr viel aus, ich trieb gern Sport, mochte gern irgendwohin gehen, spielen und Veranstaltungen mitmachen.
Ärztin: Sind Sie vor Ihrer Erkrankung jemals längere Zeit allein gewesen?
Patientin: Nein.
Student: Wenn Sie zurückblicken – wäre es Ihnen lieber gewesen, wenn Ihre Eltern noch gewartet hätten, ehe sie Ihnen die Wahrheit mitteilten?
Patientin: Nein, ich bin froh, daß ich sie so rasch erfuhr, ich meine, es wäre am besten gewesen, wenn ich vom ersten Augenblick an gewußt hätte, daß ich an dieser Krankheit sterben werde und daß sie mir nichts vorzumachen brauchten.
Student: Was erschreckt Sie am meisten – welche Vorstellung haben Sie vom Tode?
Patientin: O ich glaube, er ist wunderbar, weil man ja nach Hause kommt, in das andere Zuhause, zu Gott. Ich fürchte mich nicht vor dem Sterben.
Ärztin: Haben Sie irgendeine bildliche Vorstellung von diesem »anderen Zuhause«? Wir alle machen uns ja irgendein Bild, sprechen aber niemals darüber. Möchten Sie jetzt darüber sprechen?
Patientin: Ich stelle es mir ungefähr wie ein Treffen vor, zu

dem alle kommen, wo es herrlich ist und wo noch einer anwesend ist – ein Besonderer, Sie wissen. Und dadurch wird alles ganz anders sein als sonst.

Ärztin: Und wie werden wir uns dort fühlen?

Patientin: Ach, herrlich! Es wird keine Nöte mehr geben, man ist immer dort und nie allein.

Ärztin: Alles, wie es sein soll?

Patientin: Genau so.

Ärztin: Kein Bedürfnis nach Nahrung, um bei Kräften zu bleiben?

Patientin: Sicherlich nicht, wir werden die Kraft in uns selbst haben.

Ärztin: Man braucht keine irdischen Dinge mehr?

Patientin: Nein.

Ärztin: Aber sagen Sie, wie haben Sie die Kraft und diesen Mut gewonnen, von Anfang an alles zu ertragen? Viele Leute sind gläubig, aber nur wenige würden ihr Schicksal so aufnehmen wie Sie. Waren Sie immer so?

Patientin: Vielleicht.

Ärztin: Haben Sie niemals mit tiefer Abneigung . . .

Patientin: Nein.

Ärztin: Haben Sie nie Bitterkeit gegen die Gesunden empfunden?

Patientin: Nein. Und ich komme mit meinen Eltern sicher auch deshalb so gut aus, weil sie zwei Jahre als Missionare in S. waren. Sie haben sich großartig für die Kirche eingesetzt und uns christlich erzogen. Das hat uns viel geholfen.

Ärztin: Glauben Sie, daß wir Ärzte mit Todkranken über das Künftige sprechen sollten? Was würden Sie uns lehren, wenn Sie die Aufgabe übernommen hätten, uns beizubringen, was wir für andere tun können?

Patientin: Mancher Arzt kommt ins Zimmer wirft einen Blick in die Runde und sagt: Na, wie geht's uns denn heute – oder irgendsolchen Unsinn. Dann ärgert man sich plötzlich, daß man krank ist, weil er einfach nicht mit einem redet. Andere kommen ins Zimmer, als wenn sie zu einer ganz anderen Sorte Mensch gehörten, so sind die meisten, die ich kenne. Sie reden eine Weile mit mir, wollen wissen, wie ich mich fühle, und erkundigen sich gründlich. Sie sagen etwas über mein Haar und daß ich viel besser aussehe. Sie unterhalten sich eben, und dann erklären sie mir alles, so gut es eben geht. Das ist nicht so leicht für sie, weil sie meinen, sie dürfen mir als Minderjähriger nichts sagen, sondern müßten alles mit meinen Eltern besprechen. Aber ich finde, daß es sehr wichtig ist, mit dem Patienten zu sprechen. Wenn man ein kühles Verhältnis zum Arzt hat, fürchtet man schon, wenn er eintritt, daß er sich kalt und geschäftsmäßig benimmt. Wenn der Doktor freundlich und menschlich ist, bedeutet das sehr viel.

Ärztin: War es Ihnen unbehaglich oder unangenehm, jetzt hier mit uns über diese Fragen zu sprechen?

Patientin: Gar nicht, ich spreche offen darüber.

Student: Wie benehmen sich denn die Schwestern in dieser Hinsicht?

Patientin: Die meisten sind wirklich sehr nett und unterhalten sich gern, ich kenne die meisten gut.

Ärztin: Haben Sie den Eindruck, daß die Schwestern besser als die Ärzte mit solchen Problemen fertig werden?

Patientin: Ja, denn man sieht sie ja viel häufiger, und sie haben mehr mit dem Kranken zu tun.

Student: Haben Sie den Tod eines Angehörigen erlebt?

Patientin: Der Bruder meines Vaters starb, und ich war bei seiner Beerdigung.

Student: Was empfanden Sie?

Patientin: Ich weiß es nicht recht. Er sah irgendwie komisch aus, anders als sonst. Aber es war auch der erste Tote, den ich gesehen hatte.

Ärztin: Wie alt waren Sie damals?

Patientin: Vielleicht zwölf oder dreizehn.

Ärztin: Sie sagten »komisch« und lächelten dabei.

Patientin: Ja, er sah so ungewohnt aus, seine Hände hatten keine Farbe mehr und sahen so still aus. Dann starb meine Großmutter, als ich nicht zu Hause war. Mein Großvater starb in Anwesenheit meiner Mutter, ich war wieder nicht da, für mich änderte sich eigentlich nichts. Dann starb meine Tante, aber da war ich krank und konnte nicht an der Beerdigung teilnehmen.

Ärztin: Der Tod trifft auf ganz unterschiedliche Weise ein, nicht?

Patientin: Ja. Der Onkel war übrigens mein Lieblingsonkel. Man soll aber nicht weinen, wenn jemand stirbt, denn man weiß

ja, daß sie in den Himmel kommen; man ist ihretwegen sogar froh, denn nun gehen sie ins Paradies.
Ärztin: Hat schon einmal jemand mit Ihnen über diese Fragen gesprochen?
Patientin: Ein sehr, sehr guter Freund starb vor einem Monat, und ich ging mit seiner Frau zur Beerdigung. Das war für mich sehr wichtig. Er hatte mir viel bedeutet, weil er so viel für mich getan hatte, als ich krank wurde. Wenn er bei mir gewesen war, fühlte ich mich immer sehr erleichtert.
Ärztin: Sie haben uns klargemacht, daß die Patienten etwas mehr Verständnis brauchen, daß der Arzt Zeit für sie haben und sich mit ihnen ausführlicher unterhalten sollte.

Kurz nach Beendigung dieses Interviews folgte ein Gespräch mit der Mutter des jungen Mädchens. Drei ihrer Antworten erweisen sich als Schlüssel, die den Kern zum Wesen der Tochter erschließen:

Mutter: Nein, ich bin nur für jeden Tag dankbar, den ich um sie sein kann, aber ich hoffe und bete um mehr, und das ist nicht recht. Wir haben sie in dem Gedanken erzogen, daß der Tod schön sein kann und nicht gefürchtet zu werden braucht. Ich weiß, daß sie so tapfer wie jetzt sein wird, wenn er eintritt. Nur einmal habe ich sie weinen sehen, als sie sagte: »Mutter, du siehst so traurig aus, sei doch nicht traurig, ich habe ja keine Angst.« Sie sagte: »Gott wartet auf mich, er wird mich behüten, du brauchst nicht traurig zu sein.« Sie sagte: »Ich habe ein ganz klein wenig Angst, beunruhigt dich das?« Ich sagte: »Nein, ich glaube, jeder Mensch hat Angst. Mach du nur so weiter wie bisher.« Ich sagte: »Möchtest du weinen? Dann tu es ruhig, jeder weint.« Sie sagte: »Nein, es gibt keinen Grund zum Weinen.« Sie hatte es also akzeptiert, und auch wir akzeptierten es.
Ja. Wir sind eine recht religiöse Familie und halten jeden Morgen eine Andacht ab, wir beten, bevor die Kinder zur Schule gehen, und das ist wahrscheinlich für die Kinder von großer Hilfe gewesen. Vor allem die Teenager haben ja immer irgend etwas vor, und man kommt einfach nicht dazu, sich zusammenzusetzen und Probleme zu besprechen. Aber jeden Morgen neh-

men wir uns die Zeit zur Andacht und bringen dabei auch Familienprobleme vor. In diesen zehn oder fünfzehn Minuten täglich kann man so manches ausbügeln, und das bringt uns alle einander sehr nahe. Wir haben auch über die Krankheit gesprochen, und unsere Tochter hat sogar Einzelheiten für ihre Beerdigung festgelegt.
Ärztin: Mögen Sie uns davon berichten?
Mutter: Ja. In unserer Gemeinde kam ein Kind blind zur Welt. Es ist jetzt wohl sechs Monate alt, und eines Tages – noch im anderen Krankenhaus – sagte meine Tochter: »Mutter, ich möchte gern dem Kind meine Augen vermachen, wenn ich sterbe.« Und ich sagte: »Gut, wir wollen sehen, was wir da tun können, ich weiß nicht, ob man sie nehmen würde.« Ich sagte auch: »Es ist gut, daß wir über solche Fragen sprechen, denn man kann ja auch nicht wissen, ob Vater und ich immer nach Hause kommen, wenn wir mit dem Wagen unterwegs sind; es könnte ja auch sein, daß ihr Kinder plötzlich allein dasteht.« Sie sagte: »Wirklich, wir müßten das alles regeln.« Sie sagte: »Du und ich werden es jetzt für die anderen erleichtern. Wir werden aufschreiben, wie wir es im Todesfall haben möchten, und dann wollen wir die anderen fragen, was sie wünschen.« Damit hat sie es mir sehr erleichtert, sie sagte: »Ich fange an, und dann sagst du mir deine Gedanken.« Ich kritzelte also alles hin, was sie mir sagte, und das macht alles wesentlich leichter. Aber sie hat auch ihr Leben lang versucht, anderen alles leichter zu machen.
Man hat uns immer gesagt, daß wir ihr nie die Wahrheit mitteilen sollten. Sie ist in diesem letzten Jahr sehr herangereift. Frauen aller Art hat sie kennengelernt, auch eine, die Selbstmord zu begehen versuchte, und andere, die über ihre ehelichen Probleme redeten. Es gibt nichts mehr, was sie nicht kennt, keinen Menschentyp, mit dem sie nicht Kontakt gehabt hätte. Das alles beschäftigt sie sehr, und sie möchte alles wissen; Leute, die ihr etwas verbergen, kann sie nicht leiden. Also haben wir offen mit ihr gesprochen, auch in der vorigen Woche, als es ihr so schlecht ging, daß wir mit dem Ende rechneten. Der Arzt sprach draußen auf dem Gang mit uns, und sie wollte sofort wissen, was er gesagt habe. »Was ist jetzt? Sterbe ich jetzt?« Ich sagte: »Wir wissen es nicht genau, aber es steht sehr schlecht um dich.«

Und sie: »Was will er mir jetzt geben?« Aber das habe ich ihr nicht mitgeteilt, sondern nur: »Irgend etwas gegen die Schmerzen.« Sie sagte: »Bestimmt Morphium, aber das will ich nicht.« Ich sagte: »Es würde dir aber die Schmerzen nehmen.« Sie sagte: »Nein, ich will es lieber bis zum Schluß durchstehen. Ich will nicht süchtig werden.« Ich sagte: »Das würdest du auch nicht.« Und sie sagte: »Mutter, wirklich, ich wundere mich über dich.«

Elisabeth Kübler-Ross

Fräulein G. und andere

Journalisten stehen unter dem immer wieder geäußerten Verdacht, sie schrieben lieber über das Schlechte als das Gute. Das Schlechte gäbe mehr her, ließe sich leichter aufputzen, man könne es besser abkanzeln. Auch könne sich der kritische Schreiber mit mehr Ruhm versehen.
Nicht für jeden gilt das. Es gibt sogar Journalisten, die packen ihre positiven Erlebnisse, ihre überzeugendsten Begegnungen, auch wenn sie nur am Rande geschehen, auf die erste Seite ihrer Zeitung. Für so wichtig halten sie das. Die folgenden drei Skizzen von *Ludwig Kaufmann* fanden sich jeweils auf der Seite 1 der Schweizer Jesuitenzeitschrift *Orientierung*.

Frau X ist nicht gekommen ...

NACH EINEM ARBEITSREICHEN VORMITTAG bemerkt die Praxishilfe zu Dr. M., daß die bestellte Frau X. nicht gekommen ist. Der Arzt stutzt. Sein erster Besuch bei dieser Kranken lebt wieder vor ihm auf: Ein verlottertes Haus am Stadtrand, Gestank und Unordnung.
»Fräulein G.«, sagt er, »könnten Sie nicht bei ihr nachschauen? Sie dünkt mir sehr unbeholfen.«
Die Praxishilfe findet eine unförmig dicke Frau. Diese bekennt: »Ich traute mich nicht zum Doktor. Ich habe nichts anzuziehen.«
Tatsächlich: Als Jupe hat sie ein Stück Stoff umgebunden, und zum Festhalten der Strümpfe hat sie Schnüre um die dicken Beine geknüpft. Sie zeigt auf einen Haufen Kleider, die man ihr geschenkt hat: »Alles ist viel zu eng.« Auch auf ein neues Kleid, das ihr Mann gekauft hat: »Ich komme nicht hinein.«
Auf dem Heimweg überlegt Fräulein G.: »Für so eine Figur müßte eine Schneiderin her. Aber ... wem kann man die Anproben zumuten, wo die Frau so stinkt?«
Fräulein G. kann nicht schlafen. So nah bei uns: Jemand, der gar nichts anzuziehen hat und nicht aus dem Hause kann!

Plötzlich steigt ihr eine Erinnerung auf. Bei der Coiffeuse hat sie kürzlich gehört, wie man über die »dicke Sau« loszog. Der Mann gehe immer mehr ins Wirtshaus und die Kinder seien jetzt endlich versorgt worden.
Am nächsten Abend ist Fräulein G. wieder bei Frau X. Das letztemal war sie unter der Türe stehengeblieben; diesmal tritt sie beherzt ein. Sie hat sich mit Zentimetermaß, Stecknadeln und Schere bewaffnet und schlägt vor, aus dem Kleiderhaufen doch einmal einiges anzuprobieren. Wohl muß sie zuerst noch gegen den Ekel ankämpfen, aber bald fasziniert sie die Aufgabe, etwas verwendbar zu machen. Schließlich zieht sie mit einem großen Pack von dannen. Es braucht etwas zusätzlich neuen Stoff und einige Nachtarbeit, aber nach drei Tagen hat Frau X. wieder etwas anzuziehen.
Nur das? Ein erster Schritt ist getan. Ihm läuft eine fortschreitende Entdeckung nebenher: Frau X. ist geistig so schwach, daß sie nur eben ihren Namen malen kann. Fräulein G. akzeptiert sie, so wie sie ist. Sie findet unter der abstoßenden Hülle einen hilflosen, aber treuherzigen Mitmenschen. Dank der wachsenden Beziehungen gelangt Frau X. dazu, sich besser zu waschen und ein wenig zu pflegen: der zweite Schritt.
Damit noch mehr geschieht, sucht Fräulein G. nach einem Sozialdienst für Frau X. Die kompetente Feststellung einer schweren geistigen Behinderung, eine entsprechende fachgerechte Dauerbetreuung und eine Invalidenrente zur Linderung der finanziellen Not sind das Ergebnis dieses dritten Schrittes: Das heute erfreulich ausgebaute offizielle Versicherungswerk erreicht an dem konkreten Menschen Frau X. sein Ziel.

Mit einundvierzig schlug seine Stunde

AUF DEM SARKOPHAG des phönizischen Königs Ahiram von Gebal ist uns die älteste derzeit bekannte alphabetische Schrift erhalten geblieben. Von ihr lassen sich die späteren Alphabete ableiten, wie eine Galerie im Museum von Beirut vor Augen führt. Der heutige Staat Libanon und seine Hauptstadt sind stolz auf ihre phönizische Vergangenheit. Das ändert aber nichts an der Tatsache, daß 3200 Jahre nach Ahiram unter den heute hier Lebenden noch 30 Prozent Analphabeten sind. Beim Hafen von

Beirut findet man sie in einem Elendsquartier massiert, das den bezeichnenden Namen *»La Quarantaine«* trägt. Seine 15 000 Bewohner sind durch die Schranken der Armut und Unwissenheit abgeschirmt.

Einer ist hier trotzdem eingedrungen: *Franz Jan Mulder,* ein holländischer Jesuitenbruder. Er hatte Medizin studiert, aber der Einbruch der Deutschen im Zweiten Weltkrieg hatte ihm den Abschluß verdorben. Wie zwei seiner Brüder trat er in den Orden ein, aber das Angebot, Theologie zu studieren, schlug er aus: er beharrte bei seiner ärztlichen Berufung und wurde schlichter Krankenbruder, der zeitweise auch Bäcker oder Koch zu spielen hatte. Erst mit 41 Jahren schlug seine Stunde. Die Medizin verschaffte ihm Zugang zu den Ärmsten. Im Bestreben, den Menschen in ihren jeweils drängendsten Nöten zu dienen, überwand er nicht nur die Schranken des Elends, sondern auch die der Religion. Fast alle Bewohner des Viertels sind nämlich Moslems. Ihr religiöser Chef, der *Scheich,* ist heute Mulders wirksamster Freund. Auch eine Reihe von Medizinstudenten und weitere, meist aus dem Quartier selber gewonnene Helfer sind Moslems.

Mulder hatte bald eingesehen, daß es einer geduldigen Erziehungsarbeit bedurfte: so viele Tabus und eingewurzelte Gewohnheiten standen seinen Bemühungen um Gesundheit und Hygiene entgegen. Besonders diskriminiert und verschlossen fand er die Frauen und Mädchen vor. Mit Kursen in Stricken und Weben, später in Säuglingspflege und Hygiene gewann er ihr Interesse und Vertrauen.

In diesem Rahmen entstand dann auch eine Alphabetisierungsschule, und zwar nach der Methode von *Paolo Freire,* die als Hauptziel die »Bewußtwerdung«, die Wahrnehmung der sozialen Situation anstrebt. Eine junge Libanesin, *Nada Sikias,* hat sie in La Quarantaine erstmals für die arabische Sprache ausprobiert. Bereits wird sie auch mit Erfolg bei erwachsenen Arbeitern in einigen Fabriken angewandt. Ausgangspunkt jeder Stunde ist die Diskussion konkreter Situationen des täglichen Lebens und des Quartiers. In einer heuer während sieben Monaten durchgeführten Beobachtung haben sich die »alphabetisierten« Mädchen im Vergleich zu Altersgenossinnen mit offizieller Schulbildung als fähiger erwiesen, zu konkreten Problemen eine eigene Meinung zu äußern. Die Erfahrungen haben in zwei Modellen für Lehrhefte ihren Niederschlag gefunden. Auf der ersten Seite sieht man eine Abbildung, auf der der Gestus der Erniedrigung: der Fingerabdruck, der anstelle einer Unterschrift den Analphabeten für amtliche Ausweise abgenommen wird, durchgestrichen ist. Das erste nämlich, was hier jeder und jede zu schreiben lernt, ist der eigene Namenszug. Von jetzt ab wissen sie: wir sind jemand.

Sprechstunden 19.30–21.00 Uhr

Das schwarze Türschild und das Fehlen einer TV-Antenne sind das einzige, was das winzige Reihenhäuschen von seinen Nachbarn unterscheidet. Die Straße ist hier, an der Grenze der städtischen Quartiere von Madrid, bereits gepflastert, zum Unterschied von der eigentlichen Bannmeile, woher mich ein Pfarrer auf seinem Motorrad hergefahren hat. Der Lehmboden dort, vom Regen aufgeweicht, hat seine Spuren an Schuhen und Hosen zurückgelassen: Kann man so zu einem Rechtsanwalt kommen?

Hinter der Türe erwartet mich Gottseidank kein Teppich, sondern ein Zementboden: der Vorraum des Büros. Zwei wartende Arbeiter. Ein junger Mann. Der führt mich in ein rückwärts gelegenes Zimmer. Er ist Student und hilft den beiden *avogados.* Diese sind, wie er selber, Jesuiten. Der eine, *Paco,* steht zwar noch für ein Jahr im Theologiestudium, aber er hat bereits sein Anwaltspatent in der Tasche. Der andere, *Alonso,* ist auch als Priester schon fertig ausgebildet, hilft am Sonntag dem nächsten Barackenpfarrer und arbeitet werktags seine acht Stunden in einer Fabrik. – Wann aber, so frage ich, gehen diese Freizeitadvokaten ans Gericht? Zur Nachtzeit?

»Natürlich nicht. Während Alonso in der Fabrik arbeitet, geht Paco ans Gericht. Für sein Studium paßt er sich der ›Freizeit‹ der Richter an, so wie sich die Sprechstunden nach der Freizeit der Arbeiter richten.« Aber *warum* arbeitet Alonso in der Fabrik? Hätte er als Advokat nicht genug zu tun? – »Das schon. Zur Zeit haben wir hundert Fälle laufen. Aber um in Kommunikation mit den Arbeitern zu stehen, müssen wir ihre Arbeits-

und Lebensbedingungen teilen. In der Fabrik wechseln wir ab: nächstes Jahr geht Paco.«
Eben dieser Paco ist inzwischen eingetreten und gibt mir Auskunft über die »Fälle«: »Die meisten stammen aus dem Arbeitsrecht: Entlassungen, Lohnforderungen und sonstige Anstände mit dem Arbeitgeber, wobei es manchmal ganze Gruppen zu vertreten gilt.« –
Müßten das nicht die Gewerkschaften besorgen?
»Die tun es nicht. Sie sind korporativ verfaßt. Ihr oberster Chef vertritt als Minister der Regierung beide Parteien, Arbeiter und Unternehmer.« –
Kommt ihr da nicht in Konflikt mit der Politik, gibt es keine Schwierigkeiten? –
»Wir sind schon mehrmals, sogar in politischen Fällen, die uns von auswärtigen Kollegen zugewiesen wurden, bis an die höchste Instanz gelangt. Die Hauptschwierigkeit: Das Gericht geht von der Annahme aus, daß der Unternehmer recht hat: die Beweislast für das Unrecht liegt beim Arbeiter, und der tut sich schwer, Zeugen herbeizuschaffen, usw. –
Andere Schwierigkeiten treten im Wohnungswesen auf: In der Bannmeile werden die kleinen Parzellen meist ›schwarz‹ und ohne Notar oder gar in verbotenen Zonen gekauft und weiterverkauft. Kommt dann plötzlich ein Planungs- und Enteignungsbeschluß, so wird es für die Leute schwierig, ihre Forderungen zu stellen: ihr Leben hat sich in einem vorjuristischen Raum abgespielt.«
Ich muß an den Lehm denken, in dem wir mit dem Motorrad beinahe steckenblieben. Aber wie gerieten diese Jesuiten als »Philosophen« und »Theologen« in diesen Raum, wie kamen sie überhaupt auf die Idee, in die Juristerei einzusteigen? – »Zur Juristerei entschloß sich jeder unabhängig vom andern mit dem Ziel, an einer unserer Fakultäten oder Unternehmerschulen zu unterrichten. Dann aber machten wir eine ganz neue Erfahrung. Wir lebten wie viele andere Ordensstudenten in einem ›Piso‹ (Kleinwohnung) als Mini-Kommunität (Kommune), und zwar hier draußen unter den armen Leuten. Wir sahen mit eigenen Augen, daß sie sich nicht selber ihr Recht verschaffen konnten. So haben wir unser Berufsziel von der akademischen Laufbahn auf diese Arbeit umgestellt.« *Ludwig Kaufmann*

Der Pfarrer von Riotinto

Als *Hans Joachim Sell,* langjähriger Spanienkorrespondent, Ende der sechziger Jahre Recherchen machte für sein umfangreiches Buch »An Spaniens Fell zerren Dämonen«, kam er auch in das Pfarrhaus von Riotinto. Ein Pfarrhaus, wie er noch keines gesehen hatte. Aber auch zu einem einzigartigen Pfarrer. An ihm gab es kein Vorbei. Nächstenliebe »wörtlich genommen«, die das Nächstliegende liebt, indem sie tut, was getan werden kann.
Hier sein (leicht gekürzter) Bericht:

JOSÉ LUIS BERNABEU, vor siebzehn Jahren zum Priester geweiht, ist der Pfarrer von Riotinto, dem bekannten Erzgruben- und Industriegebiet Andalusiens, das früher englisches Eigentum war, jedoch 1954 wieder überwiegend spanisch wurde und unter einheimischer Verwaltung steht. Die mächtige Minengesellschaft ist Herr über Grund und Boden, nur der Boden der Kirche und des darangebauten Pfarrhauses ist gleichsam exterritorial. Die Bevölkerung besteht überwiegend aus Grubenarbeitern, direkt oder indirekt hängt sie von der Gesellschaft ab, die die Erzlager abbaut.
Der Pfarrer von Riotinto ist Erzpriester; in seinen Verantwortungsbereich gehören noch andere Gemeinden aus der Umgebung von Riotinto. Seit der Padre José Luis dieses Amt übernommen hat, hat die einflußreiche »Compañia Española de Minas de Rio-Tinto« einen Gesprächspartner bekommen, der sie kritisiert, der sich um jeden einzelnen Fall eines Grubenarbeiters kümmert, der unbequem ist wie ein sehr waches Gewissen.
Er lebt wie in einem Wald. Er verfolgt weder Politik noch Literatur. Kaum erinnern kann er sich noch an die früheren

Lektüren, obwohl er einmal Literatur lehrte, und das ist gar nicht so lange her. Bücherstapel liegen in den Gängen zu seinem Zimmer, die Bücher sehen so aus, als berühre man sie nicht. Das ist nichts Besonderes. Denn er erinnert sich nur schwer der Ereignisse der vergangenen Tage; er erinnert sich freilich, wenn er genau überlegt, denn man hat ihn in schwierigen Angelegenheiten gerufen, doch die Fälle häufen sich derart, sie überlagern sich so, daß er sich fragt: Wann war das eigentlich? Und es war gestern. Es scheint unglaublich, aber es war gestern.

Er ist auch kein politisierender Geistlicher. Wer ihn so sehen würde, wer so sein kämpferisches Auftreten auslegen würde, hätte ihn gründlich mißverstanden. Person und Handlungen bieten keine Anregung für die, die in ihm einen Konspirator, einen Gegner des derzeitigen Regimes, einen »Roten« sehen wollen. Aber er greift in Streiks ein und schreibt selbst eine Zeitung, die im Verkauf für seine Gemeinde im Jahr eine erhebliche Summe einbringt. Die sogenannte große Politik geht an ihm vorüber; im Dickicht seiner Hilfsaktionen sieht er das Nächste, stellt er sich der Stunde, jedem Anruf. Es geht nicht um die allgemeine Frage der Emigration, sondern um die spezielle: welche Familie von Riotinto sieht sich in der Notlage, den Heimatort verlassen zu müssen? Wenn Streik-Klima herrscht – Streik ist illegal in Spanien –, so steht für ihn nicht zur Diskussion, was heute die Arbeitnehmer in Spanien tun, sondern quälend genau: was sollen die Arbeiter der Orte, deren Geistlicher er ist, tun? Streik kann richtig, Streik kann auch falsch sein. Was ist im Interesse der Armen richtig? Wenn ein Streik den Vorwand dafür liefern würde, daß die Minen-Gesellschaft sich auf diese Weise einer Anzahl Arbeiter entledigen könnte, so wäre der Padre José Luis gegen den Streik.

In der Provinz Huelva wurde 1962, 63 und 64 gestreikt, jeweils aus wirtschaftlichen, nicht aus politischen Motiven; im Mai 1962 waren in Riotinto 5000 im Ausstand, für fünf Tage, und 1964 im April 5000 für sieben Tage. Der Pfarrer eilte durch das Gebiet und forderte dazu auf, den Ausstand zu beenden, um nicht ungünstige Vorwände zu liefern. Er sah andere Wege. Einer führte zum spanischen Arbeitsminister Jesús Romeo Gorria, und diese Verbindung trug Früchte. Das ist in Spanien so: wenn es der richtige Mann ist, dann dringt er als Geistlicher ohne große Mühe, ohne zu antichambrieren, zum zuständigen Minister vor. Padre José Luis möchte keine Zeit verlieren, er hat auch nicht vor, für die Arbeiter seiner Gemeinden zu betteln, vielmehr erwartet ihn der Minister, und der Minister ist pünktlich. Es ist für ihn wichtig, daß im Gebiet von Riotinto Arbeitsfrieden herrscht.

Die Kirche steht auf einer Anhöhe, kein Baum deckt oder schützt sie. Ringsherum führen die Straßen zu den Gruben, zu den Industrieanlagen oder zu den Verwaltungsgebäuden, zu dem ummauerten, vornehmen Viertel, in dem früher nur die englischen Ingenieure und Direktoren wohnten.

Die Fälle, in denen er helfen soll, sorgen dafür, daß dieser Padre seine Kirche, sein Haus wie umstellt, wie zugewachsen empfinden muß. Krankheit, Unfall, Armut, sie stellen sich auf, sie rücken auf ihn zu, sie kreisen ihn ein, und er muß ausbrechen und sich seine Wege schlagen. Das geht so weit, daß er nie Fragen nach dem Ergehen der Menschen stellt. Als warte er darauf, daß die Not auftaucht, um dann erst aktiv zu werden. Er wartet im Dickicht seiner Fälle. Er sieht gar nicht Umwelt außerhalb seiner Umwelt, die ihn braucht, die er braucht. Wenn ich ihm etwas von Deutschland erzähle, so sieht sein Gesicht derart in die Ferne, als sei das alles zwar sehr interessant, aber im gleichen Maße auch gar nicht existent. Recht, unbestreitbares Recht auf ihn hat alles, was in seiner unmittelbaren Nähe ist – und wenn hierunter etwas fällt, das nur in Madrid gelöst werden kann, so ist Madrid mit einem Mal so nah, als brauche er nur über die Straße zu gehen. Das wird dann ein Ausfall aus dem Wald. Denn die Nähe ist kein Selbstzweck, kein Idyll, kein Sich-Anpassen an ländliches Leben, der Wald ist – in diesem Sinne – die Provinz der Armen und der zu Unrecht schlecht Lebenden.

Es ist wie ein Stachel, wie eine Faszination, helfen zu müssen. Erst wenn sich irgendwo eine Schwierigkeit, ein Mangel bemerkbar macht, gerät er in Bewegung. Und wie unzureichend ist zugleich dieser Satz, denn er ist eigentlich immer in Bewegung. Er spricht so schnell, daß man glaubt, er habe für nichts Zeit. Aber er hat für alles Zeit, was sich einordnet in seine Vorstellung – oder in sein Gefühl –, handeln zu sollen. Es hat sich eingebürgert im Minengebiet von Riotinto, daß das Unvollkommene, Falsche, Gebrechliche oder Kranke an ihn herangebracht wird, unter Umgehung der – gelegentlich auch möglichen – anderen Instanzen. Jahrelang machte er den Transport der Kranken. Mehrfach fuhr er mit seinem Wagen los und kam mit einem Toten in Huelva an. Dann fuhr er den Toten wieder zurück.

Er befindet sich also als Priester nicht selten im Kampf um Rechte. Um Ansprüche. Er vertritt die Armen, ist ihr Anwalt. Aber er tritt nicht für eine andere Gesellschaftsordnung ein, sondern für das Wort Christi. Er vertritt – zur Not auch schreiend – das Wort Christi gegen mächtige Menschen eines Staates, der sich christlicher Staat, katholischer Staat nennt. Er prangert die Feigheit an. In seiner Kirche sind den Autoritäten am Ort nicht – wie sonst üblich – die ersten Bänke gleichsam in Erbpacht gegeben. Er weigerte sich, die Fahne der Guardia Civil zu weihen. Als ein Mann bei ihm Zuflucht suchte und die Guardia Civil daraufhin sein Pfarrhaus betrat, um diesen zu holen, jagte er sie mit einem Knüppel aus dem Haus. Mit 14 Jahren schon war er Soldat auf der Seite der Nationalen während des Bürgerkrieges, und später wurde er ein passionierter Boxer. Körperliche Bedrohung schreckt ihn nicht.

Seine Verteidigung der Armen – oder der ungerecht Behandelten – hat immer dann, wenn er einen Notstand aufdeckt, und er tut das mit der Regelmäßigkeit des Kalenders, eine kritische Note. Er scheut als spanischer Priester nicht davor zurück, die Gesellschaft, die er sich gegenüber sieht und die er nicht selten für eine üble kapitalistische Gesellschaft hält, zu kritisieren. Am Beispiel. Und jeder schlecht verwaltete Staat muß die Beispiele fürchten. Er erinnert die so tätige und mächtige Polizei daran, daß sie sich in einem Staat bewegt, der sich christlich nennt. Das sind Feinheiten, die man ihm übelnimmt. Es dürfte ihm vor allem Feinde eintragen, daß er beim Wort nimmt. Wenn im Staat etwas gesagt wird, dann wiederholt er das, was gesagt wird, und legt es aus. Wenn einer Phrasen ernst nimmt, gibt er Blättern Schwere, das Blatt hört zu wedeln auf, es flattert nicht mehr im Winde, sondern es wird hart, bekommt Gewicht; so sehr, daß es sich dazu eignet, dem an den Kopf zu fliegen, der es als Ausrede gemeint hatte. Mittlerweile liegen in der Provinz Huelva 89 Anzeigen gegen ihn vor, immer von nicht gerade armen und nicht gerade einflußlosen Leuten, unter ihnen der Gouverneur. Sie fühlten sich angegriffen. Es hieß, er gebe heimlich eine illegale Zeitung heraus; er sei Kommunist; er wolle die Massen gegen die Autoritäten rebellisch machen; er wolle den Streik. Man nannte ihn einen Demagogen, der es an der stillen Arbeit der Karitas fehlen lasse. Die Guardia Civil nahm einige Predigten auf Band auf.

Doch stehen diesen Anzeigen bislang noch an vielen Stellen des Landes, und auch in den Ministerien, vor allem innerhalb der kirchlichen Hierarchie, Freunde gegenüber, die die Arbeit dieses Priesters achten, ihn stützen und ihn in nicht wenigen Fällen als Menschen lieben.

Als ich zum ersten Mal seine Kirche betrat, hatte ich einen rauhen Eindruck. Ich scheue mich vor dem üblichen Wort »modern«; es ist eine Kirche, der man den ständigen Gebrauch, ja gleichsam die Abnutzung ansieht. Merkwürdig, aber es erklärt sich durch eine Reihe von Einzelheiten. In der früheren Sakristei ist eine Nähstube eingerichtet worden. Um wieder eine Sakristei zu gewinnen, nahm man einen alten Altar heraus und baute einen anderen Hauptaltar auf. Dort, wo sonst der Chor ist in einer Kirche, ist hier eine Arzneisammlung, von unten nicht sichtbar. Die Kästen für die Kollekte sind neu beschriftet worden. Mit der Begründung, daß die Heiligen nicht essen, nicht trinken und sich nicht kleiden müssen, wird nun gesagt, für wen das Geld bestimmt ist: für die Armen.

Unmittelbar hinter dem Raum, in dem die Messe gelesen wird und gepredigt, beginnt das Unternehmen. Früher war hier noch eine Bar für Grubenarbeiter oder alte Leute im Ruhestand, jedes Getränk gab es billiger als im Ort. Heute ist das ganze Pfarrhaus Lehr- und Produktionsstätte. Das Ziel: der Frau von Riotinto und den umliegenden Orten Arbeit zu geben, sie auszubilden, ihr kulturelles Niveau zu heben, sie zu verselbständigen. Bislang war es so: das Mädchen von Riotinto, das nicht heiratete, hatte keine Zukunft; es wußte nicht viel anderes mit sich anzufangen, als eben doch nach einem Mann zu suchen. Heute sind zweihundert Mädchen in Riotinto oder Nerva in der Ausbildung, siebzig arbeiten schon in einer Genossenschaft, die nach dem früheren Bischof von Huelva, Monseñor Cantero, benannt wurde. Der Padre kennt die Höhe von Gehältern, Löhnen, Versicherungssummen, Preisen im Land. Den Ausgangspunkt jedoch für jede unternehmerische Tätigkeit bildete seine innerkirchliche Zeitung »Villa Aldea Minera«, für die er von seinem Bischof Selbstzensur zugestanden bekam und die nicht nur in der Provinz Huelva verschickt wird, sondern die man in Madrid und auch in anderen Gegenden Spaniens liest – sogar in Amerika. Vielleicht ist die Tatsache, daß dieser Priester auch schreibt, ja, daß er ein brillanter Journalist ist, die unbequemste für seine Gegner. In Madrid ist das im Informationsministerium bekannt, aber man läßt ihn bisher trotz aller Anzeigen schreiben. Nimmt man zu Riotinto die Orte Nerva, Zalamea, Campillo und eine Reihe kleinerer Dörfer hinzu, so kommt man bereits auf 40 000 Einwohner, und von Mund zu Mund wird der Inhalt seiner Zeitung verbreitet, die stets nach Erscheinen vergriffen ist. Sie unterbricht die Langeweile.

Am Tage der Procesión del Rosario, an dem die Bergarbeiter ihre traurigen Gesänge anstimmen, die den russischen ähneln, sagte er: »Jeder Christ ist ein König, denn er ist der Sohn eines Königs.« Welch ein Wort in die Gesichter von Männern, die ihn so oft und in so vielen kleinen Angelegenheiten um Hilfe angegangen hatten.

Sein Haus, in dem moderne Strickmaschinen stehen, heißt »das Haus der Vorsehung«. Er hat eine Genossenschaft gegründet; die Frauen, die in ihr arbeiten, haben Gewinnbeteiligung, und jede Arbeiterin kann sich als Miteigentümerin der teuren Strickmaschinen fühlen, die er für 300 000 Peseten (21 000 DM) anschaffte. Jeder Winkel dieses Pfarrhauses ist entweder Werkstatt, wo schon regelrecht produziert wird – in der Genossenschaft fertigt man Kinderkleidung, Frauenkleidung, Männerhosen –, oder Raum für einen Kursus. Der Pfarrer möchte jene Lücke der Ausbildungszeit, in der normalerweise noch nichts verdient wird, ausfüllen; wer hier lernt, verdient schon während er lernt. Es ist schwer für einen Außenstehenden, hinter den Ablauf des Ganzen zu kommen. Enge, Improvisation. Es wird nicht so häufig ein Pfarrhaus anzutreffen sein, das wie eine Mischung aus Fabrik und Gewerbeschule aussieht und in der die Mädchen, die an feste Arbeitsstunden gebunden sind, kleidsame Uniformen tragen. Ein Zweig der Herstellung ist kunsthandwerklich, in der Mehrzahl sind es Zierpuppen, die für den Verkauf an Fremde gedacht sind. Auch in diesem Fall mußte zuvor das Problem der Ausbildung gelöst werden, Vorausset-

zung, um konkurrenzfähig auf den Markt gehen zu können, zuerst auf den inländischen. Trotz der Naturbegabung der Mädchen. Padre José erreichte den Absatz in Madrider Kaufhäusern. Für ihn selbst, der also Ausbildung, Herstellung und Verkauf in Regie hat, gibt es kein Gehalt. Seine Aufgabe sieht er in der Beschaffung und Verteilung des Geldes. Alle Maschinen, die er für seine kleinen Unternehmen in Riotinto und Nerva kaufte, repräsentieren inzwischen einen Wert von 900 000 Peseten (60 000 DM). Tatkräftige Hilfe schickt in diesem Fall das Arbeitsministerium in Madrid. So bekam er Stipendien: 40 zur Ausbildung von Sekretärinnen – denn auch hierfür hatte er Kurse eingerichtet –, 35 Stipendien zur Ausbildung im Textilgewerbe. Der Arbeitsminister griff auch dank der Initiative des Priesters in Härtefällen persönlich ein und ließ verletzte Grubenarbeiter beim besten Augenarzt in Barcelona operieren.
Riotinto ist ein künstliches Gebilde, ein Bergbau- und Industriegebiet, in dem der Pfarrer nicht einen Raum mieten konnte außerhalb der Kirche, da die reiche Minengesellschaft alles besitzt. In welcher Weise gibt es hier eine extreme Lage? Hier ist nicht Krieg, hier gibt es kein Konzentrationslager, hier herrscht keine Hungersnot – aber drei andere schlechte Geister gehen um: Misere (in vielen Häusern), Ohmacht und – Langeweile. Der Pfarrer von Riotinto sucht sie täglich zu bannen. Und dieses Beispiel wirkt ansteckend.

Hans Joachim Sell

Atombombe oder Nächstenliebe

Raoul Follereau: ein Vagabund mit Orden, Ehrenzeichen, Ehrenmitgliedschaften; ein Vagabund der Nächstenliebe, der sich nicht zu fein ist, alle und jeden anzuzapfen, wenn es darum geht, Millionen flüssig zu machen für die Geschundenen auf dieser Welt. Lepra und Nächstenliebe, das sind seine Themen. Nirgends in der Welt spricht er über anderes. Seine Devise: Die Liebe zum Nächsten wird die Welt retten (oder sie wird nicht gerettet sein). Wer hört das schon gern.

... WENIGSTENS IST ES JETZT EINFACH ...

Es ist kein Raum mehr für solche, die zagen und zaudern
und dem Leben unwürdige Kompromisse anbieten.
Heute müssen wir uns entscheiden,
sofort und für immer.
Entweder werden die Menschen lernen, sich zu lieben,
sich zu verstehen,
und der Mensch wird endlich für den Menschen leben,
oder die Menschen werden untergehen,
alle, und zwar alle zusammen.

Gewiß hat es immer Kämpfe und Kriege gegeben.
Am Anfang waren es Kain und Abel,
doch Kain konnte nur Abel töten ...

Dann kam der Fortschritt,
und der Fortschritt wurde zu einer ungeheuren Mordmaschine.
Morgen kann ein Mann, ein einziger,
der Wahnwitz eines einzigen Menschen,
die gesamte Menschheit vernichten.

Denn wer kann uns versichern, daß tausend, zweitausend,
zehntausend Atombomben, die man auf die Erde wirft,
nicht das Ende der Welt bedeuten?*

Gleichwohl war all das in der Schöpfung Gottes,
im Paradies auf Erden.
Gott hat es gewollt wie jedes andere Ding.
Gott hat zugelassen, daß der Mensch lerne,
das Atom zu spalten,
hat es ihm frei gelassen, daraus zu machen,
was ihm gefällt.

Wenn der Mensch will,
wird es zu einer für ihn unerschöpflichen Quelle
an Energie und Wärme.
Niemand braucht mehr zu frieren.

Bald wird niemand mehr hungern.

Doch ebenso, wenn der Mensch will,
wird die Erde zerfallen,
das Menschengeschlecht verschwinden.

Welche Frucht wird der Mensch
vom Baume der Erkenntnis des Guten und Bösen pflücken?

Wie dem auch sei,
das Atomzeitalter ist das Ende einer Welt:
einer Welt, in der jeder für sich lebte,
nur an sich dachte
und sich eine kleine, scheinheilige, wohl zurecht gedachte
Welt gezimmert hatte.
Es ist das Ende dieser Welt
oder das Ende der Welt.
Entweder wird der Mensch endlich für den Menschen leben,
oder die Menschen werden untergehen,
alle, und zwar alle zusammen.

* Leider braucht man nicht so viele. 1966 zeigte den Fortschritt . . .

Nächstenliebe! Nächstenliebe!

Der anhebende Krieg heißt:
Nächstenliebe gegen Atombombe.
Es ist ein allerletzter Kampf.
Denn nur die Nächstenliebe ist imstande,
die Atombombe auszulöschen in der Menschenbrust.
Weil die Atombombe der Nächstenliebe gleicht.
Ihre erschreckende Kraft ist
auf der Straße des Todes nicht einzuhalten.
Ein Atom zerstört ein Atom,
und das nächste zerstört wieder das nächste.
Eine Kette der Zerstörung, unbestimmt
und vielleicht endlos.
Wer eine Bombe wirft, kennt nicht die Zahlen der Toten,
die er zu Boden streckt.

So auch die Nächstenliebe.

Eine gute Tat,
eine Geste wahrer Brüderlichkeit verschafft Freude.
Und aus dieser Freude quillt eine weitere Freude.
Eine Kette der Beglückung,
unbestimmt und vielleicht endlos.
Wer Gutes tut,
ist sich niemals der Tragweite des Guten,
das er getan, bewußt.

Atombombe oder Nächstenliebe?
Bande des Todes oder Bande der Liebe?
Wir müssen uns entscheiden,
sofort und für immer.

Vor zweitausend Jahren hat er es uns gesagt.
Doch weil er es gesagt hat,
schlugen ihn die Menschen ans Kreuz.
Und weil seine Jünger ebenso sprachen,
haben sie die Jünger getötet.
Aber es ist ihnen nicht gelungen,

die sanfte, göttliche Stimme zu ersticken,
die seit zweitausend Jahren immer wieder sagt:

Liebet einander!

Das Christentum ist Revolution durch Nächstenliebe!

Also ein Kreuzzug?
Warum denn nicht?

Denkt Ihr, daß Ihr die Welt mit Reden der Staatsmänner
oder Wahlversammlungen retten könnt?

Denn es geht darum, die Welt zu retten,
vor ihr selbst und vor der Atombombe.
Eine Welt, die nicht mehr wagt, an etwas zu glauben,
weil man sie lehrte, sich von allem loszusagen,
die nichts mehr erwartet, weil man ihr alles versprach.

Die Welt retten.
Sie wieder lehren, das Leben im Lichte fröhlicher und
wachsamer Brüderlichkeit zu betrachten.
Ihr sagen, daß man wahrlich nur das Glück besitzt,
das man schenkt,
daß die Bösen die wahrhaft Unglücklichen sind;
daß der Egoist, er allein, ganz allein ist.

Nächstenliebe – Licht unseres Lebens.
Nächstenliebe – kein Almosen.
Das Geld hat bis zur unverfälschten Idee der Nächstenliebe
alles verdorben.

Nächstenliebe ist nicht »Geld«.
Sie ist eine Liebestat.
Sie ist eine Hingabe, die euch erhebt
und eure Anstrengung oder euren Verzicht
mit Freude begleicht.

Nächstenliebe – Quelle jeder Freude.

Nächstenliebe kennt weder Klasse
noch Rang oder Rasse;

Nächstenliebe fragt nicht nach Grenzen;
Nächstenliebe läßt keinen Krieg zu;
Nächstenliebe ist stärker als der Tod.
Nächstenliebe – Geheiß Gottes,
Abglanz Seiner Ewigkeit.

Ich hatte einen Traum:
Ein Mensch erschien vor dem Gericht des Herrn.
»Sieh, lieber Gott«, so sprach er,
»ich habe dein Gesetz beachtet,
habe nichts Unredliches, nichts Böses
oder Frevelhaftes getan;
Herr, meine Hände sind rein.«
»Ohne Zweifel, ohne Zweifel«,
antwortete ihm der liebe Gott,
»doch sie sind leer.«
Atombombe oder Nächstenliebe?
Wir müssen uns entscheiden.

... Und zuerst lernen, für andere zu leben.
Wenn wir es nur fertigbrächten,
an etwas anderes als an uns zu denken,
jede Minute unseres Lebens uns zu vergegenwärtigen,
dieweil wir essen, schlafen,
dieweil wir nichts tun oder Schlimmeres als dies,
daß es Geschöpfe gibt,
Millionen menschlicher Wesen,
die in Christus unsere Brüder sind,
die verhungern
und erfrieren;

wenn wir es nur fertigbrächten,
an die anderen zu denken,
dann könnten wir nicht mehr essen, gleich den Tieren,
nicht mehr schlafen wie das Vieh
und weiterhin einfältig glücklich sein.

Wenn wir es fertigbrächten,
das Elend der anderen zu begreifen,
dann würden wir wahrhaftig zu Menschen.

Natürlich können wir nicht alles tun.
Wir können nicht die Erde sättigen
und haben nicht die Kraft,
Tote zum Leben zu erwecken.
Natürlich werden die armen erfrorenen Toten
nicht mehr ihre schreckerfüllten Augen öffnen,
um morgen beim Lichte der Welt zu lachen.
Millionen anspruchsloser Menschen
wurden in das Massengrab geworfen.

Doch da sind noch die Lebenden.
Geschöpfe bleiben, die es zu beschützen gilt.
Die Welt bleibt, wir können sie aufbauen.
Nicht alles ... doch etwas können wir tun.

Wenn jeder von uns
sofort das Mögliche tun würde,
ich möchte sagen, mehr als das Mögliche,
so wären einige Geschöpfe gerettet.

Worauf, durch unser Beispiel mitgerissen,
es andere genauso machen würden,
ich möchte sagen, besser als wir.
Und diesen würden wieder andere folgen.
Und andere würden es jenen gleichtun,
ich möchte sagen, besser als sie.

Dann schlängen sich endlose Liebesbande rings um die Erde.
Bande des Todes oder Bande der Liebe?
Wir müssen uns entscheiden,
sofort und für immer.

Einen Kreuzzug?
Gewiß.

Solange es auf Erden einen Unschuldigen gibt,
der hungert, friert oder verfolgt wird,
solange es auf Erden eine vermeidbare Hungersnot
oder ein widerrechtliches Gefängnis gibt,
ist die große Botschaft der Liebe Christi nicht erfüllt,
darf die Christenheit in ihrer Tätigkeit nicht nachlassen,
und weder Ihr noch ich haben das Recht,
zu schweigen und müßig zu sein.

Atombombe oder Nächstenliebe?

Der allerletzte Kampf hat begonnen.
Doch unser Sieg ist gewiß:

Die Nächstenliebe wird die Welt retten!

Raoul Follereau

In jedem Satz er selber

Papst *Johannes XXIII.* hat viel geschrieben. Lange Briefe und wohldurchdachte Tagebuchnotizen. Nicht in dichterischer Sprache, eher in der altmodischen Art, wie Landpfarrer sich vor ein paar Jahren noch auszudrücken pflegten. Dennoch: wer sich die Mühe macht, sich in diesen Stil einzulesen, der entdeckt sein Gesicht, sein gutes Gesicht, in jedem seiner Sätze. Die Notizen aus zwei Tagen beweisen es, decken die Quellen auf, aus denen seine Menschlichkeit schöpfte.

Sonntag, den 13. August 1961, Vorschläge für ein gutes Apostolat

ALLE MIT ACHTUNG, Klugheit und evangelischer Einfachheit behandeln.

Man glaubt gewöhnlich und hält es für richtig, daß selbst die alltägliche Redeweise des Papstes voll von Geheimnis und Tiefsinn sei. Dem Beispiel Jesu ist aber viel näher eine gewinnende Einfachheit, die Hand in Hand geht mit der Klugheit der Weisen und Heiligen, denen Gott beisteht. Die Einfachheit mag bei den Überklugen wenn nicht gerade Verachtung, so aber doch geringeres Ansehen finden. Darauf kommt es nicht an, nach den Überklugen soll man sich nicht richten, auch wenn sie einen durch ihr Urteil oder ihr Benehmen demütigend behandeln: alles wendet sich zu ihrem Schaden und ihrer Verwirrung.

Der »Rechtschaffene, Schlichte und Gottesfürchtige« ist immer der Würdigere und Stärkere. Natürlich immer unterstützt durch weise und liebenswürdige Klugheit. Derjenige ist einfach, der sich nicht schämt, das Evangelium zu bekennen, auch vor Menschen, die es als eine Schwäche und Kinderei ansehen, es zu bekennen in seinem vollen Umfang, wo auch immer und in Gegenwart aller; derjenige ist einfach, der sich von niemand

täuschen oder beeinflussen läßt, der die Seelenruhe nicht verliert, ganz gleich, wie die anderen sich gegen ihn benehmen.
Klug ist, wer einen Teil der Wahrheit, die zu betonen unangebracht wäre, zu verschweigen weiß und damit den Teil der Wahrheit, den er sagt, nicht verdirbt, nicht verfälscht; klug ist, wer das Begonnene zu einem guten Ende bringt, da er die wirksamsten Mittel beim Wollen und Tun wählt; wer in allen Lagen die entgegenstehenden Schwierigkeiten jeder Stunde vorauszusehen und zu ermessen weiß und den mittleren Weg einzuschlagen versteht, auf dem Schwierigkeiten und Gefahren geringer sind; der, wenn er sich ein gutes und auch edles und großes Ziel gesteckt hat, es niemals aus den Augen verliert, alle Hindernisse schließlich überwindet und es vollendet; klug ist, wer in jeder Sache das Wesentliche erkennt und sich vom Nebensächlichen nicht hinhalten läßt; wer seine Kräfte fest zusammenhält und sie alle auf ein glückliches Ziel hinordnet; klug ist, wer von Beginn an bei all diesem den guten Ausgang allein von Gott erhofft, auf den er vertraut; und der auch, wenn er im Ganzen oder zum Teil erfolglos blieb, weiß, daß er recht gehandelt hat, und alles dem Willen der größeren Ehre Gottes anheimstellt.
Die Einfachheit hat nichts, was der Klugheit widerspricht, noch auch umgekehrt. Die Einfachheit ist Liebe, die Klugheit ist Denken. Die Liebe betet, der Verstand wacht. »Wachet und betet!« Ein vollkommener Einklang! Die Liebe ist der Taube gleich, die tätige Intelligenz gleicht der Schlange, die nie zur Erde fällt noch anstößt, weil sie mit ihrem Kopf alle Unebenheiten ihres Weges ertastet.

14. August 1961. Sechs Maximen der Vollkommenheit

Um mein Lebensziel zu erreichen, muß ich
1. einzig verlangen, gerecht und heilig zu werden, d. h. Gott zu gefallen;
2. alles Denken und Tun auf die Festigung, auf den Dienst und auf die Ehre der Kirche ausrichten;
3. da ich von Gott berufen bin, und zwar gerade deswegen, vollkommen ruhig bleiben bei allem, was mir zustößt, aber auch bei

allem, was die Kirche angeht, aber immer bereit sein, zu ihrem Wohle zu arbeiten und auch mit Christus für sie zu leiden;
4. mich allezeit der göttlichen Vorsehung überlassen;
5. immer an meine Nichtigkeit denken;
6. mein Tagewerk immer klar überblicken und vollkommene Ordnung halten.

Mein Leben als Priester – ja, wie man zu meiner Ehre und Beschämung sagt – als Oberhaupt der ganzen Priesterschaft Christi, in seinem Namen und durch seine Kraft, steht vor den Augen meines göttlichen Meisters und großen Gesetzgebers. Er, blutiggeschlagen und ans Kreuz geheftet, blickt mich an. Er sieht auf mich mit durchbohrtem Herzen und mit durchbohrten Händen und Füßen und lädt mich ein, immer auf ihn zu schauen. Gerechtigkeit hat ihn der Liebe zugeführt, und die Liebe hat ihn hingeopfert. Das muß mein Schicksal sein: »Der Jünger ist nicht über dem Meister.«

O Jesus, hier stehe ich vor dir, sehe dich um meinetwillen am Kreuz in Qualen hängen und sterben; hier stehe ich, alt und nahe dem Ende meines Dienstes, meines Lebens. Halte mich recht fest und eng an deinem Herzen, im gleichen Pulsschlag mit mir. Ich möchte mich unlöslich an dich gebunden fühlen mit einer goldenen Kette aus zierlichen, feinen Gliedern geflochten.

Das erste Glied: die Gerechtigkeit, die mich zwingt, meinen Gott in allem zu finden.

Das zweite Glied: die Vorsehung und die Güte, die meine Schritte leiten.

Das dritte Glied: die Liebe zum Nächsten, unerschöpflich und von unendlicher Geduld.

Das vierte Glied: das Opfer, das mich begleiten muß und das ich zu allen Stunden auskosten will und muß.

Das fünfte Glied: die Glorie, die Jesus mir verspricht für dieses und für das ewige Leben.

O gekreuzigter Jesus, »meine Liebe und meine Barmherzigkeit jetzt und in Ewigkeit«. »Vater, wenn du willst, laß diesen Kelch an mir vorübergehen: doch nicht mein Wille, sondern der deine geschehe« (Luk 22, 42).

Johannes XXIII.

Was alle Welt das Laster nennt . . .

Manchmal ist es nur eine Notiz, die ein Menschenleben wie in einem klaren Spiegel aufleuchten läßt. Dunkles, Verschwommenes, falsch Eingeschätztes wird plötzlich eindeutig und durchsichtig. Heilige sind Sünder, Sünder Heilige. In ein paar Zeilen werden Vorurteile ausgeräumt.

DAS »LEICHTE MÄDCHEN« von 39 Jahren hieß Christiane. Ihr Leben war schmutzig. Ihr Tod sollte blumenreich sein. Eine »Kollegin«:
»Ich sehe sie noch. Jeden Samstag kam sie vom Markt. Voll bepackt mit Vorräten. Für den Sonntag.«
Und eine andere:
»Für ihre Kinder war sie alles. Mutter und Vater zugleich. Für sie schreckte sie vor nichts zurück. Nicht einmal vor der Angst . . .«
Die Angst kam in Gestalt eines seltsamen jungen Mannes. Jeden Freitag seit sechs Wochen. Er brachte Geld und Schrecken. Bis sie am letzten Freitag schreiend auf dem Flur stand, sich den Leib hielt und blutüberströmt zusammenbrach. Der Mann mit dem Messer war auf und davon. Für sie war es – der Gnadenstoß.
Arbeiterkind aus Toulouse – war sie in Armut aufgewachsen. Wollte ein »normales« Leben mit Kindern und einen liebenden Gatten. Kinder bekam sie. Doch nie einen Mann. Mit 18 kam ihr erstes Kind Stephan. Nach dem zweiten verließ sie ihr Liebhaber. Freundinnen rieten, dasselbe zu tun wie sie. Sie wollte nicht. Aber wie leben? Es folgt eine neue Verbindung. Ein drittes Kind. Und noch eins. Unerträgliche Lasten . . .
1963, mit 29 Jahren, gibt sie nach. Läßt sich eintragen. Aber 10-, ja 20mal kommt sie zur Sittenpolizei. Um Schluß zu ma-

chen. Und kehrt doch zurück, weil sie es vor Not nicht schafft. Sie wechselt von der Unehre zur Ehre und wieder zurück. Ein Kind wird krank. Eins studiert, eins heiratet. Eine Enkelin wird geboren. Jede neue Last nimmt ihr von neuem die Freiheit.
Sie versorgt ihre vier Söhne, ihre Eltern, die Schwiegertochter und die Kleine. Das ist ihre Welt. Um ihretwillen überwindet sie Ekel und Angst. Den Ihren bot sie jährlich – als untadelig ehrbare Frau Bonnet – einen Spanienurlaub in großem Haus. Wie eine Ameise dachte sie an die Zukunft. Sie ängstigte sich, daß die Jüngsten in der Schule oder durch andere erfahren könnten, daß ihre Mutter eine Hure sei.
Ein Messer machte jetzt allem ein Ende. Es blieben überreiche Blumenspenden der »Kolleginnen« und ein von einer Ehemaligen (jetzt Hausvermieterin) gestelltes Grabgewölbe:
»Sie war so eine gute Mutter, ein gutes Mädchen!«
So schilderte die Pariser Illustrierte »Paris Match« kurzgefaßt Geschichte und Tod dieser Prostituierten. Aber ganz zum Schluß steht überraschend der kurze Satz: »So starb in dieser Nacht die leibhaftige Tugend in dem, was alle Welt das Laster nennt.«
Bei dem Mädchen Christiane von Toulouse ist von »Umkehr« nichts zu sehen. Oder? Genügt für Gott nicht der oft versuchte erste Schritt? Verzweifeltes Bemühen?
Eine Dirne, die Jesus die Füße salbte, sprach der Herr sozusagen selber heilig: »Ihr sind viele Sünden nachgelassen, weil sie große Liebe hat.«

Josef Hosse

Der Mensch, den ich meine

Wilhelm Hebestreit, Buchhändler von Beruf, seit Jahren Rentner, bewegt sich in seinen Texten immer auf der Suche nach »seinem Christus«, dem eine erschöpfte und ausgelaugte Christenheit den Namen gestohlen hat. Er sucht seine Antworten auf unsere Fragen, sicher, daß sie uns nur gegeben werden, wenn wir versuchen, Sein Leben, Sein Wort in unser eigenes Leben zu übersetzen, Sein Evangelium weiterzuschreiben für die unbeantworteten Fragen unserer Welt.

DER MENSCH, DEN ICH MEINE,
ist immer eins – und immer geteilt
kann Grenzen nicht ertragen
ist immer bereit, aus sich herauszugehen
ist fähig, sich selbst zu ignorieren
hat Erbarmen mit allen – doch kaum mit sich selbst
steht im innersten Herzen der Welt – und doch über allem
hat an Macht kein Interesse
ist niemandem überlegen – und doch souverän
lebt und stirbt an jedem Tage; und ist an jedem neuen Tage jung, so alt er auch sein mag
muß vieles entbehren; möchte aber mit niemandem tauschen, wer es auch sei
kennt Schmerzen, die von Freuden, und Freuden, die von Schmerzen nicht zu unterscheiden sind
ist Triebmensch – getrieben von der Leidenschaft reiner Gesinnung
ist immer tätig – auch wenn er nichts tut
ist immer auf der Suche nach Menschen, die mitgehn; geht aber – unbeirrbar – auch allein
leidet, weil er immer hinter dem zurückbleibt, wozu die Liebe ihn drängt

ist wie der Dornbusch, der brennt – aber nicht verbrennt
ist immer unterwegs – und immer am Ziel
keucht unter der Schwere seines Leides – doch sein Humor hört nicht auf
vermag es, über seinen Interessen zu stehen
hält Egoismus für Torheit
ist arm – und streut doch mit vollen Händen aus; denn sein Herz wird nicht leer
hat Teil an allem, was den Besten gelingt
fühlt etwas in sich, das er nicht nennen kann
liebt, wo niemand mehr liebt; findet Schönheit, wo niemand sie sieht; und hat Freude, wo keiner sie ahnt
steht immer in Flammen – und muß doch frieren; wenn er die Kälte unter den Menschen sieht
ist nicht begütert, leistet sich aber den Luxus eigener Gesinnung
wird die Angst nie los – vor eigenen Vorurteilen
ist stets auf der Suche nach der Identität – mit sich selbst
ist immer bereit, umzulernen; man muß ihn nur überzeugen
tut das Kleinste und liebt das Außerordentliche.

DER MENSCH, DEN ICH MEINE,
tut das Außerordentliche und liebt das Kleinste
fühlt sich immer vor – und immer fern der Vollendung
ist nicht mehr gläubig – weil er weiß
nimmt das Ende nicht wichtig; fühlt es stets gegenwärtig
vergißt nicht, sich selbst immer wieder in Frage zu stellen
ist ständig in Sorge, das zu verfehlen, was nur er tun kann
muß *»es«* schaffen, was ihm »aufgetragen ist«, oder er verkümmert
hat sein Leben auf eine Karte gesetzt
weiß, daß er muß – und koste es ihn selbst
sitzt zwischen allen Stühlen, ist dennoch außerstande, diese Linie zu verlassen
lebt, als ob alles Wohl der Welt von ihm abhinge
ist dem, was außer ihm ist, näher als sich selbst
erlebt immer aufs neue – leise erbebend – das Potential des Menschseins
verbrennt eher an seiner Glut, ehe er sich's leichter machte

ist immer auf dem Wege – zu den andern
sieht auch, was jenseits der Ozeane geschieht
findet es unerträglich, im Besitz eines Privilegs zu sein
denkt an die, an die niemand denkt
hält Reichtum für ein Privileg
liebt leidenschaftlich die FREIHEIT – *der andern*
leidet um die, die von ihrer Würde nichts wissen
ist souverän – und fühlt sich doch unterdrückt – in den andern
fühlt sich hingezogen auch zu denen, die so elend sind, daß einem übel wird in ihrer Nähe; reißt sie an sich unter Tränen
entdeckt die Würde auch im verkommensten Alkoholiker
sieht den Bruder noch im Kriminellen
ist mit denen, die sich um anderer willen zusammenschlagen lassen
trauert um die, die foltern
verneigt sich schon vor Menschen, die er noch nicht sah
liebt es, Menschen heiter zu sehen
hat stets vor Augen, was aus ihnen werden könnte, wenn … daher die unsichtbaren Tränen
vergißt nie den Dank für die Fülle, die ihm zuteil wird
weiß *auch* um das Recht – oder die Pflicht – seine Würde zu verteidigen.

DER MENSCH, DEN ICH MEINE,
ist wehrlos preisgegeben dem Sog seines Gutseins
kennt nur eine Wonne, sich zu verschwenden
staunt, solange er lebt
kann letztlich nur geschehen lassen – auch ohne zu verstehen
fragt nicht nach dem Sinn des Lebens – weil er ihn nicht mehr braucht
liebt die Tiere fast noch mehr als sich selbst
empfindet Ehrfurcht vor dem Regenwurm
empfindet Ehrfurcht vor sich selbst
weiß auch um die Gefahr, sich selbst zu genießen
weiß um sein Versagen – auch um das, das er nicht weiß
kann sich lächelnd preisgeben – weil er weiß, daß er nicht untergeht

hat das immerwährende Verlangen – durchschaut zu werden
möchte sich am liebsten die Brust aufreißen und alles vor aller Welt freilegen
ist ein Getriebener – allzeit treibt ihn das scheinbar Unmögliche
kennt Grade von Selbstlosigkeit, vor denen er erbebt; aber zurückbleiben?

DER MENSCH, DEN ICH MEINE,
will durch nichts von andern getrennt sein – auch durch keine Religion

DER MENSCH, DEN ICH MEINE,
ist alles und ist nichts; und hat keinen besonderen Wunsch; und weiß, daß er alles und nichts ist; und will es nicht anders; und ist immer bereit
ist fasziniert von *einem* Menschenbruder, der vor zweitausend Jahren unter uns war; dem man den Namen stahl; und der immer noch am Werk ist
ist immer in Angst, diesen zu enttäuschen.

Wilhelm Hebestreit

Frau Veronika Steppels Bericht

Der schwedische Journalist *Hans Axel Holm,* der längere Zeit in der DDR gelebt hat, interviewte in den Jahren 1967/68 etwa 100 Bewohner eines mecklenburgischen Städtchens: Arbeiter, Bauern, Rentner und Jugendliche, Parteileute und Engagierte, Christen und Atheisten.

Eine von ihnen ist Veronika Steppel. Eine gewöhnliche Frau, wenn man will; eine ungewöhnlich gewöhnliche Frau. Dennoch geht von ihr eine außergewöhnliche Ausstrahlung aus. Im Kleinen, im wenig Beachteten, im Unausgesprochenen (über das nur auf Anfrage hin bescheiden gesprochen wird), wird eine Kraft sichtbar, die in jeder Situation verantwortlich zu leben versucht. Wohlstand, Armut, Verlassenheit, Hilfe, Orientierung und Konsequenz – alles Vokabeln, die aus einem »von den Vätern überkommenen Glauben« ihren Inhalt beziehen: tagsüber lese ich in der Bibel, sagt sie, mehr nicht. Früher konnte sie Pater B. fragen, der ist tot. Ihr jetziger Pfarrer ist klug und hat ein gutes Herz. Das ist alles.

ICH BIN AUS DEN SUDETEN, mein Vater war Kaufmann dort in einem Dorf. Unsere Weinberge hingen voller Reben, und am Sonnabend trugen wir Mädchen Spitzenkragen und Manschetten, die Jungen spielten Ziehharmonika, und wir sangen und tanzten zu ihrer Musik.

Sonntags sprach Pater Bernhard uns von unseren Sünden frei. Pater Bernhard hatte ein gutes Herz. Meine einzige Sorge war, welche Küsse ich ihm beichten mußte. Für einige Küsse gab es sofort Absolution. Aber ich mußte als Sühne drei Eimer Wasser in Pater Bernhards Haus tragen, wenn ich bis nach Mitternacht mit dem Sohn des Gutsbesitzers getanzt und ihm drei Küsse gegeben hatte: einen Eimer für jeden Kuß.

Welche Schande für ein Mädchen, Wasser in Pater Bernhards Haus zu tragen, welche Schande für die Tochter des Kaufmanns! Später beichtete ich die Küsse nie mehr, die ich dem Gutsbesitzerssohn gegeben hatte, das heißt, ich zählte sie auch nicht mehr, und als ich meinen achtzehnten Geburtstag feierte, wurde ich Braut – an einem Spätsommertag unmittelbar vor der Weinernte. Und der Gutsbesitzerssohn, mein zukünftiger Mann, sagte: »Ab heute, liebe Braut, sollst du mir für jeden Kuß, den du mir verweigerst, einen Eimer Wasser ins Haus tragen.« So lebten wir Jungen in den Sudeten.
Mein Mann wurde Gutsherr. Sein Vater starb. Seine Mutter starb. Meine Mutter starb. Mein Vater starb. Wir übernahmen auch das Geschäft meines Vaters. Ich brachte drei Kinder zur Welt. Eines Tages kam ein Mann aus München in unser Dorf. Er wollte zu meinem Mann: »Herr Patron«, sagte er, »Sie sind Deutscher und leben hier und kennen Ihre Pflichten, oder wie? Wir müssen eine deutsche Partei gründen.«
Mein Mann ging zu Pater Bernhard, der alt geworden war, und bat ihn um Rat. Pater Bernhard antwortete ihm: »Du bist der reichste Mann in unserem Dorf. Und du kennst doch das Gleichnis vom Nadelöhr. Wähle also zwischen deinem irdischen und deinem himmlischen Herrn. Wenn du es mit dem himmlischen Herrn hältst, dann teile deinen Reichtum mit anderen, wenn du aber deinem irdischen Herrn gehorchen willst, dann vermehre ihn.«
Als mein Mann nach Hause kam, unterhielten wir uns darüber, was Pater Bernhard gesagt hatte, und wir fragten uns, mit wem wir unseren Reichtum wohl teilen sollten. In unserem Dorf gab es keine Armen. Bald darauf ging mein Mann nochmals zu Pater Bernhard und fragte ihn: »Mit wem soll ich meinen Reichtum teilen?«
Da antwortete Pater Bernhard: »Geh zu Max Fischer und sprich mit ihm.«
Max Fischer war Schmied in unserem Dorf, und der Schmied erzählte meinem Mann, was sich in Deutschland ereignete, und er erzählte ihm auch, was das für ein Mann aus München gewesen war. Der wäre ins nächste Dorf weitergefahren und ins übernächste und so weiter, und bei Seligmanns hätten sie in der Nacht, die auf den Besuch des Mannes folgte, die Fenster

eingeschlagen. Dann fuhr der Schmied fort: »Sie sind ein reicher Mann. Sie haben Liegenschaften und Besitz. Deswegen ist es schwer für Sie, dies alles zu verstehen. Aber wer nicht viel besitzt, fragt sich natürlich, warum der andere mehr hat. Und in Deutschland gibt es heutzutage viele, die wenig, und wenige, die viel haben. Lieber Patron, ich freue mich, daß Sie zu mir gekommen sind. Ich habe nie behauptet, daß Sie schlecht wären. Im Gegenteil, ich sage, Sie sind ein guter Mensch. Auch Ihr Vater war ein guter Mann. Sie brauchen Ihren Besitz jetzt auch nicht mit anderen zu teilen, denn bei uns im Dorf gibt es niemanden, der sich beklagt, und keinen, der Ihnen etwas mißgönnt. Aber Sie sollten auch nicht allzusehr auf Ihr Eigentum bedacht sein. Denn außerhalb unseres Dorfes gibt es Menschen, die unsere Hilfe brauchen. Seligmanns sind nicht reich. Aber sie haben krumme Nasen.«

Mein Mann erzählte alles, als er nach Hause kam, und wir gingen wieder zu Pater Bernhard und berichteten ihm, was der Schmied gesagt hatte, und fragten ihn um Rat. Aber Pater Bernhard lachte.

Ehe der Mann aus München zum zweiten Mal auftauchte, waren wir übereingekommen, eine deutsche Partei zu gründen. Dann holten wir Seligmanns in unser Dorf und andere Juden aus benachbarten Ortschaften, und wir vereinbarten, daß wir künftig mit zwei Zungen reden wollten.

Aber eines Tages kam ein großes schwarzes Lastauto in unser Dorf. Es holte Pater Bernhard und den Schmied ab, und dann kamen sie zu uns nach Hause und holten Seligmanns und die anderen Juden von unseren Nachbarn, und keiner von ihnen allen ist jemals zurückgekehrt. Wir bekamen einen neuen Pfarrer, aber keinen anderen Schmied, und dem neuen Pfarrer wagten wir nicht länger unsere Sünden zu beichten, denn wir wußten nicht mehr, was gut und was böse war.

Auch der Lehrer in unserem Dorf wurde abgeholt. An seine Stelle trat ein neuer, und niemand wagte mehr, mit zwei Zungen zu reden.

»Was wir bisher gelernt haben, war falsch«, sagten unsere Kinder.

Und wir antworteten ihnen nicht.

So waren der Glaube, die Freude und die Wahrheit aus unserem

Dorf verschwunden. Unser ältester Sohn wurde zum Militärdienst einberufen und kehrte nicht mehr zurück. Unser zweitältester Sohn wurde zum Militärdienst einberufen und kehrte auch nicht mehr zurück.

Mein Mann, der aus uns unverständlichen Gründen nicht mit dem schwarzen Auto abgeholt worden war, das Pater Bernhard und Seligmanns fortgeschafft hatte, ging zur Parteileitung und sagte: »Ich will aus der Partei austreten.«

Da antworteten sie: »So etwas gibt es nicht. Man tritt nicht aus, man verschwindet.«

Weil mein Mann nicht mit dem schwarzen Lastauto abgeholt worden war, in welchem sie Pater Bernhard und Seligmanns weggebracht hatten, wunderten sich die Leute im Dorf, wer er eigentlich war: warum denn er nicht? Sie glaubten sogar, daß er der Denunziant gewesen wäre. Warum auch sollte er, der doch nur dabei gewinnen konnte, dagegen sein? Unsere Freunde zogen sich von uns zurück.

Aber mein Mann ging nochmals zur Parteileitung und sagte: »Ich will aus der Partei austreten.«

Da antworteten sie wiederum: »Das gibt es nicht. Man tritt nicht aus der Partei aus. Man verschwindet.«

Zwei Tage danach holten sie ihn. Sie schoren ihm den Schädel kahl. Sie stellten ihn auf den Kirchplatz, zwischen zwei Posten. Um seinen Hals banden sie ein Plakat:

»Ich bin ein Verräter.«

Aber keiner wußte, was er verraten hatte. Er wurde auf einen Lastwagen geworfen und in ein Lager für Juden gebracht.

Als dann die Amerikaner kamen, suchten sie ihn und die anderen Deutschen heraus und fragten: »Waren Sie in der Partei?«

Und er antwortete: »Ja, ich war PG.«

Und keiner glaubte nun noch seiner Erklärung, warum er es war, und sie brachten ihn in ein anderes Lager.

Zu uns kam die Rote Armee. Ich dankte Gott für ihr Kommen, als ich die Rauchwolken hinter den Bergen aufsteigen sah. Die Braunen in unserem Dorf gingen in die Wälder, um die Russen aufzuhalten, aber ich habe nie etwas gehört, daß sie sich begegnet sind. Vielleicht waren sie ja auch nur in den Wald gelaufen, um sich zu verbergen. Bald darauf marschierten die Roten in unser Dorf ein. Sie ritten in Reih und Glied auf ihren Pferden. Vorn-

weg trugen sie eine Fahne. Sie führten Trommeln und Trompeten mit sich. Es war, als gehörten sie in eine andere Zeit. An die Kinder des Dorfes verteilten sie Schokolade.
Dann kam der Tag, an dem wir unsere Sachen packen mußten. Für immer sein Land, sein Heim und alles, was man besitzt, zu verlassen und einer ungewissen Zukunft entgegenzufahren, ist schwer. Das einzige, was mir blieb, war meine Tochter – und die schwache Hoffnung, irgendwann einmal meinen Mann wiederzusehen.
Wir kamen in dies norddeutsche Dorf, wo alles so ganz anders ist als bei uns. Aber wir wollten ja auch im Augenblick nichts anderes als überleben.
Es war eine unsichere Zeit, in der jeder Mensch, der nicht verhungern wollte, zum Verbrecher wurde und ein Happen Essen mehr Wert haben konnte als das Leben eines Menschen.
Eines Nachts ging ich auf die Äcker hinaus, um Ähren zu pflükken. In dieser Nacht schlug man mich so auf den Rücken, daß ich invalide wurde. Als ich aus dem Krankenhaus entlassen worden war, kehrte mein Mann zurück.
Ich wohnte damals mit meiner Tochter in der gleichen Gesindestube, in der ich noch heute lebe. Schon im Lager hatte mein Mann von unserer Aussiedlung erfahren. Drei Monate lang hatte er uns gesucht. Er kam am Abend, als wir schon in den Betten lagen. Wir unterhielten uns die ganze Nacht.
Eine Woche später war er tot.
Ich habe hier auf dem Hof immer die Hühner gefüttert. Nun kann ich nicht einmal das mehr. Aber jetzt werden die Hühner ja auch auf andere Weise versorgt.
Ich habe meine Rente, meine Invalidenrente. Tagsüber lese ich in der Bibel, jeden Sonntagmorgen gehe ich zur Messe. Pfarrer Elsner ist ein kluger Mann. Er hat ein gutes Herz.
Jeden Mittwoch höre ich die Konzerte im Fernsehen.
Einmal am Tage gehe ich zum Grab meines Mannes. Und die Blumen in meinem Zimmer nehmen natürlich auch etwas Zeit in Anspruch.

Hans Axel Holm

Aus dem Tagebuch eines 21jährigen

Birgitta Wolf, in den Gefängnissen bekannt wie ein »bunter Hund«, von manchen Gefangenen überschwenglich »Engel der Gefangenen« tituliert, ist eine der wenigen engagierten Vorkämpferinnen für Reformen im Strafvollzug. Nicht nur theoretisch, sondern vor allem im hautnahen, ungeschützten Kontakt.

Im Buch *Die vierte Kaste* läßt sie junge Menschen im Gefängnis zu Wort kommen. Mit ihrer hoffnungslosen Verzweiflung, ihren intimen Nöten, ihren kleinen Hoffnungen. Eine Stimme steht hier für viele Stimmen. Die Stimme eines 21jährigen, der in der Einsamkeit der Zelle die »Erfahrung der Schuld« erleben muß, gestützt von der Zuneigung der Freunde, getragen vom Erlebnis neuer Gotteserfahrung.

JETZT BIN ICH fast 8 Monate hier. In einer Zelle, deren Wände von unzähligen Händen beschmiert sind und Löcher enthalten. Die Betten bestehen aus Eisen, Holzbrettern und Hartfaserplatten. Und den Inhalt der Seegrasmatratzen kann man nur noch Staub nennen. Die Träume in diesen Betten sind genauso hart und drückend wie die Unterlage. Ein alter Blechkübel in der Ecke, ein Tisch und drei Hocker vervollständigen die Einrichtung.

Ich weiß nicht, wie lange ich noch hierbleiben muß. Ich weiß nur, daß ich eine unbeschreibliche Sehnsucht nach Sonne und Freiheit und – nach einem verständnisvollen Menschen habe.

Merkwürdig, wie genügsam der Mensch werden kann. Früher träumte man von Geld, Erfolg und schönen Frauen und jetzt wünscht man nichts sehnlicher als die Freiheit.

Vor 8 Monaten war ich noch frei. Da war Winter und riesige Schneelasten türmten sich über Dörfer und Städte.

Eigentlich habe ich Angst vor diesen Erinnerungen. Aber an was soll ich mich sonst erinnern? An meine bösen Taten? Soll ich mir meinen schlechten Charakter täglich vor Augen führen? Die Gegenwart ist drückend genug.
Hier gibt es nur Vergangenheit und Gegenwart. Für die Zukunft ist kein Platz. Die Zukunft ist für mich ein Phantasma. Genauso trügend. Ich lasse also meine Gedanken lieber in das Vergangene schweifen und male mir aus, wie alles hätte sein können, wenn ...
Ja, dieses »Wenn« ist das Riff, an dem mein Lebensschiff immer wieder gescheitert ist. Dieses »Wenn« ist meine innere Schwäche, mein Egoismus, meine Faulheit und noch verschiedenes andere. Dieses »Wenn« ist der Stein auf meinem Weg, über den ich immer wieder falle. Beim ersten Fall habe ich mir allerdings nicht nur ein, sondern beide Beine gebrochen. Ich könnte für diesen Sturz jetzt eine Menge Entschuldigungen vorbringen, aber damit würde ich mich nur selbst und andere belügen. Ich habe bisher genug Lügen in die Welt gesetzt und glaube, endlich damit aufhören zu können.
Das Leben lag vor mir, frei und offen und wunderbar weit. Ich bin freiwillig zurückgegangen in das Dickicht der Wirrnisse, Unklarheiten und Dämmerungen. Ich habe Abschied genommen von der Sonne und – vielleicht – von dem Leben. Ich bin namenlos müde. Ich werde mich nicht mehr an dem Glitzern des Schnees und an der großen Weite erfreuen können, sondern nur noch die Öde der Einsamkeit und die jammervoll trüben Tage sehen. Für mich werden keine Blumen mehr blühen und keine Vögel mehr singen. Ich werde nicht weinen und nicht schluchzen. Ich werde meine kummervolle Seele fest in der Hand halten.
Meine Freunde sind rührend zu mir. Sie versuchen, mit allen Mitteln mein Los zu erleichtern. Wenn sie doch nur einsehen könnten, daß ich nicht weiter wie ein Kind im Sande meiner leeren Zukunft spielen kann. Ich habe in diesen Tagen gar nicht gelebt.

Die Tage werden kürzer. Bald werden die Herbststürme über das Land fegen und das große Sterben beginnt. Heute habe ich die ersten bunten Blätter an einem kleinen Bäumchen gesehen, das mit seiner Spitze über die Hofmauer lugt. Die ersten Vor-

boten des Herbstes, dem der Winter noch folgt. Vor diesem Winter habe ich Angst.
Ich werden nicht mehr die glitzernde Pracht bewundern können, sondern in einer kalten, kahlen Zelle sitzen, von Schwermut und Traurigkeit umgeben. Vielleicht werde ich in den langen Winternächten am vergitterten Fenster stehen und die Sterne zählen. Am Weihnachtsabend werde ich an die Kinder denken, die mit erwartungsvollen Augen auf die große Stunde warten und an das letzte Weihnachtsfest, und mein Herz wird in der Einsamkeit stehen und weinen und sich wundern, daß alles so weiterläuft und niemand bei ihm stehenbleibt. Die Welt aber wird sich weiterdrehen, wenn sie auch für mich ein totes, ausgebranntes Ding sein wird, das mich nichts mehr angeht.
Aber ich darf hier nicht von solchen Dingen reden. Noch ist Weihnachten weit und noch ist nicht alles entschieden.

Gestern abend habe ich noch in der Bibel gelesen und merkwürdigerweise eine ruhige Nacht hinter mir. Ich hatte sogar einen wundervollen Traum, den ich hier aber nicht erzählen möchte.
Sollte ich den Weg zu Gott gefunden haben?
Löst sich die höllische Umklammerung der letzten Wochen?
Um mich her versinkt Zeit und Raum und mein vergebliches Leben. Alles löst sich auf in befreienden Tränen.

Heute kam eine Karte von Mam mit einem Gruß von Herrn E. Sollte mir dieser prächtige alte Mann wirklich vergeben haben? Warum verzeiht man mir immer? Glauben meine Freunde wirklich an das Gute in mir?
Wie verschlungen sind doch unsere Wege. In der tiefsten Not finde ich immer noch die alte Freundschaft.
Langsam, stetig rinnen mir die Tränen über die Wangen. Ich weiß nicht, warum ich weinen muß. Vielleicht weine ich über mein zerstörtes Leben.
Warum falle ich beim ersten Lichtschimmer immer wieder in die Dämmerung zurück?

Nichts ist schlimmer als die Ungewißheit. Sie verzehrt heimlich die Kräfte des Widerstandes. Ich kann schon lange nicht mehr

an meinen Zeichnungen arbeiten. Meine Hände zittern wie die eines Greises. Gerade Linien gibt es nur noch in meiner Phantasie.
Meine Nächte verlaufen jetzt ruhiger. Ich glaube: Gott ist jetzt bei mir mit seinem allmächtigen Wort: Siehe, ich bin bei Euch alle Tage bis an der Welt Ende.
Ich habe lange gebraucht, um zu dieser Erkenntnis zu kommen.

Überall atmet bedrückendes Schweigen,
matte, verängstigte Augen zeigen
den inneren Schmerz.
Und in die trauererfüllte Stille
schlägt leise, ohne des Menschen Wille,
das einsame Herz.

Ich habe meine Mitmenschen betrogen, bestohlen und belogen. Ich bin bereit, meine Schuld zu sühnen und hoffe, daß man mir nichts nachtragen wird. Ich weiß, daß von dieser Erkenntnis aus noch ein weiter Weg vor mir liegt. Bisher war ich ein Spielball meiner Leidenschaften, denen ich mich nicht entwinden konnte. Jetzt will ich meinen Haß begraben und mich der Hoffnung hingeben, daß ich trotz der Einsamkeit nicht alleine bin.

Interview, das nicht stattfand

Von den Zeitungsleuten wird gesagt, daß sie für fromme Kirchenmänner nichts übrig haben. Die das behaupten, fragen gewöhnlich gar nicht, an wem das wohl liegen könnte. Für den Kölner Dominikaner *Rochus Spiecker* freilich hat dieses Wort nie gegolten. Als der Journalist Spiecker starb mit 46 Jahren – in seinem Abschiedsbrief an die ZEIT hieß es, so leid es ihm täte - nun müsse er sich auf die ewigen Dinge präparieren . . . –, schrieb der damalige Chefredakteur Josef Müller-Marein über den Mann, für den es kein Problem gab, über das sich mit ihm nicht diskutieren ließe: *wir haben ihn sehr geliebt.*
Warum? Auch darüber gibt J. M.-M. Auskunft: Hinter seinen unpathetischen, oft witzigen Formulierungen stand Leidenschaft, und seine tiefe Bildung verhütete falsche Akzente. Dieser ehrliche Mann war frei von jeder Eitelkeit, und er war völlig unbekümmert darum, seinen Predigerruhm und seine Popularität aufs Spiel zu setzen.
Mit seinem Namen verbunden hier einen vergleichsweise bescheidenen Text. Das »Interview, das nicht stattfand«, bezeichnet den Ort, von dem aus Rochus Spiecker lebte und schrieb.

ER SAGTE : »Ich bin nicht mehr klein. Heute bin ich groß. Aber ich freue mich, daß sich die Leute daran erinnern, wie klein ich war. Sich erinnern, daß ich in eine Krippe paßte. Daß ich Platz hatte in einem Schoß. – Ich hatte damit meine Absicht. Ich wollte ganz eintauchen in ihr Schicksal. Ich wollte eine Mutter haben, ein lebendiges Haus. Unter zwei Händen wollte ich wachsen. Ein Herz ist das einzige Haus, das hält. Nicht wahr? Das heißt: sofern überhaupt etwas hält.
Ja. Daß sich die Leute daran erinnern, freut mich. Besonders heute. Denn gerade heute vernarren sie sich leicht in das Große,

das Absonderliche, das Monströse. Sie werden wild nach dem Mond, obwohl sie sich selbst noch nicht begriffen, noch nicht in Besitz genommen haben. Sie überschlagen sich in absurden Rekorden: werden so schnell, daß sie einander nicht mehr erkennen; peitschen sich auf zu Leistungen, bei denen ihnen Hören und Sehen vergeht. Aber was hat man schließlich davon, wenn man sich durchbrennt?! Nicht einmal mehr: sich selbst!!
Aber lassen wir das. Da die Verhältnisse sich so entwickelt haben, ist es für Gott nicht mehr interessant, sich groß zu zeigen durch Größe. Die Leute haben die Kategorie der Größe diffamiert durch ihre Maßlosigkeit. Dann schon lieber eine Krippe! Daraus läßt sich etwas machen. Damit läßt sich etwas sagen. Dann schon lieber einen Stall mit Tieren. Einem Ochsen, der nichts zu sein vorgibt als ein Ochse. Und einem Esel, der ein richtiger Esel ist. – Übrigens: wenn sich die Leute weiterhin vergnügen, alle Grenzen zu sprengen und alle Schleusen aufzustoßen, wird es über kurz oder lang doch wieder auf die kleine Welt ankommen – wie damals in dem schwimmfesten Kasten –, auf die kleine Welt: den Menschen vor dem Menschen. Auf den Handgriff, der hilft. Auf das Wort, das meint und nicht nur bezeichnet. Auf das Sich-Zurechtfinden im umschreibbaren Raum. Auf das Zueinander. Auf die Welt, die beieinander zu Hause ist. – Ich habe natürlich nichts gegen den Fortschritt. Die Welt muß, sie soll weitergebaut werden. Nur darf man nicht vergessen, daß es die ganz einfachen Dinge sind, die Bestand geben. Auch der höchste Wolkenkratzer wird mit Lehm gebaut, mit Sand, mit Wasser und Kies. Und zum Essen braucht man Brot, Milch und Fleisch. Auch wird sich nichts erfinden lassen, was glücklicher macht als die Liebe. Was leuchtender ist als das Lächeln. Was feuriger ist als das Blut.
Die Welt soll weitergebaut werden. Nur darf man nicht vergessen, warum man baut und was umbaut und geborgen werden soll. Zuerst übersieht man Gott. Und dann die eigene Seele. Aber soviel man auch schafft: es wird nicht ausreichen, um die Leere zuzuschütten, die das Vergessene aufreißt. – Nein. Ich bin froh, daß sie sich meiner erinnern, da ich klein war. Zwar werden sie in kostbaren Pelzmänteln kommen, um mich zu bestaunen. Sie werden sich ein wenig onkel- oder tantenhaft aufführen, um mir ihre etwas verbrauchten Gefühle zuzuwenden.

Und vor dem Stall werden ihre Autos indigniert und glotzäugig warten müssen. Aber, sie werden kommen. Das ist die Hauptsache! Ich sehe durch ihren Pelz und das Blech ihrer Wagen hindurch und weiß, daß sie arm sind. Und darum sind sie mir lieb. Das andere? Was macht das schon? – Denn bei Gott ist kein Ding unmöglich!«

Rochus Spiecker

Die Jungen der neuen Generation

Auch der Papst hat oft geklagt. Angesichts der Statistiken, die in aller Welt den Rückgang der geistlichen Berufe signalisierten, waren seine Worte bitter, inspiriert nur vom Jammer der Weltkirche.
Am 23. Juli 1972 war das anders. Der Vorspruch für den sonntäglichen »Angelus« in Castelgandolfo war neu. Sucht der Papst diese Jugend? Sucht er sie zu verstehen? Macht er ihre Anliegen, die nicht selten einem unverfälschten Evangelium nahestehen, zu den seinen?
Wer die Vorstellungen eines 19jährigen hinzunimmt, konkrete nüchterne Vorstellungen von einer Kirche, die im Jahre 2000 sein wird (oder nicht sein wird!), der erkennt Ufer, die es zu verbinden gilt. »Peace and love« sind altehrwürdige christliche Vokabeln. Man muß nicht aneinander vorbeigehen.

EUCH DEN JUNGEN gilt mein Gruß: den Jungen der neuen Generation, eurer Generation. Wo ist euer Ort? Ferien habt ihr, denke ich. Weg ist der Rahmen eurer gewöhnlichen Beschäftigung. Und jetzt freut ihr euch: endlich ein Augenblick der Freiheit!
Dahin zielt ganz spontan euer stärkstes persönliches Verlangen; es wächst in euch zugleich mit dem Selbstbewußtsein. Ihr wollt, ich weiß, euch selber sein, entwachsen aller äußeren Bevormundung: sei es der Familie, der Berufsarbeit, sei es der Umwelt. Ihr wollt hinaus aus dem Käfig. Ihr wollt es probieren und beweisen, daß man die Zwänge der Gewohnheiten loswerden kann: ausbrechen, trampen, die Welt kennenlernen, das Leben wagen. Ja, es gibt unter euch solche, die rundweg erklären, daß sie alles langweilt, und die ganz radikal all das verachten, was die sogenannte Konsumgesellschaft mit verführerischer Ver-

schwendung und mit dem Trug anbietet, das sei alles, das sei die Wahrheit, das sei die Fülle des Lebens. Von all den Annehmlichkeiten der modernen Welt mag gewiß auch die neue Generation gerne profitieren, aber sie spürt, daß all dies nicht genügen kann; bei diesem Jahrmarkt stehen zu bleiben, das erfaßt sie schlagartig, wäre das Ende vom Lied, denn dahinter steht die fette, feucht-fröhliche und schillernde Erfahrung des modernen Materialismus, wie ihn uns der Fortschritt als Lebensideal beschert hat. Ihr, die Jungen, habt den Zauber durchschaut; ihr sagt: das genügt uns nicht!

Und wie steht es nun mit euch? Ihr seid, so scheint mir, erneut auf der Suche. Und zwar in erster Linie auf der Suche nach dem menschlich Wahren und Echten in euch selbst, nach dem Sinn und dem wirklichen Wert eures Lebens.

Ein Doppeltes, das sich bei euch ereignet, scheint darauf die treffende, wenn auch erst vorläufige Antwort zu geben. Das erste ist die Gruppenbildung: Hier in der »Gruppe«, wo das Spontane und die Einmütigkeit von Freunden etwas gelten, wacht ausgerechnet das wieder auf, wovon ihr, wie man meinte, abgedankt hattet: das Bedürfnis nach Gemeinschaft, dem ihr auf diese Weise Genüge tut. Der Mensch kann nicht für sich allein leben, er bedarf der Ergänzung durch die Gemeinschaft: er braucht das Gespräch, die Freundschaft, das Geben und Empfangen, die Liebe.

Das andere Ereignis: Ihr sucht und findet zurück zur »Wildnis« und zur Weite, sei es auf den Bergen, in den Feldern oder am Meer. Was ihr als ländliche Einfachheit bevorzugt, hat schon fast einen aszetischen Zug. Aber dabei geht es euch um das Ursprüngliche und Spontane: ihr empfindet das Bedürfnis, vor dem Schönen zu staunen und eure Freude darüber unmittelbar hinauszusingen.

Aber kann euch dies nun genügen? Ist es nicht eher ein Stachel oder ein Vorwort, vielleicht so etwas wie eine Prophetie, und darnach käme erst die Stimme, die alles sagt, und die Begegnung, die alles schenkt? Ja! Christus! Der ist es, einmal mehr Christus! Vielleicht wißt ihr gar nicht, daß ihr auf ihn zugeht. Aber ich sage es euch: Er geht auf euch zu. Die neue Begegnung Christi mit der Jugend ist ein Fest: laßt es uns feiern!

Paul VI.

In welcher Kirche will die Jugend dieses Fest feiern? Einer versucht eine Antwort. Optimist für die einen, weil er den »Höhepunkt der Kirche« erst in der Zukunft erwartet; Pessimist für die anderen, weil er der heutigen »Gestalt der Kirche« keine Chance einräumt, um das Jahr 2000 zu überleben. Das sind Stichworte aus seiner Vorstellung:

DIE VOLKSKIRCHE IST TOT, die Gemeindekirche wächst in kleinen Familiengruppen. Dort feiert sie Eucharistie und bespricht das Apostolat der kommenden Woche. Aus ihr wächst der gewählte Vorsteher, der vom Bischof geweiht wird. Ein-, zweimal im Monat treffen sich die Familiengruppen im größeren Rahmen der Gemeinde zum Gottesdienst. Hier werden auch Ehen geschlossen, neue Mitglieder aufgenommen. Nur der Bischof ist hauptberuflich tätig, um engen Kontakt mit allen Gemeinden und der Gesamtkirche zu halten. Die Kirchensteuer wird durch die Kollekte ersetzt, alle unnötigen Ausgaben fallen weg, auch die hohen Besoldungskosten, weil die Ämter in der Kirche ehrenamtlich geleistet werden. Die Taufe wird nicht vor dem 16. Lebensjahr gespendet. »Wer reif genug ist, kann das Sakrament der Mündigkeit, die Firmung, empfangen und ist damit auch zu den Sakramenten der Ehe und der Priesterweihe zugelassen.« Die religiöse Erziehung liegt allein beim Elternhaus und der Kleingemeinde. Es gibt kein Taufscheinchristentum, der der Kirche vorgeworfene Reichtum hebt sich von selbst auf. »Was bleibt, sind Menschen, die mit der Botschaft Christi wirklich Ernst machen.«

Manfred Porsch

Wohin gehst du, Basil?

Der Autor dieser Geschichte, *Père Marie-Jean Mossand,* war Seelsorger der christlichen Arbeiterjugend, Chefredakteur von »Masses Ouvrières« und betreut zur Zeit Gastarbeiter und Einwanderer in der Region Paris. In seinem Buch »Keiner lebt für sich allein« zieht er das Fazit aus seiner Arbeit, eine unmißverständliche Lehre: Evangelisation ist eine Sache der Gemeinschaft. Glaube mir, so sagt er, außerhalb der Gemeinschaft der Liebe gibt es kein Heil, weder ein zeitliches noch ein ewiges.
In Basil begegnete Père Mossand einem Menschen, der einem erfahrenen Priester in ein paar Begegnungen eine »Christenlehre« erteilt.

ALLES HAT DAMIT ANGEFANGEN, weil es heiß war und ich Durst hatte. Es war an einem Sommerabend, und ich ging zu Fuß nach Hause, um mich etwas zu entspannen. Auf der Rue du Vieux Colombier betrat ich ein Café und bestellte an der Bar ein Bier. Ein Farbiger, der allein an einem Nachbartisch saß, zog bald meine Aufmerksamkeit auf sich: feines kupferbraunes Gesicht, von einem schmalen Kinnbackenbart umrahmt, ein dunkler, ziemlich abgeschabter Anzug. (Wahrscheinlich kein Student, dachte ich, sondern eher ein Arbeiter oder Teilnehmer an einem Lehrgang.) Ich nahm meine Halbe und setzte mich ihm gegenüber. Er begrüßte mich mit einem breiten Lächeln, wie eben nur Farbige lächeln können.
»Kommen Sie aus Afrika?« fragte ich ohne Umschweife.
»Nein, aus Ceylon.«
»Sind Sie hierhergekommen, um Französisch zu lernen?«
»Nein!«
»Hatten Sie Arbeit in Ceylon?«
»Ja, aber ohne jedes Interesse ...«

Mit einer Handbewegung verscheuchte er diese Erinnerung. Sein englischer Akzent war sehr stark.
»Sie finden mich vielleicht indiskret, aber was taten Sie dort?«
Er zögerte, lächelte und sagte schließlich:
»Oh, weiter nichts Nützliches.«
Rätselhafte Antwort, die meine Neugier reizte. Er interessierte mich immer mehr. Aber wie diese Unterhaltung weiterführen, die im Grunde nur aus einer Reihe von Fragen bestand? Ich drang aber weiter in ihn und erfuhr zu meiner Verblüffung, daß mein Gesprächspartner Philosophieprofessor an der Universität von Colombo war! Seine Familie war brahmanisch; er war es natürlich auch gewesen. Er hatte in Oxford studiert und seine Diplome mit Auszeichnung gemacht. Als Anhänger des Marxismus hatte er diese Philosophie in seinem Lande unterrichtet. Und dann wurde er – unter welchem Einfluß, weiß ich nicht – Christ. Er vertraute mir später an, was ihn am meisten bei der Entdeckung des Evangeliums betroffen hatte; das war das Kapitel 10 bei Lukas. Aus diesem Grunde hatte Bruder Basil alles im Stich gelassen.
»Aber warum sind Sie denn nach Frankreich gekommen?«
fragte ich.
»Um die Muselmanen zu evangelisieren. Das erstaunt Sie wohl?«
Er ließ mir keine Zeit zur Antwort und fuhr fort:
»Aber vielleicht wissen Sie gar nicht, was das bedeutet, evangelisieren? Ganz einfach: den Menschen verkünden, daß Christus für unser aller Heil gestorben und auferstanden ist.«
»Das muß doch ziemlich heikel sein«, erwiderte ich, »denn ich habe mir sagen lassen, daß die Muselmanen nicht an Christus als Gott glauben und nur einen Propheten in ihm sehen. Wie machen Sie denn das?«
»Na, auf folgende Art: um meinen Unterhalt zu verdienen, habe ich mich als Krankenpfleger in einem Vorortskrankenhaus anstellen lassen. Unter den Kranken gibt es viele Mohammedaner. Mit ihnen in Berührung zu kommen ist leicht: ich unterhalte mich mit ihnen, bemühe mich, ihnen Mut zuzusprechen, ihnen Dienste zu erweisen und brüderlich mit ihnen zu sein. Davon sind sie sehr gerührt. ›Bruder Basil ist uns ein wirklicher Bruder‹, sagen sie zu den Eltern, Verwandten und Landsleuten, die sie besuchen. Diese kommen dann, mir guten Tag zu sagen, und

laden mich in ihre Barackensiedlung ein, um mit ihnen das Kuskus zu teilen. Ich nehme die Einladung immer an, und auf diese Weise kenne ich jetzt viele mohammedanische Familien.«
»Ich gebe gern zu, daß die Berührung mit ihnen leicht ist, aber die Evangelisation?«
»Das kann jeder verstehen«, erwiderte er lächelnd. »Ich erzähle ihnen das Evangelium, die Geschichte von Christus und Myriam – unter diesem Namen kennen und verehren sie nämlich die Mutter Jesu. Die Kinder haben mich sehr gern, und während ihre Eltern auf dem Boden sitzen und mir andächtig zuhören, kuscheln sie sich an meine Knie. Und ich gebe ihnen Medaillen.«
»Medaillen?« frage ich ungläubig.
»Ja, wundertätige Medaillen, um sie vor Unheil zu beschützen. Die Frauen bemühen sich, sie an Perlketten zu befestigen, die sie dann stolz ihren Kindern um den Hals hängen.«
Er hatte in seiner Tasche herumgesucht und reichte mir eine winzige Medaille der heiligen Jungfrau.
»Ach, hören Sie«, sagt er, »Sie würden mir eine große Freude machen, wenn Sie diese da annehmen wollten.«
Er bot sie mir mit so viel Unbefangenheit an, daß ich nicht wagte, sie ihm abzuschlagen. Nach einem kurzen Schweigen begann Basil wieder:
»Alle diese Leute haben ein rührendes Vertrauen zu mir, aber man muß ihnen Zeit lassen, sich daran zu ›gewöhnen‹. Gott hat es nicht eilig. Neulich haben einige unter ihnen gesagt: ›Du, Bruder Basil, du bist weise. Wir, wir wissen gar nichts. Du mußt uns helfen, uns unterrichten, uns die Wahrheit lehren. Wir brauchen dich. Wir wollen nicht mehr, daß du arbeitest. Wir legen alle Geld zusammen, damit du leben und bei uns bleiben und uns vom lieben Gott erzählen kannst.‹«
Ich war davon doch etwas gerührt ... Nun bekannte ich Basil, daß ich Priester sei und für die Seelsorge der eingewanderten Arbeiter die Verantwortung trage. Diesmal war es an ihm, überrascht zu sein. Er stellte mir nun viele Fragen, begierig, meine Gedanken über die Verkündigung des Evangeliums kennenzulernen. Sie stimmten ganz gewiß mit den seinen in manchen Punkten überein. Trotzdem bestürzte mich sein Zeugnis. Muselmanen zu evangelisieren, daran hatte ich seit langem gedacht, da ich unter ihnen gute und treue Freunde habe. Ich hatte mit

der zuständigen Stelle darüber gesprochen, aber man hatte mir davon abgeraten, wenn nicht verboten, die Bekehrung von einzelnen Mohammedanern anzunehmen. Ich hatte auf diesen Rat gehört, da mir klargeworden war, daß man das Verkünden des Evangeliums nicht mit dem Spenden der Sakramente verwechseln dürfe. Vor Basil fragte ich mich, ob wir Christen aus lauter Respekt vor der Freiheit des anderen manchmal nicht auf unsere eigene Freiheit verzichten, die immerhin von der Offenbarung erleuchtet wurde.

Seit dieser denkwürdigen Begegnung besucht mich Basil regelmäßig. Ich bin sein Vertrauter geworden. Er erzählt mir erstaunliche Geschichten, die der »Fioretti« würdig sind. Die Muselmanen haben tatsächlich Geld zusammengelegt, um seinen Lebensunterhalt zu bestreiten und ihn somit von jeder beruflichen Arbeit zu befreien. Ihr Glaube an ihn ist so groß, daß er jederzeit die Barackensiedlung durchstreifen kann, selbst in Abwesenheit der Männer, wenn Frauen und Kinder allein sind. Für sie ist er wirklich der »Mann Gottes«. Basil kommt immer wieder auf Lukas Kapitel 10 zurück, dessen Ratschläge er genau befolgt.

Ich muß doch gestehen, daß es mir passiert ist, an der Wahrhaftigkeit seines Zeugnisses zu zweifeln. Fast hätte ich alles für reine Phantasie gehalten. In dieser Haltung begab ich mich an einem Sonntag nachmittag auf Einladung unseres Freundes zum erstenmal in eine Barackensiedlung. Ein junger Priester, der schon in der Seelsorge der Eingewanderten arbeitete, begleitete mich. Wir wollten Basil am Werk sehen und die Reaktion der Muselmanen auf seinen Bekehrungseifer beobachten.

Basil erwartete uns an einer Straßenkreuzung. Er begrüßte uns mit einem sanften Lächeln, machte sich bald aber Sorgen:

»Ich hoffe, Sie haben den Nachmittag frei?«

»Leider nein. Aber können wir die Siedlung besichtigen?«

»Ich habe Ihren Besuch angekündigt«, antwortete er. »Sie werden mit großer Ungeduld erwartet. Man erwartet die ›zwei großen Marabus von Paris‹. Nur ... (er zögerte weiterzusprechen), sie haben mir gesagt: ›Wenn sie nur so vorbeikommen, ohne sich aufzuhalten, ist das nicht der Mühe wert.‹ Wenn Sie dagegen bereit sind, ihnen den ganzen Nachmittag zu widmen

und am Abend das Kuskus mit ihnen zu teilen, werden sie glücklich und stolz sein, Sie mit allen Ehren zu empfangen, die man Ihnen als Gottesmänner schuldet.«
Claude, mein Begleiter, warf mir einen bedauernden Blick zu, den ich sofort verstand: da unsere Zeit begrenzt war, mußten wir wohl auf den Besuch verzichten und ihn auf später verschieben. Aber Basil wollte davon nichts wissen.
»Wir machen trotzdem eine Runde durch die Baracken. Stehen die Türen offen, so erwarten sie uns. Und wenn sie uns erwarten, gehen wir hinein.«
Er sagte nicht mehr darüber, denn ein Schwarm von Kindern umringte ihn schon.
»Bruder Basil, ist es wahr, daß du der Sohn Gottes bist?«
»Aber nein! Ich bin nicht *der* Sohn Gottes, sondern nur *ein* Sohn Gottes.«
»Aber du bist doch vom Himmel heruntergestiegen?«
»Aber nun hört mal zu, Kinder! Erinnert euch daran, was ich euch erzählt habe: das ist Jesus Christus, der Sohn Gottes, der vom Himmel heruntergestiegen ist und der von der Jungfrau Maria geboren wurde, um uns zu retten.«
»Aber du, du bist Gottes Sohn.«
»Ja, ich bin es durch die Taufe geworden.«
Die Kinder zerstreuten sich rasch in den Gäßchen des Barackenlagers und johlten aus Leibeskräften: »Er ist Gottes Sohn! Er ist Gottes Sohn!«

... Da stand die Türe offen: man erwartete uns. Im Halbdunkel unterschied man eine arabisch gekleidete Frau, die sich offensichtlich vorbereitete, uns zu empfangen. Sie schritt über die Schwelle und verneigte sich nach islamischer Sitte mit der Hand auf der Brust vor Basil, der sich der Türe am nächsten befand. Basil grüßte auf die gleiche Weise, und die Frau trat zurück, um ihn eintreten zu lassen. Gleiches Zeremoniell für Claude und mich. Die sehr saubere Baracke durchzog ein Duft von Pfefferminztee. Auf dem Tisch eine Kaffeekanne, eine Schale Milch und eine Mischung von verschiedenen Keksen. Mit einer Handbewegung forderte die Frau uns auf, Platz zu nehmen. Da sie unsere Sprache nicht kannte, begnügte sie sich damit, zu lächeln. Ich persönlich fühlte mich gar nicht behaglich: Was würde der

Gatte denken, wenn er seine Frau in Gesellschaft von drei Männern fand. Ich wollte Basil gerade meine Bedenken mitteilen, als ein prächtiges junges Mädchen hereinkam, auch sie recht bunt gekleidet; sie mochte 16 oder 17 Jahre alt sein.
»Seien Sie willkommen hier!« sagte sie. »Es ist für uns eine große Ehre, Sie zu empfangen ... Ich bin die Tochter des Hauses, aber ich bin verheiratet und wohne nebenan.«
Dann verschwand sie, kam aber etwas später mit einem jungen Mann zurück, den ich zuerst für einen Franzosen hielt, da er sich in nichts von den hiesigen jungen Leuten unterschied.
»Das ist mein Bruder«, sagte sie. »Er spricht besser mit Ihnen als ich. Er war in der Schule!«
Kader sprach tatsächlich fließend Französisch, sogar mit einem kleinen Pariser Akzent ... Nun begannen wir, Claude und ich, ein wahres Verhör.
»Bist du in Frankreich geboren? Wo warst du in der Schule? Und deine Lehre? Welches Handwerk hast du gelernt? Wo arbeitest du jetzt? Hast du viele französische Freunde?«
Wir wollten ihn kennenlernen, um ihn besser zu lieben, aber wir benahmen uns wie Polizisten. Der Junge schien darüber nicht verärgert und antwortete recht freundlich auf alle unsere Fragen.
Eben kamen zwei sorgfältig, sonntäglich gekleidete Männer; sie begrüßten uns mit sehr viel Würde und stellten sich dann vor: der eine war das Familienoberhaupt, der andere sein Bruder.
»Sie erweisen uns eine große Ehre, zu uns zu kommen«, sagte der erste, »und wir danken Ihnen sehr dafür. Seien Sie hier willkommen!«
Sogleich wollte er uns zu trinken anbieten und erkundigte sich nach unserem Geschmack. Mir war es, als schnupperte ich noch den Duft von Pfefferminztee; meine Wahl war also schnell getroffen. Der Hausherr war darüber bestürzt:
»Entschuldigen Sie bitte! Wir dachten, die Franzosen trinken lieber Kaffee. Deswegen haben wir einen Kaffee vorbereitet.«
Ich verbesserte mich sofort und versicherte, daß ich auf eine Tasse von ihrem Kaffee große Lust hätte. Zu spät: unser Gastgeber war schon aufgestanden und sprach mit seiner Frau, die sich unauffällig in das Zimmer nebenan zurückgezogen hatte. Ich verstand ihr Gespräch nicht, aber das Herz braucht keine Ohren ...

»Meine Frau«, sagte der Mann beim Zurückkommen, »hat erraten, daß Sie Pfefferminztee gern mögen, und bittet Sie, dieses Päckchen annehmen zu wollen.«
Ein wenig später ersetzte Pfefferminztee den Kaffee auf dem Tisch.
Basil schien sich sehr wohl zu fühlen. Ihm schmeckten die Kekse vorzüglich, während Claude und ich nur daran herumknabberten. Für uns beide war wirklich am wichtigsten, das Leben unseres Gastgebers kennenzulernen, seine Arbeit, seinen Lohn, seine Freizeitvergnügen und seine Beziehungen, wir bombardierten ihn mit Fragen, auf die er bereitwillig antwortete. Basil schwieg. Ich hatte ihm gut Zeichen zu geben und ihn unter dem Tisch mit dem Fuß anzustoßen, er mischte sich nicht in unsere Unterhaltung ein. Das erstaunte mich, und ich war darüber enttäuscht. Schließlich reizte ich ihn:
»Na, bist du denn stumm geworden, Basil?«
»Ihr redet doch so viel«, antwortete er lächelnd.
Da ich ihn darum bat, entschloß er sich, am Gespräch teilzunehmen.
»Bruder«, sagte er und wandte sich an unseren Gastgeber, »der liebe Gott muß mit dir zufrieden sein, da du meine Freunde wie deine Brüder aufnimmst. Er möge dich segnen, wie auch alle die Deinen.«
Und der andere antwortete:
»Möge Gott dir deinen Segen zurückgeben. Wir sind glücklich, daß deine Freunde unsere Brüder geworden sind. Sie sind hier bei sich zu Hause.«
Welche Lehre! Auf den ersten Anhieb führte Basil alles auf Gott zurück, und wir, wir hatten seinen Namen nicht ausgesprochen ... nicht ein einziges Mal. Unsere Befragung schien meilenweit von Ihm entfernt!

Zwei Stunden waren darüber vergangen; wir mußten uns von unseren Gastgebern verabschieden, denn wir wurden noch anderswo erwartet. Ich gebe es offen zu, daß wir eigentlich verwirrt waren, Claude und ich, als wir uns von der Barackensiedlung entfernten. Aber war es Basil nicht auch? Ich wollte reinen Tisch darüber haben.

»Du bist uns die Wahrheit schuldig, Basil. Offen gesagt, was hältst du von unserem Benehmen?«
»Mein Gott!« antwortete er, »ihr Franzosen seid alle Carresianer! Ich verstehe es schon, aber meine Freunde waren gewiß sehr überrascht über eure vielen Fragen. Ich weiß wohl, daß ihr euer Interesse an ihrem Leben zeigen wolltet, als ihr ihnen so viele Fragen stelltet. Aber auf diese Weise habt ihr in allen Einzelheiten ihr arbeitsreiches Leben wieder aufleben lassen, das sie seit Monaten und Jahren führen. Das ist es aber nicht, was sie von euch, ›den großen Marabus von Paris‹, erwarten. Sie erwarteten, daß ihr ihnen von Gott sprecht, daß ihr ihnen einen Hoffnungsschimmer bringt. Und ihr habt sie hungrig gelassen!«
Es wäre Heuchelei gewesen, einen Versuch der Rechtfertigung zu unternehmen. Viel besser war es, der Wahrheit ins Auge zu sehen: Wie kommt es, daß wir Gottesmänner nicht verstehen, spontan von Ihm zu sprechen?
Nach einer Weile machte ich zur Abwechslung einen harmlosen Spaß:
»Deine Freunde sind hungrig geblieben, aber du, Basil, hast mit gutem Appetit gegessen!«
»Ja«, gab er zu, »ich hatte nicht zu Mittag gegessen, und außerdem mußte man ihrer Gastfreundschaft die Ehre erweisen.«

Père Marie-Jean Mossand

Die Kirche Christi ist kein Institut für höhere Töchter

Abram Terz (Sinjawski), von einem Moskauer Gericht zu langjähriger Freiheitsstrafe verurteilt, zählt zu den bedeutendsten Erzählern russischer Sprache. In seinen »Gedanken hinter Gittern« formuliert er unzensierte Gedanken über Glaube und Zweifel, das Wesen der Kirche und die Christenheit, ohne dabei den Einzelnen und seine Schwächen und Vorzüge zu unterschlagen.
Zwei dieser Texte – »man lebt so vor sich hin, aber manchmal kommen einem vorzügliche Gedanken« – folgen: ein russischer Christ spricht über die Kirche, ein Mensch entdeckt sich »lächelnd« in seiner Schwäche.

DIE WAHRHEIT soll man nicht verstehen, sondern erringen. Begreifen, kennenlernen – das bedeutet aufbrechen, auseinandernehmen. Kennenlernen kann man eine Frau (Gewalt und Anstrengung). Erringen (sogar dieselbe Frau) bedeutet hineinlassen, aufnehmen. Das Kennenlernen ist immer aggressiv und setzt ein Besitzergreifen voraus. Im Erringen ist ein Drang, eine Bürde, die von oben auferlegt ist. Im Erringen sind wir Gefangene.
Solange die Kirche der Überlieferung die Treue bewahren will, kann sie unmöglich nicht konservativ sein. Sie hat nicht das Recht, heute eines, morgen etwas anderes zu sagen, je nach den Belangen des Fortschrittes. Keine auch nur etwas ernsthaftere und tiefere religiöse Reformation paßte sich den Interessen des Tages an, sie bemühte sich vielmehr, auf den Ausgangspunkt, den Ursprung der Glaubenslehre zurückzugreifen, auch wenn sie dabei in der Auslegung derselben in Verstrickung geriet. Aber außer dem Wunsch, die altehrwürdige Erhabenheit zu wahren, dem Vermächtnis die Treue zu halten, bleibt die Kirche unabänderlich »hinter dem Leben zurück«, um uns, außerhalb der

Zeit stehend, das Aroma und den Geschmack der Ewigkeit zu vermitteln. Mit ihren erstarrten Formen entspricht und gleicht sich das Archaische des Rituals dem Himmel an, der nicht geneigt ist, sich mit historischer Geschwindigkeit zu entwickeln. Diese prinzipielle Verzögerung der Reaktionen auf die Moderne droht der Kirche mit Stillstand, Erstarrung. Aber auch dann ist sie eine unvergängliche Mumie, die auf die Stunde wartet, in der gesagt wird: »Stehe auf und wandle!«

Das brauchte sie nur zu hören ...

Das heutige Christentum sündigt durch Wohlerzogenheit. Es denkt nur daran, sich nicht schmutzig zu machen, sich nicht taktlos zu erweisen. Es fürchtet sich vor Schmutz, Grobheit, Unmittelbarkeit und zieht allem auf der Welt das ordentliche Mittelmaß vor. Wozu sie es gebracht haben, die Geiferer – den heiligen Balsam haben sie in süßen Sirup verwandelt (schon bei dem Wort »salbungsvoll« wird einem schlecht). Sie haben ein Schmollmündchen gezogen und warten darauf, daß Gott ihnen eine Eins für vorbildliches Betragen gibt. Wie eine Zierpuppe werden sie bei jeder Anspielung auf ein unerlaubtes Vergnügen rot: »Ach, Sie, ich bin doch nicht so eine! Hören Sie mal, ich bin unschuldig!« Christi Kirche haben sie mit einem Institut für höhere Töchter verwechselt. Infolgedessen ist alles Lebendige und Lichte in die Hände des Lasters übergegangen. Der Tugend bleibt nichts anderes übrig, als zu seufzen und leise zu weinen. Sie hat die flammende Schelte der Bibel vergessen.

Aber das Christentum ist verpflichtet, kühn zu sein und die Dinge beim Namen zu nennen. Es ist Zeit, auf die Englein mit den Kränzchen zu verzichten, damit die Engel stärker und sichtbarer werden als die Flugzeuge. »Flugzeuge« – nicht um den Stil der Gegenwart nachzuahmen, sondern wegen der Überlegenheit über dieselbe.

Auf diesem Wege kann man in Häresie verfallen. Aber Häresie ist zur Zeit nicht so gefährlich wie das Verdorren der Wurzel. Herr! Besser, ich irre in Deinem Namen, als daß ich Dich vergesse. Besser, ich verderbe meine Seele, als Du entschwindest mir.

*

ICH SASS IM RESTAURANT und blickte mich um. Es war mitten am Tage, das Lokal war verhältnismäßig leer, und die wenigen Gäste schienen nur zufällig hier zu sein, Leute aus der Provinz oder solche, die einmal im Leben in einer luxuriösen Umgebung essen wollten. Für mich – der ich auch zufällig hier war – war es äußerst interessant, diese zufälligen Leute zu beobachten.

Mir fiel ein Mädchen auf, ein sehr einfaches Mädchen mit krausem Haar und mit einem unmäßig aufgerissenen Mund. Es lachte laut und zeigte dabei seine großen Zähne, angeheitert von dem ungewohnten Wein. Ich betrachtete das Mädchen und dachte, wie häßlich ist es doch, und ich war empört über diese selbstzufriedene Häßlichkeit. Mir schien, daß das Mädchen kein Recht hatte – nicht nur am Tisch zu sitzen, sondern überhaupt zu existieren. Schämte sich dieses Mädchen nicht, so häßlich zu sein, und wie kann es bei all seiner Häßlichkeit noch lachen?

Und plötzlich kam mir ein Gedanke, und dieser Gedanke erschütterte mich so sehr, daß ich auch jetzt immer noch darauf zurückkomme, obwohl es Zeit wäre zu vergessen. Ich dachte:

»Was für ein Recht hast du eigentlich, dieses Mädchen zu verdammen, wenn Gott selbst seine Anwesenheit duldet? Wenn Er uns allen, Häßlichen und Kleinen, zu existieren gestattet. Da sitzen wir und sehen aufeinander herab und sind bereit, uns gegenseitig zu vernichten, und Er, der unsere ganze Häßlichkeit deutlich erkennt, erlaubt uns nichtsdestoweniger zu leben, obwohl Er unsere aufdringliche, großtuerische Existenz im Handumdrehen auslöschen könnte. Welche Vollmachten hast du denn, diese Vogelscheuche nicht zuzulassen, wenn Er, der unermeßlich Herrliche, sie zuließ?!«

Diese Erkenntnis, daß ich unrecht hatte, was angesichts Seiner Erlaubnis so offensichtlich war, versetzte mich in eine unerwartet heitere Stimmung. Ich machte mich über mich selbst lustig und schüttelte mich im geheimen vor Lachen, wobei ich den äußeren Anstand wahrte, da ich mich nicht allein im Restaurant befand, sondern in Gesellschaft von Freunden war. Aber in der Tiefe meiner Seele wußte ich mich vor Lachen kaum zu halten. Ich fühlte gleichsam einen nachsichtigen, gnädigen Blick auf mir ruhen. Während ich das Mädchen betrachtete, das durch die ganze Angelegenheit nicht anziehender geworden war, amüsierte ich mich wie schon seit langem nicht mehr. Aber mein Belustigtsein enthielt in diesem Augenblick nichts Böses mehr und war voller Dankbarkeit für den Gedanken, der das alles aufgedeckt hatte und der auch über mich und über uns alle in seiner harmlosen und freundschaftlichen Weise lachte. Und mir scheint es bis auf den heutigen Tag, daß Gott mich damals zu diesem Lachen segnete.

Abram Terz (Sinjawski)

Erst war ich einige Monate arbeitslos

Christen berichten aus der russischen Kirche

Notizen – mehr nicht. Aus einer Kirche, von der man vom Hörensagen weiß, daß sie immer weniger bereit ist, wenigstens in einzelnen Gruppen, das auferzwungene Schweigen in der Öffentlichkeit hinzunehmen. Wachsender Widerstand macht sich auch unter jungen Menschen breit, die mit den Antworten des vom Staat gepredigten Atheismus nicht einverstanden sind.
Das folgende Gespräch führte ein Vertreter der schwedischen Slawischen Mission mit einem jungen Russen, der um seines Glaubens willen längere Zeit in Haft war.

»WANN WURDEST DU FESTGENOMMEN und wie lange hast du im Gefängnis gesessen?«
»Ich wurde im Herbst 1965 festgenommen und am 13. November 1966 freigelassen. Ich war aufgrund meiner Jugend nur zu einem Jahr Gefängnis verurteilt worden. Andere Brüder werden normalerweise mit 3–5 Jahren Freiheitsentzug bestraft. Viele müssen zusätzlich in die Verbannung. Bis zu fünf Jahre ...«
»Wie sah deine Situation aus, als du aus dem Gefängnis kamst?«
»Erst war ich einige Monate arbeitslos. Dann bekam ich Arbeit in einer Druckerei. Ich hatte diese Ausbildung wirklich nötig und hatte viel Freude daran. Ich habe das wirklich gern gemacht. Aber dann tauchte die Polizei bei einem unserer heimlichen Gottesdienste auf; unsere Namen wurden aufgeschrieben, und einige Wochen danach erhielt mein Arbeitgeber einen Anruf von der Miliz. Er bekam einen gehörigen Schreck, als er erfuhr, daß ich gläubig war und mit der Miliz zu tun hatte. Er kam zu mir und sagte: ›Wir haben leider schon zu viele Beschäftigte. Sie müssen aufhören.‹
Da saß ich wieder ohne Arbeit, und ich habe seitdem auch keine mehr bekommen. Aber ich habe trotzdem genug zu tun. Ich

arbeite nur noch für Christus; für meinen Lebensunterhalt sorgen meine Glaubensfreunde. Ich weiß, daß ich jetzt wieder polizeilich gesucht werde. Sie sind schon mehrere Male hinter mir hergewesen. Einmal habe ich mich zufällig in der registrierten Versammlung hier in der Stadt gezeigt; ich fragte einige Ausländer, ob sie Bibeln hätten. Einer der Gemeindeältesten merkte es, und ich weiß jetzt, warum sie nach mir suchen. Man wirft mir vor, ›eifriger Baptist‹ zu sein und zu versuchen, von Ausländern Bibeln zu bekommen und sie an die zu verteilen, die sie brauchen. Und weiter stellt man fest, daß mich der Gefängnisaufenthalt nicht gebessert hat.«

»Wie steht das Volk im allgemeinen zu euch Christen?«

»Einerseits merken wir, daß die Miliz Angst davor hat, Aufsehen zu erregen, wenn sie nach uns suchen. Ein Teil haßt uns wohl auch. Bei den Prozessen kommt es oft vor, daß die Zuhörer schreien: ›Schlagt sie tot! Solche wollen wir in unserem Lande nicht haben!‹ Die Richter nehmen das dann als Stimme des Volkes und meinen, es wäre das Volk, das uns auf diese Weise verurteilt. Das Volk wird dazu erzogen, uns zu hassen. Einige wollten uns sogar auf der Straße totschlagen.

Aber es kommt auch vor, daß Leute, die uns persönlich kennen, es gerne sehen, wenn wir gerecht behandelt werden, und sehr hilfreich zu uns sind. Und davor haben die Behörden Angst.«

»Erzähle uns, wie es im Gefängnis war.«

»Im Gefängnis war ich mit gewöhnlichen Verbrechern zusammen. Einer war zum Beispiel wegen Mord zu 15 Jahren verurteilt. Er war schon in zehn verschiedenen Lagern gewesen. Man hatte versucht, ihn zu erziehen, genau wie man mich zu beeinflussen versuchte. Er sagte immer zu mir: ›Du bist auf den falschen Weg geraten.‹ Aber obwohl er in der Theorie den gesamten marxistischen Moralkodex beherrschte, war keine Sinnesänderung bei ihm eingetreten.

Unter den Gefangenen gab es auch solche, die von der Lagerleitung eingesetzt waren, um für Ruhe und Ordnung zu sorgen. Sie hatten ein rotes Abzeichen. Ab und zu hielten sie Zusammenkünfte ab. Da sagten die anderen Gefangenen zu ihnen: ›Ihr habt ja eure Versammlungen, aber die Baptisten haben eine noch größere Versammlung gehabt.‹

Der Lagervorsteher bekam es mit der Angst. Er ließ uns holen und ordnete an, daß wir in Einzelzellen verlegt werden sollten. Es gab zwei solche Zellen. Wir saßen jeder in einer Zelle, und es war ziemlich kalt. Aber wir konnten durch die Wand hindurch miteinander sprechen. Ich hatte fast gar nicht mit ›Mikael‹ sprechen können, seit ich in das Lager gekommen war, weil meine Schicht am Samstagabend später gelegen hatte, und dies alles geschah Sonntagmorgen. Nur dadurch, daß man uns in diese Zellen sperrte, hatten wir praktisch Gelegenheit, miteinander zu sprechen. Schon am folgenden Tag wurden wir wieder herausgelassen. Niemand konnte begreifen, daß wir so gute Freunde waren und so gut zusammenhielten. Die anderen gerieten sich meist gegenseitig in die Haare.«
»Kannst du wirklich ohne Arbeit durchkommen?«
»Wenn ich keine registrierte Arbeitsstelle habe, kann ich nach Sibirien verbannt und gezwungen werden, mich jede Woche bei der Polizei zu melden. Dort darf ich mich nicht weiter als ungefähr zehn Kilometer von meinem Wohnort entfernen. Es ist schon fast komisch: ich wurde entlassen, ohne daß ich etwas dafür konnte. Wenn ich mir keine neue Arbeit suche, heißt es, die Christen wollen nicht arbeiten und so weiter. Aber wenn ich eine Arbeit annehme, dann erfährt die Polizei davon, und dann werde ich gleich wieder wegen meiner religiösen Aktivität verhaftet. Aber es ist auf jeden Fall besser, wegen dieser Beschuldigung verurteilt zu werden. Ich muß also wählen zwischen zwei verschiedenen Arten, verurteilt zu werden.
Wie soll ich mich entscheiden?
Leiblich gesehen sorgt Gott jeden Tag für mich durch die Liebe seiner Gläubigen. Sie verstoßen gegen das Gesetz, um mir zu helfen; aber das Risiko gehen sie ein. Es gibt ja hier das wahnsinnige Verbot, daß niemand in den christlichen Gemeinden einem anderen irgendeine Liebestat erweisen darf. In diesem Land hat nur der Staat das Recht, Gutes zu tun …
Aber wenn ich aufhöre, Zeugnis abzulegen, aufhöre, Bibeln zu beschaffen und Menschen zu bekehren, wenn ich, kurz gesagt, mein Bemühen um eine segensreiche Arbeit aufgebe, dann geht es mir gut und man läßt mich in Ruhe. Dann kann ich zu der registrierten Kirche zurückkehren, und nichts passiert mir. Und das kann ich nicht. Das ist unmöglich.

Aber ich habe erfahren, daß Gott dem, den er ruft, auch hilft – gerade wenn es ihm am schlechtesten geht.«

*

EIN NICHT MINDER ÜBERZEUGENDES BEISPIEL für den Zeugnis ablegenden Bekennermut einer wachsenden Anzahl junger Menschen ist das Verhalten der 26jährigen Aida Michailowna Skripnikowa, die inzwischen zum vierten Mal verhaftet worden ist. Die erste Anklage, die an ihrem 19. Geburtstage erfolgt war, bezog sich darauf, daß sie auf dem Newski Prospekt in Leningrad 46 handgeschriebene Neujahrskarten mit Bibelsprüchen verteilt hatte. (Diese »ungesetzliche« Handlung wurde in der Zeitung Wetschernyj Leningrad erwähnt.) Aida wurde jedoch noch am gleichen Tag nach ernstlichen Verwarnungen und Drohungen entlassen. Ein paar Jahre danach nahm man sie erneut fest, weil sie Ausgaben des Neuen Testamentes von einem Ausländer entgegengenommen hatte. Nach einem mehrstündigen, eingehenden Verhör wurde sie freigelassen.

Ein drittes Mal wurde sie verhaftet, weil sie sich geweigert hatte, Mitglied der offiziellen, zugelassenen und staatlich kontrollierten Baptistenkirche zu bleiben und statt dessen an nicht registrierten Gottesdiensten teilgenommen hatte. Aus diesem Anlaß verurteilte man sie zu einem Jahr Zwangsarbeit! Sie arbeitete in einer Stadt im Distrikt Perm.

Vor nicht langer Zeit wurde sie dann zum vierten Male verhaftet und zu drei Jahren Freiheitsentzug verurteilt. Ihre Anklage enthielt folgende Hauptpunkte:

1. eifrige Baptistin,
2. Kontakt mit Ausländern,
3. Entgegennahme und Verteilung von Bibeln,
4. keine Besserung trotz Gefängnisaufenthalt.

Die Verhaftung wurde am Karfreitag um 10 Uhr in ihrer Wohnung in Leningrad vorgenommen. Man beschlagnahmte Exemplare handgedruckter Zeitungen (»Herold des Heilands« und »Brüderzeitung«), persönliche Briefe, Notizen über mehrere Prozesse gegen Christen und anderes mehr.

Über diese Festnahmen hinaus hatte sich Aida wiederholt zum

Verhör bei der Geheimpolizei (KGB) einfinden müssen, wo sie verwarnt und bedroht wurde. Sie wurde aus Leningrad ausgewiesen und ihrer Arbeitsstelle beraubt. Lange Zeit hindurch wurde sie polizeilich gesucht. Obwohl sie ohne Einkommen und festen Wohnsitz war, gelang es ihr, sich mit Hilfe von Christen am Leben zu erhalten.

Aida schrieb einmal: »Wir ziehen Verfolgungen aufgrund unseres Festhaltens an Christus den Vergünstigungen einer Unterwerfung unter diese Welt vor, weil Er allzeit mit uns sein wird. Die Welt ist bereit, Frieden mit einer Kirche zu schließen, die ihren Worten mehr Gehorsam erweist als dem Herrn. Aber dann verlieren wir den Segen des Herrn.«

Aida ist ferner ständiger Verleumdung durch die kommunistischen Zeitungen ausgesetzt gewesen. Als Antwort auf einen Offenen Brief, den der Herausgeber der Jugendzeitung *Smena* an sie gerichtet hatte, schrieb sie: »Sie würden sich nicht damit zufriedengeben, von Büchern nur in Bibliotheken und von Theater nur im Theatersaal sprechen zu dürfen; aber Sie erwarten, daß wir uns damit zufriedengeben, von Christus nur in der Kirche zu sprechen. Das tun wir nicht. Wir sprechen von Ihm, wo und wann wir uns auch treffen, weil Er nämlich der ganze Sinn unseres Lebens ist.«

Gewissenserforschung eines polnischen Priesters

HABE ICH DICH nicht überschrien? Bin ich zu Dir gekommen im stets gestrigen Rock? Bin ich mit meinem unnützen Herzen in den finstern Schmollwinkel geflohen? Habe ich Dir die Zeit abgestohlen? Habe ich nicht allzu zärtlich die Pfoten meines Gewissens geleckt? Habe ich Gefühle seziert? Habe ich Sterne aufgelesen, die es schon lange nicht mehr gibt? Habe ich ein elegantes Tagebuch meiner Kümmernisse geführt? Habe ich mich in eine gemütliche Ecke verkrochen, um meine Empfindlichkeit zu hätscheln? Habe ich mit schöner Stimme falsch gesungen? War ich ein weicher Despot? Habe ich das Evangelium in eine sanfte Parabel verwandelt? Habe ich von der Orgel mein gewöhnliches Gewinsel ersticken lassen? Habe ich versucht, den Elefanten zu beweisen? Wollte ich, wenn ich zum Schutzengel betete, vielleicht wohl ein Engel, nicht aber ein Schützer sein? Und bin ich niedergekniet, wenn Du dich klein gemacht hast bis zu einem Flüstern?

Stoßgebet

Bewahr mich vor Sprüchen, wie: ein trauriger Heiliger ist ein trauriger Heiliger, vor der Hoffnung, die den Besitzstand garantiert, vor dem Gebet um einen Heiligenschein, dem schützenden Vordach über dem Kopf, vor dem geistlichen Kapitalismus, ebenso
daß ich nicht Lücken statt Brücken suche, nicht bis zum Hassen liebe, kein Argwohn-Gärtchen anlege, keinen Trauermarsch blase;
daß ich mich von dem sentimentalen und ausrangierten Esel, wie der Mond einer ist, nicht rühren lasse;

daß ich nicht in der Süßigkeit einer Vorkriegsphotographie schwelge, nicht alles leicht und glatt mache wie ein Bambi-Ohr, nicht auf einem Kissen sitze beim Beichthören, und nicht aus Gefälligkeit sogar die Erbsünde zu einer netten Kleinigkeit verniedliche.

Der Prediger

Der Du nicht erlösen kannst die mit Wörtern bemoosten Seelen, o bewahre mich vor der schönen, glatten Kanzelberedsamkeit, von der Homiletik vom Range Ia, von den wohlgeölten Perioden, den prophetischen Aufschreien, dem zierlichen Flüstern.
Denn manchmal kann man durch ein Loch in der eigenen Predigt auf einmal DICH erblicken und beginnt zu stammeln . . .
Die Leute freilich sagen: . . . da kam er heraus, stand da wie ein Bolzen, wurde rot durchs Mikrofon, alle Finger streckt er in die Luft – wie ein blockiertes Steuerrad.

Zur gefälligen Kenntnisnahme

Ich bin nicht gekommen, um Sie zu bekehren (übrigens sind mir alle gescheiten Argumente verflogen, aller glänzender Zierat ist längst von mir abgefallen, ich bin wie ein Held in verlangsamtem Tempo).
Ich werde Ihnen kein Loch in den Bauch reden, Sie nicht fragen: »Was halten Sie von Merton?«, ich werde in der Diskussion nicht aufspringen wie ein Puter mit dem roten Läppchen auf der Nase, auch nicht einherstolzieren wie ein Enterich im Oktober, keine Reuetränen fordern, Ihnen nicht die heilige Theologie ins Ohr gießen, löffelweis, ich werde mich einfach neben Sie setzen und Ihnen mein Geheimnis anvertrauen: daß ich, ein Priester, GOTT glaube wie ein Kind.

Jan Twardowski

Aus dem Tagebuch eines südkoreanischen Arbeiters

Der Übersetzer unseres Textes, Gerhard Breidenstein, stellt lapidar fest: »Daß ein junger Arbeiter sein elendes Leben in einem Tagebuch festhält, ist gewiß nicht häufig. Daß solche Aufzeichnungen der Öffentlichkeit bekanntwerden wie im Falle des südkoreanischen Arbeiters Chun Tae-il, muß als äußerster Glücksfall angesehen werden. Die Umstände dieses Bekanntwerdens allerdings waren tragisch und machen diese Papiere zu Dokumenten eines Märtyrers.«
Wer ist *Chun Tae-il*? Was hat er getan?
Im Sommer 1970 machte der damals 23jährige Textilarbeiter die zuständigen Regierungsstellen auf die katastrophalen Arbeitsbedingungen im sogenannten »Friedensmarkt« aufmerksam. Dort arbeiten inmitten der Hauptstadt Seoul in einem riesigen Gebäude cirka 15 000 Menschen in 200 kleinen Textilbetrieben. 13 000 von ihnen sind keine 15 Jahre alt. Der Tageslohn beträgt bei oft 15 Arbeitsstunden 1,– Mark. Die Werkstätten sind wie Käfige, Belüftung und Beleuchtung sind katastrophal. 90 Prozent der Jugendlichen haben Gesundheitsschäden. Fachleute nennen das »äußerste, konkret-physische Zuspitzung von Ausbeutung« in einem sogenannten »fortgeschrittenen Entwicklungsland.«
Chuns verbaler Protest blieb ohne Erfolg. Als er am 12. November 1970 mit Freunden vor dem »Friedensmarkt« mit Schildern wie: *Wir sind keine Maschinen! Arbeitgeber haltet das Arbeitsrecht ein!* demonstrierte –, übergoß er sich beim Eingreifen der Polizei mit Benzin und steckte sich selber in Brand. Schwer verletzt wurde er abtransportiert, konnte aber den Umstehenden noch zurufen: »Viele sind hier völlig überarbeitet! Haltet die Gesetze! Laßt meinen Tod nicht umsonst sein!« Acht Stunden später war er tot.
Die Selbstverbrennung löste in Südkorea einen Schock aus. Eine Zeitlang hagelte es Proteste. Aber die Verhältnisse waren stär-

ker. Auch heute noch hat sich im »Friedensmarkt« nichts oder noch nicht viel geändert.
Chuns Tagebuch freilich wurde wenigstens in Auszügen veröffentlicht. Es ist die Schilderung eines *Kreuzweges*, den ein junger Christ bis zur Selbstaufopferung ohne viel Aufhebens um seine Person gegangen ist.

Leben in Pusan

»ICH WAR AM STRAND, hungrig und erschöpft, mein Körper mit Pickeln bedeckt. Ich war zum Yungdo Strand gegangen, um etwas zu essen zu finden. Die Sonne versengte die trockene Erde, als ob sie alles in Flammen aufzehren wollte. Ich war fast am Verhungern und schleppte meine schweren Füße vom Pusanjin Bahnhof zur Yungdo Insel, wo ich damals lebte. Wieso sind die Leute, die so zufrieden lächeln, glücklich? Warum soll nur mein Herz Kummer haben? Auf der anderen Seite der Straße kann ich das Rathaus sehen und die Straße zum Internationalen Markt, wo die Fahnen von vielen Ländern flattern – vielleicht ist heute ein besonderer Feiertag? Ich eilte weiter. Wer wartet denn auf mich auf der Yungdo Insel? Da könnte ja eine Schüssel mit verdorbenem Reis sein, die jemand in einen Mülleimer geschmissen hat. Dahin wollte ich gehen! Die Winterjacke, die ich an hatte, saugte die sengenden Sonnenstrahlen ein und kochte meinen kranken Körper. Ich schwitzte durch und durch, und so taten meine Pickel noch mehr weh. Sie juckten fürchterlich überall, und mein Körper zitterte wie bei einem irren Krüppel.
Schließlich konnte ich die Brücke zur Yungdo Insel sehen. Als ich nach einem Fußweg unter der Brücke hindurch suchte, zog etwas meine Aufmerksamkeit auf sich. Die Pupillen meiner Augen, so schwach wie das letzte Flackern einer erlöschenden Neonlampe, hin- und herblinzelnd, konzentrierten sich auf etwas. Da! Gelbe Fladen, die auf einem runden Backrost aufgestapelt waren! Was jemals Menschliches in mir gewesen sein mag, war völlig betäubt. Ich hielt vor der Back-Karre an und wollte nur noch den niedrigsten, primitivsten Instinkt eines Tieres befriedigen; irgend etwas – ich weiß nicht was – hatte jede Scham in mir gelähmt. Es war ein ziemlich großer Handwagen.

Aber sein Besitzer war ein junges Schulmädchen mit kurzen Haaren, dessen Alter weniger als 16, höchstens 17 war. Wäre sie nicht ein Schulmädchen gewesen, hätte ich meine Bettler-Pfote ausgestreckt. Ich verstehe jetzt nicht mehr, warum damals mein Mut vor ihr wegschmolz. Ich schwor in meinem Herzen, daß ich an diesem Back-Wagen vorbeiginge, auch wenn ich dabei zusammenbrechen sollte – aber meine Augen blieben an die runden, gelben, dampfenden Fladen geheftet. Schließlich ging ich vorbei. Mein tödlicher Stolz hatte mich gezwungen, wegzugehen.
Dann konnte ich nichts mehr denken, völlig erschöpft und leblos stieg ich die Stufen zum Boden unter der Brücke runter. Ich sah, wie ein Fischerboot herankam, das leicht auf den Wellen schaukelte. Ich kletterte auf die Mole rauf, weil ich hoffte, daß es da etwas Eßbares geben könnte, Muscheln oder so etwas. Sie war 9 Meter breit und 30 Meter lang. Und je weiter man hinausging, um so schmaler und niedriger wurde sie. Ich ging bis zum Ende, konnte aber nichts finden. Die Sonne brannte immer noch, als wollte sie die Hitze herauskotzen, und die kühle Luft vom Meerwasser machte meinen Kopf hämmern. Das Wasser sah aus wie das eines dreckigen Flusses, der mitten durch eine Stadt fließt, eher als wirkliches Meerwasser. Ein komisches Ding trieb auf mich zu – es wippte immer näher heran. Es war das Innere eines Kohlkopfes, etwas größer als eine geballte Faust. Als es gerade vorbeitreiben wollte, noch bevor ich herausfinden konnte, ob es schon mal gegessen war, sprang ich schnell in das Wasser. Aber es war zu weit weg! Noch bevor ich das richtig merkte, wurde mir schlecht, und all meine Bewegungen waren gelähmt. Daß ich doch nicht sterbe! Daß ich leben könnte!
Wie lange Zeit war vergangen? Ein schwaches Geräusch brach in mein Bewußtsein, immer klarer wurde es. Wo war denn das Kohlstück hin? Gerade in dem Moment, wo ich es berührt hatte, war etwas passiert. Jetzt war da eine Menge von ernst und mitleidig guckenden Leuten um mich, die auf mich starrten, wie ich da auf dem Boden ausgestreckt lag. All diese häßlichen Gesichter! Mein Körper war heiß. Die geschwollene Haut, wie bei Pocken, war anscheinend vom Salzwasser durchätzt. Unter der brennenden Augustsonne begann das Salz heftig in meine Nerven zu beißen. Ich weiß nicht, wer meine Kleider ausgezogen

hatte, aber meine Jacke und meine abgetragenen Hosen lagen neben mir, ganz steif vom Salz, wie Ölpapier. Ich hatte keine Kontrolle über meinen Körper, er zitterte vor Hitze. Es war wie der Schauer bei einem kleinen Hund, der Rattengift gefressen hat. Ich dachte, wenn ich jetzt wieder ins Wasser springen würde, wäre es nicht mehr so heiß. Ich war plötzlich aufgestanden, als mich jemand festhielt. Er griff nach meinen zwei Händen und erlaubte mir nicht, auch nur einen Zentimeter auszuweichen. Ein paar Stunden später sagte er zu mir, er hätte gedacht, ich hätte mich umbringen wollen, indem ich wieder ins Wasser springen wollte. Zu dem Zeitpunkt war ich wirklich von dem Gedanken gepackt gewesen, daß ich lieber tot wäre, als solche unerträglichen Schmerzen weiter zu erleiden. Ungefähr eine Stunde verging, bis der Schmerz nachließ. Als es mir wieder besser ging, ging der Fischer mit dem Strohhut, der mich festgehalten hatte, weg, nachdem er mir still 35 Won (etwa gleich Pfennig) gegeben hatte. Bis dahin muß ich ausgesehen haben, als haßte ich ihn, aber ich hatte nicht die geringste Spur von Feindschaft in irgendeinem Winkel seines Gesichtes entdecken können. Er schien einfach ein Fischer zu sein. Auf sein wortloses Mitleid hin fingen Tränen an, meine Backen, meine geröteten Backen runterzulaufen, als ob die Ufer eines Flusses plötzlich von einer Faust weggespült worden wären. Die Zuschauer um mich herum gingen einer nach dem andern weg. Als sie alle weg waren, lagen neben mir drei 10-Won-Scheine und eine 5-Won-Münze, ein gelblicher Kohl, einige Muscheln, die jemand zurückgelassen haben mußte, und meine Kleider: die nasse Jacke, die Hosen mit den ausgebeulten Knien und ein Paar schwarze Turnschuhe, an denen die Sohlen kaum noch fest waren. In ein paar Minuten würde die Sonne in den Wolken verschwinden.«

Mit dem Bruder in Seoul

»Mein Herz war bedrückt und voll düsterer Vorahnungen. In einer so kalten Welt nicht einmal einen Schlafplatz zu haben oder irgendeine Hoffnung auf Arbeit und mit der Aussicht, in ein paar Tagen ohne jeden Pfennig dazustehen, ließ mich alles Vergangene beklagen und danach sehnen, daß die erbärmliche Gegenwart vergehen würde.

Ich ging mit meinem Bruder zum Südtor-Markt, wo wir jeder

für 10 Won einen Teller Nudelsuppe aßen. Dann kaufte ich einen Schuhputzkasten mit einer Bürste und allem anderen, was man zum Schuhputzen braucht. Da mein Bruder jünger war, sagte ich ihm, er solle gehen und Zeitungen verkaufen. Wir beschlossen, zuerst zusammen herumzulaufen, so daß mein Bruder von mir lernen könne, wie man Schuhe putzt, bis die Zeitungen etwa ab 2 Uhr nachmittags fertig zum Verkaufen seien, dann würde er Zeitungen verkaufen. Am Abend wollten wir uns wieder treffen. Aber nur wenige Leute wollten von mir die Schuhe geputzt haben, vielleicht weil ich die Schüleruniform anhatte. Oft wurde ich von anderen Schuhputzjungen getreten. Jemand stahl meine Schuhcreme-Dose, und bis zum Abend hatte ich bloß 30 Won verdient. Als ich zum Nagwon-Markt zurückkehrte, wartete dort schon mein Bruder. Er erzählte, daß er nur zwei Zeitungen verkauft hatte, und erklärte es damit, daß er vergeblich versucht habe, in die Kaffees hineinzukommen, da die Gruppen von anderen Schuhputzer- und Straßenjungen ihn daran gehindert hätten. Und er schlug vor, daß wir die Zeitungen verkaufen könnten, wenn die anderen Schuhputzerjungen weg seien.

Als einige Dunkelheit den klaren blauen Himmel zudeckte, begannen wir Richtung Mitopa-Kaufhaus zu gehen und in all die kleinen Kaffeestuben am Wege hineinzusehen, um die übrigen Zeitungen zu verkaufen. Während ich in einem der Kaffees Zeitungen verkaufte, wartete mein Bruder am Eingang, und wenn er in einem anderen verkaufte, wartete ich draußen, um nach Schuhputzerjungen Ausschau zu halten, die vielleicht noch da waren. Indem wir uns auf diese Art abwechselten, kamen wir bis zum Anfang des Myongdong-Einkaufszentrums gegenüber dem Kaufhaus. Dort sahen wir ein Mädchen im Alter meines Bruders, das hin- und herrannte und Kaugummis und Toilettenpapier verkaufte. Gegen 23 Uhr kamen wir zum Hauptbahnhof, um dort die vier Zeitungsexemplare zu verkaufen, die noch übrig waren. Aber als mein Bruder die Reisenden aus dem Bahnhof rennen sah, hielt er an und sah mich aus seinen fast leblosen Augen mit einem müden Blick flehentlich an. Im selben Augenblick waren seine Backen mit Tränen bedeckt, und es war keine Spur von Kraft mehr in seiner erstickten Stimme.

Sein teilnahmsloser Blick nahm mir alle Lust, noch weiter Zeitungen zu verkaufen, und mit Neid beobachtete ich die Reisenden, die jetzt in einer großen Welle aus dem Bahnhof strömten. Plötzlich begann Schnee zu fallen. Wie traurig mußte mein Bruder sein, wie er auf die anderen Kinder in seinem Alter starrte, die mit ihren Eltern vorbeisprangen auf ihrem Weg nach Hause! Ohne Worte griff ich seine Hand und ging mit ihm Richtung Südtor-Markt. Der Schnee fiel jetzt viel stärker, als wollte er uns in kalte, leere Einsamkeit einhüllen.«

Als Hilfsnäher im »Friedensmarkt«

»Als ich ein angelernter Hilfsnäher geworden war, konnte ich neue Arbeit als Näher von Kinderhosen finden in der Tong-il Schneiderei in einer der hinteren Straßen des Friedensmarktes. Man arbeitete gerade für den steigenden Bedarf am Chusok (entspricht als Familienfest dem europäischen Weihnachten, d. Übers.). Da sich die Bestellungen aufgehäuft hatten, mußten wir von 6 Uhr früh bis abends 23 Uhr arbeiten. Aber wenn wir den Tagesauftrag trotz der langen Arbeitszeit nicht schafften, dann mußten wir auch noch in der Nacht weiterarbeiten. Die Tong-il Schneiderei hatte mehr als zehn Nähmaschinen, und die Zahl der Beschäftigten war über dreißig. Die meisten waren junge Mädchen um zwanzig; Männer waren es nur fünf: der Zuschneider, die Hilfszuschneider (ein Neffe des Besitzers); ein 35-jähriger Mann, der eine besondere, riemengetriebene Nähmaschine bediente, ich selbst und mein Bruder. Eines Tages, kurz vor Chusok, hatten wir unvergleichlich viel zu tun in der Werkstatt. Ich war besonders wütend darüber, daß wir gezwungen wurden, die ganze Nacht zu arbeiten, zusätzlich zu den langen Arbeitsstunden am Tag. Der mächtigste Mann in der Werkstatt war der Zuschneider. Niemand konnte wagen, seine Anordnungen in Frage zu stellen. Nachdem wir die ganze Nacht durchgeschafft hatten, sank unsere Arbeitsleistung am nächsten Tag natürlich weit unter den Durchschnitt, aber da wir Arbeiter die wirtschaftlich Abhängigen waren, konnten wir nichts ändern. Die Arbeiter und Arbeiterinnen wurden monatlich nach der Zahl der Kinderhosen, die sie anfertigten, bezahlt. Aber da gab es ein Problem: es gab nämlich am Anfang des Monats keine klare

Abmachung, wieviel pro Stück gezahlt werden würde; erst nach dem Monatsende entschied der Besitzer der Schneiderei nach Rücksprache mit dem Zuschneider, wieviel er pro Stück zahlen wollte. Daher kam es, daß der Monatslohn, auch wenn die Arbeiter wegen der Nachfrage eine besonders hohe Zahl Kinderhosen anfertigten, nur ein bißchen über dem Durchschnitt lag. Da die meisten Arbeiter Mädchen waren, wagte niemand, die unglaubliche Sache direkt anzupacken, ja die meisten Mädchen wagten kaum, irgendwelche Unzufriedenheit zu zeigen. Ich arbeitete zum ersten Male als Näher in solcher Arbeit, aber ich dachte, daß diese Schneiderei sehr schlecht geleitet wurde. Denn wie fleißig auch immer jemand arbeitete, um so viele Hosen wie möglich zu machen, sogar auf Kosten des Schlafs, bei diesem System bekam er nicht den richtigen Lohn für seine Plage und seinen Schweiß.

Aber man kümmerte sich wenig um das Problem, und als einziger männlicher Näher konnte ich selbst wenig tun. Da ich zu dem Schluß kam, daß der Zuschneider daran schuld sei, beschloß ich, sobald wie möglich Zuschneider zu werden, damit ich meinen Einfluß in solcher Stellung dazu nützen könnte, das Problem zugunsten der hilflosen Arbeiterinnen zu lösen. Tatsächlich bekamen die besonderen Stellen, wie Zuschneider und Hilfszuschneider, ein festes Monatsgehalt, obwohl die meisten Arbeiter im Akkord bezahlt wurden. In den meisten Schneidereien, außer in den ganz großen, hatte der Zuschneider absolute Macht, er war gleichzeitig Boß des Betriebes. Er hatte so viel Macht, daß er sogar über Fragen wie Einstellung oder Entlassung entscheiden konnte. So war der Zuschneider ein fester und unentbehrlicher Teil der Unternehmerseite, und nur durch ihn konnte man sich an den Besitzer des Betriebes wenden. Ich dachte deshalb, daß der Zuschneider ein gewissenhafter Mann sein müßte, der absolute Unparteilichkeit bewahrt. Der schwache Punkt allerdings war, daß er von dem Eigentümer bezahlt wurde und von ihm abhängig war, also ganz natürlich dessen Position vertrat. Als der Hochbetrieb für die Chusok-Saison vorüber war, bekamen wir einen freien Tag, und ich streifte durch den Friedensmarkt und suchte nach einer Gelegenheit, die Fertigkeit des Zuschneidens zu lernen.«

»Mein Geist schwebt mitten in dieser starren Wirklichkeit. Der Laden, in dem ich jetzt arbeite, hat etwa dreißig Angestellte. Wir machen Kinderjacken, jetzt noch Herbstpullover, aber bald werden wir mit Winterjacken anfangen, indem wir Pelze und anderes Futter hineinnähen. Die meisten Beschäftigten sind Mädchen, die zwischen 18 und 23 nähen, und die zwischen 14 und 18 sind deren Handlanger. Sie fangen etwa halb neun Uhr morgens an und arbeiten bis abends zehn oder halb zwölf. Meinst Du nicht auch, daß das zu lang ist? Das ist doch wirklich ein Problem. Wenn wir die Arbeitsstunden zählen, wieviele sind es pro Tag? 14 Stunden, wie Du sehen kannst. Wie können sie bloß eine solche Arbeitszeit überstehen? Sie sind doch schwächer als Männer und vor allem, nähen ist eine ziemlich anstrengende Arbeit. Wenn man nicht mit dem Kopf dabei ist, kann man nicht richtig nähen. Arbeit auf dem Bau braucht körperliche Kraft, Arbeit im Büro geistige Konzentration, aber eine Näherin braucht beides. Es ist so erbärmlich mitanzusehen, wie diese Schneiderinnen vierzehn Stunden lang in so viel Staub arbeiten, um dann abends völlig erschöpft nach Hause zu gehen.

Als ein Zuschneider habe ich die meiste Zeit des Tages mit diesen Arbeiterinnen zu tun. Sie haben's wirklich schwer. Denk Dir so ein Mädchen von bloß vierzehn Jahren, wie sie von ihren Vorgesetzten, den Zuschneidern, geschimpft wird, weil sie die riesige Portion Arbeit nicht innerhalb der gegebenen Zeit geschafft hat. Zum Mittagessen ißt sie so wenig, wie wenn ein Elefant sich von einem einzigen Keks ernähren könnte. Sie sind so jung, aber sie sind ständig im Kampf um ihr bloßes Überleben. Du weißt, wie ihre Herzen gnadenlos zertrampelt werden. Oh, jetzt kann man das laute, metallische Schwirren der Nähmaschinen hören; das Murmeln der Näherinnen und dazwischen das Klagen, die kaum ihre wahre Situation erfassen. Mitten unter ihnen arbeite ich. Ich habe mit meiner Arbeit überhaupt nichts zu tun, außer daß ich eben gerade das tue, was man mir beibrachte. Was ich mache, tue ich jetzt schon ganz mechanisch. Tatsächlich, ich bin bloß Zuschauer. Mein Körper tut die Arbeit, aber nichts kontrolliert ihn. Die Atmosphäre und die laute Umgebung lassen mich arbeiten, ohne zu denken. Wer schnitt diese Stoffe? Dann plötzlich kommt mir zu Bewußtsein, daß ich es war, der sie schnitt. Da ich nicht die geringste Lust habe, all das zu tun, weiß ich wirklich nicht, warum ich es tue. Wenn mir verschwommen bewußt wird, was ich tue, dann ist es Zeit, nach Hause zu gehen. Ich wasche meine Hände und Gesicht, ziehe mich um, verabschiede mich und gehe heim. Da wartet das Abendessen auf mich. Das Essen wird gegessen, ein paar Bemerkungen, ich lege mich hin, und so geht der Tag zu Ende. Die unheimliche Einsamkeit des Herbstes überfällt mich wieder, lächelnd, und ich habe immer diesem Herbst nachgegeben. Tu nicht, als ob Du mich so gut kenntest, Du Herbst! Ich habe mir alle Mühe gegeben, Dir aus dem Weg zu gehen, aber rücksichtslos kommst Du und überschüttest mich mit Deinem Lächeln. Wenn das Lächeln mein Herz durchdringt, dann fühle ich, wie Nase und Hals eng werden. Ich begrüße Dich, stoße Dich weg, und wenn meine Kraft verbraucht ist und ich unterliege, dann lasse ich mich von Dir umschließen. Wie ein besiegter Soldat, vom Fieber ergriffen, bete ich dann um Auferstehung, oder ich gebe mich auf und wünsche, daß die Gegenwart vernichtet würde.«

Chun Tae-il

M. Muggeridge besucht Mutter Teresa

Über Mutter Teresa von Kalkutta ist viel geschrieben worden: Engel der Armen, an den Brennpunkten der Not zu Hause, ja, manche nennen sie das »weibliche Gegenstück zu Johannes XXIII.: zwei Naturen von bäuerlicher Herkunft, mit nüchternem Verstand, Tatkraft und einzigartiger Ausstrahlung«.
Der englische Journalist und Regisseur *Malcolm Muggeridge* hat ihre Biographie geschrieben. Aber was zuerst eigentlich nur die Begegnung eines Regisseurs mit einem Filmobjekt werden sollte, wurde zu einer Begegnung mit den »letzten Fragen«, herausgefordert durch die erlebte unmittelbare Nähe eines Menschen wie Teresa.
Der nachfolgende Text zeichnet in wenigen Strichen im morgendlichen Aufbruch der Schwestern zu ihrer Arbeit das Bild der Frau, die sie geprägt hat; er zeichnet das Bild eines nüchternen Beobachters, der offen genug ist, sich ansprechen zu lassen. Was Institutionen nicht vermögen, was sie verrammeln und verriegeln und »unberührbar« machen, in Teresa, im Umgang mit Unberührbaren geübt, wird deutlich, was evangelisch leben heißt. Ein kritischer, moderner Europäer – was immer das ist – bekennt, einen Christen erlebt zu haben.

DER TAG BEGINNT für die Schwestern um 4.30 Uhr mit Gebet und Betrachtung und anschließender Messe. Nach der Messe waschen sie und erledigen andre Hausarbeiten mit großer Energie. Sie haben jede einen vor Sauberkeit blitzenden Eimer, wohl ihr einziges Eigentum, abgesehen von ihrer Kleidung und ihren Andachtsbüchern. Dann kommt das Frühstück, und danach gehen sie ihren verschiedenen Pflichten außer Hauses nach, die einen zum Heim für Sterbende, andere zu Schulen und Ambulanzen für Arme, einige zu den Aussätzigen, und einige suchen nach

unerwünschten Säuglingen und Kindern, die in wachsender Zahl bei ihnen Zuflucht finden, da es bekannt ist, daß keins, so überarbeitet sie und so überfüllt die verfügbaren Einrichtungen auch sein mögen, je abgewiesen wird.
Die Säuglinge kommen von Hebammen oder werden manchmal aus Abfalltonnen aufgelesen. Indische Jungen und Mädchen der Mittelschicht wetteifern mit dem zivilisierten Westen und fangen an, zügellos zu werden, und da sie den Punkt in der Zivilisation, wo Verhütungsmittel und Abtreibung leicht zu haben sind, noch nicht erreicht haben, sind sie in Gefahr, unerwünschte Kinder hervorzubringen, von denen einige außerordentlich winzig sind, da ihre Geburt vorzeitig herbeigeführt worden ist. Diese werden in der Obhut der Schwestern bald zu kräftigen Kindern. Andre kommen etwas älter zu den Schwestern und leiden unter akuter Unterernährung. Aber auch sie werden bald gesund. Unter den Aussätzigen, im Heim für Sterbende, überall, wohin ihre Arbeit sie führt, bringen sie Heilung und Hilfe. Es ist wundervoll, sie morgens in den Verkehr und den Lärm der Stadt fortgehen zu sehen, jede mit einem Beutel voll Brot beladen, das übrigens, zu ihrer großen Ehre sei's gesagt, von britischen Schulkindern geliefert wird; sie führen dabei im wörtlichsten und vollkommensten Sinn das Gebot aus, ihr Licht vor den Menschen leuchten zu lassen.
Ihr Leben ist, gemessen an weltlichen Maßstäben, gewiß hart und streng, aber ich habe nie so fröhliche, glückliche Frauen angetroffen oder eine solche Atmosphäre von Freude, wie sie sie schaffen. Mutter Teresa legt, wie sie gern erklärt, solcher Freude größte Bedeutung bei. Die Armen, sagt sie, verdienen nicht nur bloß Dienst und Hingabe, sondern auch die Freude, die zur menschlichen Liebe gehört. Sie wird ihnen von den Schwestern in Überfülle gegeben. Den religiösen Orden fehlt es heute bekanntlich an Berufungen. Der Mangel wird auch nicht dadurch verringert, daß man den Nonnen erlaubt, Lippenstift zu benutzen, Minikleidung zu tragen und auch sonst an der Lebensform und den Annehmlichkeiten des zeitgenössischen Wohlstands teilzunehmen. Die Schwestern der Nächstenliebe anderseits vervielfältigen ihre Zahl in phantastischem Maß. Ihr Haus in Kalkutta platzt aus allen Nähten, und für jedes neueröffnete Haus melden sich Freiwillige. Die Geschichte des

Christentums lehrt, daß, wenn alles gefordert wird, alles – und mehr – gegeben wird; wenn wenig, dann nichts. Obwohl das doch so offensichtlich ist, scheint man heute seltsamerweise genau das Gegenteil für richtig zu halten und bemüht sich, die Strenge des Dienstes Christi zu mildern und seine Wagnisse zu vermindern, mit der Absicht, Menschen dafür zu gewinnen. Dabei fand doch der heilige Franziskus dadurch, daß er die scheußlichen Wunden eines Aussätzigen küßte, die Fröhlichkeit, mit der er die Welt gefangennahm und einige der kühnsten Geister seiner Zeit um sich sammelte, denen er nur den Ruhm anbot, um Christi willen nackt auf der nackten Erde zu sein. Wenn die Forderungen geringer gewesen wären, wäre die Antwort geringer gewesen. Ich hätte es, nach meinen jahrelangen Erfahrungen in Indien, nie für möglich gehalten, junge Mädchen aus guter Familie dazu zu bringen, Ausgestoßene und Unberührbare, die von den Straßen Kalkuttas hereingebracht werden, zu pflegen. Aber genau das ist die erste Aufgabe, die Mutter Teresa ihnen zu tun gibt, wenn sie zu ihr als Postulantinnen kommen. Sie tun es nicht nur in Gehorsam, sondern fröhlich und begeistert, und sammeln sich in immer größerer Anzahl um sie, um des Vorzugs willen, es tun zu dürfen.

Als wir Mutter Teresa zu den verschiedenen Bereichen ihrer Tätigkeit begleiteten, um diese zu filmen, zum Heim für Sterbende, zu den Aussätzigen und unerwünschten Kindern, machte ich drei Phasen durch. Die erste war Schrecken, gemischt mit Mitleid, die zweite reines und einfaches Mitgefühl und die dritte, die weit über Mitgefühl hinausging, war etwas, was ich nie zuvor verspürt habe: die Einsicht, daß diese sterbenden und verkommenen Männer und Frauen, diese Aussätzigen mit Stümpfen statt Händen, diese unerwünschten Kinder nicht bemitleidenswert, abstoßend oder verloren waren, sondern eher teuer und köstlich; gleichsam Freunde seit langem, Brüder und Schwestern. Wie soll man es erklären, dies eigentliche Herz und Geheimnis des christlichen Glaubens? Diese geschundenen Köpfe streicheln, diese armen Stümpfe berühren, diese den Abfalltonnen übergebenen Kinder auf den Arm nehmen, weil es sein Kopf ist, so wie es seine Hände und seine Kinder sind, von denen er gesagt hat, daß jeder, der ein solches Kind in seinem Namen aufnimmt, ihn aufnimmt.

Während der Zeit unsrer Dreharbeiten ging ich jeden Morgen mit den Schwestern zur Messe. Eine von ihnen stand immer bereit, mich in Empfang zu nehmen, und in der Kapelle war ein Platz für mich neben Mutter Teresa, und ein Missale lag, an der richtigen Stelle geöffnet, bereit. Ich war es vollkommen zufrieden, mit ihnen zu feiern, auch wenn ich nicht an den Sakramenten teilnehmen konnte und auch nicht wollte. Für Mutter Teresa ist der Glaube eine persönliche Beziehung zu Gott und dem fleischgewordenen Christus; die Messe ist die geistige Nahrung, die sie erhält, ohne die sie, wie sie mir sagte, keinen einzigen Tag und keine Stunde ihres Lebens der Hingabe, das sie sich erwählt hat, durchstehen könnte; die Kirche ist etwas, dem sie angehört, dient und gehorcht, weil sie Gottes Willen auf Erden offenbart und erfüllt. Die verschiedenen Kontroversen und Konflikte, welche die Kirche zur Zeit erschüttern, berühren sie kaum; sie werden vorübergehen, sagt sie, und die Kirche wird bleiben, um ihre göttlich eingegebene und gelenkte Aufgabe zu erfüllen.

Ich weiß, daß Mutter Teresa die Hemmungen und Zweifel nicht verstehen kann, die es mir unmöglich machen, ihre Ansicht von der gegenwärtigen mißlichen Lage der Kirche zu teilen oder sie anders zu sehen als eine Institution, die eine sterbliche Hierarchie und Priesterschaft fördern oder verderben, hochhalten oder zu Fall bringen können. »Ich weiß nicht, warum«, hat sie mir geschrieben, »aber sehr oft wünsche ich mir in meinem Herzen, in England zu sein, wenn Sie Ihre erste heilige Kommunion empfangen. Ich weiß nicht, aber Jesus gibt einem nie Wünsche, die er nicht zu erfüllen gedenkt.«

Bei andrer Gelegenheit schrieb sie:

»Ich glaube, der Film hat die Leute Gott näher gebracht und so haben sich Ihre und meine Hoffnungen erfüllt. Ich denke jetzt häufiger als sonst, daß Sie die schöne Gnade gebrauchen sollten, die Gott uns zu seiner größeren Herrlichkeit gegeben hat. Alles, was Sie haben, und alles, was Sie sind, und alles, was Sie sein und tun können – lassen Sie alles für Ihn und Ihn allein sein. Was heute an der Oberfläche der Kirche geschieht, wird vorübergehen. Für Christus ist die Kirche dieselbe, heute, gestern, morgen. Die Apostel gingen durch die gleichen Gefühle

der Furcht und des Mißtrauens, des Versagens und der Untreue, und doch hat Christus sie nicht gescholten. ›Kindlein, Kleingläubige, was fürchtet ihr?‹ Ich wollte, wir könnten lieben wie er – jetzt!«

Die Gnade, von der sie so großherzig spricht – viel zu großherzig –, wird, wie es nun einmal ist, immer zu ihrer und ihres Herrn Verfügung stehen. Es gibt wenige Dinge, die ich lieber tun würde, als ihr zu gefallen. Und zwar so sehr, daß es beinahe eine Versuchung für mich ist, ihre Führung in der Angelegenheit des Eintritts in die Kirche, weil es eben ihre Kirche ist, anzunehmen. Aber alles in mir sagt mir, daß das falsch wäre. Simone Weil fand sich in einer ähnlichen Lage Pater Perrin gegenüber, und sie erklärte in einer Reihe von Briefen an ihn mit einer Beweiskraft, die mir nicht annähernd zu Gebot steht, die Gründe, die sie zu der Entscheidung führten, daß »es der Wille Gottes ist, daß ich gegenwärtig nicht in die Kirche eintrete«. Gleichzeitig tröstet sie sich mit dem folgenden Gedanken: »Wenn es Gottes Wille sein sollte, daß ich in die Kirche eintrete, wird er mir diesen Willen genau in dem Augenblick auferlegen, da ich es verdiene, daß er ihn mir auferlegt.« Und schließlich: »Ich muß mich immer wieder fragen, ob Gott in diesen Tagen, wo ein so großer Teil der Menschheit im Materialismus versunken ist, nicht wünscht, daß es einige Männer und Frauen gibt, die sich ihm und Christus hingegeben haben und dennoch außerhalb der Kirche bleiben.« Ich gestehe, daß ich mich ähnlich gefragt habe.

Malcolm Muggeridge

Getauft ohne mein Zutun

Die »christlichen Texte«, die Kraft haben, kommen nicht von uns. Wir müssen sie uns ausleihen von den bekehrten Brüdern, die wir einst mitleidheischend auf unsere Opferbüchsen gesetzt haben, kopfnickend und im weißen Hemd. Jetzt revanchieren sie sich mit »ihrem Christsein«, fragen uns unverblümt: Kennst du Jesus Christus? Und antworten ebenso unverblümt: Nein, du kennst ihn nicht! Du kennst weder seine Gerechtigkeit noch seine Freude, du kennst weder seine Liebe noch sein Gebot, du kennst weder sein Leben noch seinen Tod. Du bist kein Christ; du lügst ...

Der so redet, ist der afrikanische Priester *Michel Kayoya* aus Burundi, 1934 in einem kleinen Dorfe geboren, von christlichen Eltern erzogen, in der Schule der Weißen Väter, seit 1963 selber Priester. Zuletzt leitete er umsichtig das kleine Seminar in Mugera mit fast 400 Schülern, aus dem in den letzten vierzig Jahren immerhin mehr als hundert einheimische Priester hervorgegangen sind. Am 15. Mai 1972 wurde dieser von den afrikanischen Christen seiner Diözese hochgeschätzte Priester ermordet. Stammesauseinandersetzungen zwischen den herrschenden Tutsi und den von ihnen beherrschten Hutus, denen Kayoya angehörte, waren der Grund. Augenzeugen berichten: er starb, die anderen tröstend, mit einem Lied auf den Lippen.

ICH WOLLTE ALSO etwas Besseres werden.
Ich war Katholik
Ich fand mich als Katholik vor
Man hat mich getauft
Man hat mich einfachhin getauft.
Ich wurde geboren zu einer Zeit, als mein Vater längst entschieden hatte, Christ zu werden
Er hatte es gewollt, er, mein Vater

Auch meine Mutter hatte es gewollt
Sie hatten dem Hunger und der Müdigkeit getrotzt
Volle vier Jahre lang
Um sich einführen zu lassen in das neue Leben, das sie führen wollten
Meine Mutter trug mich auf ihrem Rücken
So war es Sitte
Mein Vater schaute mich an und lächelte im stillen
Ich war sein Stolz
Seine Fortsetzung
Die Spur seines Durchgangs durch die Geschichte der Menschen
Da ich seine Liebe war
Das Zeichen, das seine Liebe in meine Mutter hineingeschrieben hatte,
Sein »Kibondo« – sein geliebtes Kind
Wollte mein Vater mich dabeihaben bei dem großen Ereignis, das sein Leben in andere Bahnen lenkte
Dieses Ereignis brachte ihm einen »Neuen Namen«
Auch meine Mutter erhielt einen neuen Namen
Und ich auch
Mein Vater hatte ihn gewählt
Als ich zur Vernunft kam
Fand ich, daß er stolz war, mich bei diesem neuen Namen zu nennen.
Ich wurde also getauft, ehe ich einer Weigerung oder Zusage fähig war
Aber darauf kommt es nicht an
Mein Vater liebte mich
Meine Mutter liebkoste mich
Das kleine Wesen, das ich war, lächelte
Es lebte aus dem Leben, das sein Vater für es gewählt hatte.
Herr, könnte ich sagen, daß ich Dich liebte
Könnte ich behaupten, daß ich Dich liebte, als ich mein Kindesleben lebte?
Ich tat, was man mir sagte, um Dich zu lieben
Wie weit ging meine Liebe?
Nicht sehr weit
Du warst nicht das Wichtigste in meinem Leben
Ich sprang wie eine Gazelle

Ich aß wie ein Tierchen
Ich war schön
Meine Mutter sagte es
Auch Du, mein Gott, Du mußtest dieses Wesen schön finden, das ein Mutterherz mit Freude erfüllte!
Indes, als ich zur Vernunft erwachte, konnte ich mich mit diesem unbewußten Leben nicht mehr zufrieden geben.
Wenn ich aber daran denke, mein Gott, erröte ich vor Scham:
Die ganze Zeit dachtest Du an mich
Die ganze Zeit schautest Du auf mich
Du sahst mich, und mit Deinem väterlichen Blick fandest Du Gefallen an mir
Aber ich gab keine Antwort
Ich befaßte mich mit Nichtigkeiten
Ich tat überhaupt nichts
Ich schlief, ich wachte auf, ich aß
Du sahst mich an
Ich war schön
Meine Mutter hat es mir gesagt
Wenn ich schlief, blieb sie bei mir sitzen
Wenn ich sie anlächelte
War sie voller Freude.
Du, mein Gott, wann würde ich endlich Deinem Anblick zulächeln?
Ich wußte indessen, wie man Dich lieben soll
Ich kannte Dich
Ich wußte, wie man Dich liebt
Man hatte es mich gelehrt
Ich wußte, daß Deine Liebe Wohlwollen ist
Man hat es mir gesagt
Als Du das erste menschliche Paar erschufst
Sahst Du es an und fandest es schön
Deine Liebe ist Erwartung, ich wußte es
Deine Liebe ist Sorge, ich wußte es
Du wartest, Du sorgst Dich wie eine Frau, die ihr Geld verloren hat
Dein Herz zittert, wie das Herz eines Vaters, der seinen Sohn von weitem kommen sieht
All das wußte ich

Ich konnte darüber sprechen, aber es erfüllte mein Herz nicht
Ich lag auf der Lauer nach allem, nur nicht nach Dir
Ich schlug die Jungen
Ich verjagte die Mädchen
Ich aß, ich schlief, ich wachte auf
Dann wieder aß ich, schlief ein
Das war alles!
Ich fühlte, daß ich lebte
Ich glaubte, daß ich lebte
Ich lebte ein Leben, das nicht das meine war
Die Banane des Nachbarn ist verlockend
Der Mais des Nachbarn bringt deinen Magen in Aufregung, wenn er auf dem Holzkohlenfeuer knistert
Ich schlief, ich erwachte
Du sahst mich an
Du liebtest mich
Lange habe ich gewartet, zu lange, ehe ich Dir zulächelte
Das beschämte mich mehr als alles andere
Ich stahl, ich amüsierte mich über die Maßen
Ich betrog, ich haßte
Das ist noch einigermaßen erträglich
Aber dieser Freundesblick, der keine Erwiderung findet!
Herr, ist das nicht gerade der Grund, weshalb ich mich so unordentlich aufführte, weil ich nämlich vergaß, dem »Freundesauge« zuzulächeln, das mich ansah?
Du sahst mich an, doch Deine Aufmerksamkeit schien mir nichts zu bedeuten
Selbst als ich Deiner liebenden Gegenwart zugelächelt hatte
Fuhr ich nicht fort
Ich wandte mein Angesicht ab und wagte, andere Dinge als Dich zu lieben!
Der Mensch wird geboren, um zu sterben
Du erscheinst unter den Menschen
Du verweilst einige Augenblicke
Dann verschwindest Du wieder
Die Menschen kommen und gehen
Andere werden geboren, leben, vergehen.
Während der Mensch erwacht, um zu sterben
Träumt er, denkt er, erfindet er, baut er und hält sich für groß

Während der Mensch erwacht, um zu sterben
Vergißt er, daß er erwacht und stirbt
Er strebt nach allem und hält sich für den Mittelpunkt einer Welt, auf der er kaum Spuren hinterläßt.
Kaum ist er erwacht, ist er schon wieder fort
Er geht vorbei
Er wagt es, zu lachen, sich zu freuen, zu verzweifeln
Er wagt es, zu essen, zu schlafen, während er nur vorüberzieht
Während er auf dem Weg ist ins Unbekannte.
Verstehst du das, kleiner Mensch?
Was tust du, um in Würde zu erwachen und zu sterben?
Seitdem Christus gekommen ist, ist es nicht mehr schwierig, würdig zu sterben.
Jesus Christus!
Kennst du ihn?
Du kennst seine Geschichte
Seinen Einfluß auf die Geschichte
Du bist imstande, seine Worte zu entwirren
Kannst seine Taten erzählen
Du kennst seine Geschichte und die Legenden, die der »Mann auf der Straße« hinzufügt
Ja, du kennst ihn
Armseliger Mensch!
Du kennst ihn nicht
Du philosophierst über ihn
Du diskutierst über ihn
Du studierst ihn
Neugierig starrst du ihn an
Nennst du das »Kennen«?
Kennen, still sich nähern, zuhören
Sich nähern, zuhören, mitfühlen
Kennen, sich zunächst für unwissend halten
Eine Leere fühlen
Einen Durst
Einen Durst fühlen, eine Leere, die ausgefüllt werden will.
Nichts kennst du!
Hast du das kleine Buch gelesen, das man Evangelium nennt?
Hast du dich hingesetzt und zehnmal das kleine Buch gelesen, das man Evangelium nennt?

Kleiner Mensch, kennst du Jesus Christus?
Weißt du, daß er lebendig ist und daß er sieht
Er sieht dich, er schaut dich an
Was wirst du tun, wenn du auf eine Liebe stößt, die du nicht zu empfangen träumtest?
Seit Christus gekommen ist, ist es nicht mehr schwierig, in Würde zu sterben
Man wird geboren, um zu sterben
Man stirbt, um zu leben
Man lebt, man stirbt, man geht vorbei
Man lebt im Vorbeigehen
Im Vorbeigehen gestaltet man seine Ewigkeit.
Wie gestaltet man seine Ewigkeit so im Vorbeigehen?
Kleiner Mensch, hast du das kleine Buch gelesen, das man Evangelium nennt?
Hast du dich hingesetzt, um den Schlüssel deines Lebens aus der Nähe zu sehen?
Hast du es zehnmal, hundertmal gelesen?
Hast du nichts gefunden?
Seit Jesus Christus gekommen ist, ist es nicht mehr schwierig, würdig zu sterben
Seit Jesus Christus gekommen ist, gibt es immer noch Menschen, die »wie Hunde« sterben
Und dann ist es vorbei
Es gibt Menschen, die meinen, alles sei zu Ende, weil sie nichts davon verstehen.
Es gibt Menschen, törichte Menschen, die so leben, als sei alles aus.
Wenn es aber doch etwas gibt
Wenn man auf eine Liebe stößt, zu der man »Nein« gesagt hat?
Was weißt du, kleiner Mensch?
Kleiner Mensch, hast du das kleine Buch gelesen, das man Evangelium nennt?
Wer gab dir das kleine Buch; wer hat dich gelehrt, es zu lesen?
Hast du es aus Neugier gelesen, als sinnenverhafteter Mensch?
Oder hast du es gelesen wie ein Mensch, der groß wird, wenn er die Hände zu Imana erhebt?
Bist du ein Fürst?

Ich nenne dich einen kleinen Menschen
Du wirst geboren und du vergehst
Dein Adel wird oft verhöhnt
Oft schändest du die Menschheit, die in dir wohnt.
Bist du ein Gelehrter?
Ich nenne dich einen kleinen Menschen
Was weißt du, um zu ertragen, daß man dich »gelehrt« nennt?
Du wirst geboren und du vergehst
Du kennst dich selbst nicht
Du kennst den Menschen nicht.
Verstehst du, dich zu nähern, zuzuhören, teilzunehmen?
Verstehst du, mitzuteilen, mitzufühlen?
Kannst du dich mit anderen zusammentun und in derselben
Richtung marschieren?
Von welcher Richtung sprichst du?
Kleiner Gelehrter, was weißt du, um zu ertragen, daß man dich
einen Gelehrten nennt?
Bist du ein Minister?
Ich nenne dich einen kleinen Menschen.
Du wirst geboren und du vergehst
Wenn du logisch bist, mußt du dienen
Dienst du?
Wessen Minister (= Diener) bist du?
Deines Ehrgeizes oder deines Volkes?
Wem gibst du Rechenschaft über dein Privatleben
Und über dein öffentliches Leben?
Du wirst geboren und du vergehst
»Ein zwischen zwei Fingern zerdrückter Floh!«
Bist du klein?
Ich nenne dich einen kleinen Menschen
Du wirst geboren und du vergehst, und du bleibst klein
Wer immer du bist, ich nenne dich einen kleinen Menschen
Belüge dich nicht selbst, du bist klein
Schau hinein in dein Privatleben und in dein öffentliches Leben
Du kennst es und du verbirgst es.
Kleiner Mensch, hast du das kleine Buch gelesen, das man
Evangelium nennt?
Kleiner Mensch, sag mir, wer hat es dir gezeigt?
Ich werde dir sagen, wen du kennst!

Als ich heranwuchs, erblickte ich mein Volk im Elend.
Ich wollte etwas Besseres werden
Ich war Christ.
Mein Volk hungerte, mein Volk dürstete
Mein Volk schlug sich herum mit einem Leben ohne Zukunft.
Ich wollte ein Mann werden, um meinem Volke das geben zu können,
Womit es seinen Hunger stillen konnte.
Sein Vieh verbessern
Seinen Bananen einen besseren Ertrag verschaffen
Seinem Getreide, seiner Hirse . . .!
Mein Volk besitzt Energie genug
Die Kühe meines Volkes brauchen wenig Futter
Und doch geben sie Milch im Überfluß
Seit Jahrhunderten lachte, weinte, starb mein Volk.
Es wurde geboren, wiedergeboren und starb
Mein Volk tanzte
Hin und wieder rief es zu Imana,
seinem Gott
Ohne so recht die Größe seiner Liebe zu kennen.
Jetzt war ich ein Christ
Ich wußte, wie sehr Imana uns liebte.
Armes kleines Herz, bist du groß genug
Diese Liebe zu fassen und mitzuteilen?
Den Fortschrittswillen meines Volkes zu unterstützen
Den Menschen zu lieben, ihn gesund zu machen
Ihn belehren, ihn selbstbewußt zu machen
Ihn zu erziehen, ihm das Gefühl der Solidarität einzupflanzen
Ihm Menschenwürde, Freiheit zu geben
Die Fähigkeit, seiner ewigen Bestimmung zu entsprechen?
Ich war Christ. So sieht die Liebe aus.
Armer Kleiner, ist dein Herz stark genug, zu lieben?
Unentgeltlich zu lieben
Einzig und allein zu lieben.
Armer Kleiner, ist dein Herz mutig genug
Dein Auge klar genug
Um unentgeltlich zu lieben
Jeden Menschen
Diesen im Schmutz erstarrten Menschen

Diesen Menschen, von den Wunden der Eitelkeit und des Stolzes zernagt
Diesen bösen Menschen
Diesen Menschen, der sich um das Gute nicht kümmert
Diesen Menschen, niederträchtig genug, um Mord zu wagen
Diesen Menschen mit einem »verrußten Herzen«
Diesen Menschen, den du nicht verstehst
Diesen schönen Menschen
Diese anmutige Gestalt
Diese seichte Seele
Diese Seele, die einzig an den niedrigen Dingen des Lebens hängt
Diesen schwachen Menschen
Diesen starken Menschen
Diesen schwachen und starken Menschen
Der zunächst du selber bist?

Michel Kayoya

Die Lagerbewohner begrüßten sie mit einem Gebet

Im Dezember 1971 streikten erstmals 13 000 Arbeiter der insgesamt etwa 350 000 zählenden Ovambos in Namibia, die in Südafrikas Hauptstadt bis dahin als friedlich, angepaßt und zuverlässig galten. Es ging um das berüchtigte Kontraktsystem. Was ist das?

Über eine Zentralstelle (SWANLA = South West African Labour Association) findet der Afrikaner Arbeit. Er bekommt einen Kontrakt, der über 12 bis 18 Monate läuft und ihn verpflichtet, die Arbeit anzunehmen und auszuführen, für die er eingeteilt wird: meistens in den Bergwerken oder Diamantenminen. Während dieser Zeit darf weder er seine Angehörigen, noch dürfen diese ihn besuchen. Er lebt völlig isoliert in schwer bewachten Lagern. Der Durchschnittslohn eines Kontraktarbeiters beträgt etwa DM 80,–, einige wenige können bis zu DM 200,– pro Monat verdienen; jeweils die Hälfte ihres Lohnes wird ihnen sofort ausbezahlt, die Restsumme bekommen sie nach Beendigung des »Dienstverhältnisses«. Der Kontrakt darf von einem Afrikaner nicht vorzeitig beendet werden, andernfalls hat er mit schweren Strafen zu rechnen.

Einer der Organisatoren dieses Streiks, *Leonhard Nghipandulua,* zu langjähriger Freiheitsstrafe verurteilt, sitzt zur Zeit im Gefängnis von Windhuk und berichtet in seinem Tagebuch:

SEID BEGRÜSST! Liebe deinen Nächsten wie dich selbst, sagt Gottes Gebot.

Wir wollen den Kontrakt nicht mehr, weil wir keine Menschenrechte haben. Der Kontrakt verweigert uns die Anerkennung als menschliche Wesen. Durch den Kontrakt gelten die Menschen des Ovambo-Volkes nicht als Menschen.

M. C. Botha hat am 15. November in Oshakati gesagt, daß wir,

das Volk der Ovambos, lieber unter dem Kontrakt arbeiten. M. C. Botha hat hier erklärt, daß wir selber den Kontrakt wollen. Jetzt wollen wir den Kontrakt nicht mehr, jetzt wollen wir als Menschen angesehen werden.
Wenn der Kontrakt nicht zurückgezogen wird, muß es gute Gründe dafür geben, warum er nicht zurückgezogen wird.
Wir fordern jetzt unser Recht auf Freizügigkeit, unser Recht, uns überall in ganz Namibia Arbeit zu suchen, wo es uns gefällt. Warum kann mich ein boer, wenn er mich gekauft hat und mich nicht mehr haben will, nach Ovambo zurückschicken, aber warum habe ich kein Recht, meine Arbeit zu verlassen und woandershin zu gehen?
Das Wort Gottes sagt, daß Christus gestorben ist, um alle Menschen frei zu machen, aber wir Ovambos sind nicht frei vom Kontrakt ...
Am 12. Dezember kam ein Brief aus Walvis Bay, darin stand in deutlicher Sprache, wie die Sklaverei des Kontrakts beendet werden sollte. Alle Bewohner des Lagers von Windhuk lasen den Brief. Die Verfasser des Briefes hatten über etwas gesprochen, was den Bewohnern des Lagers am Herzen lag.
Sie begannen, Briefe zu schreiben, mit denen sie die Leute aufforderten, sich näher mit der Sache zu befassen. Wenn sie schrieben, fragte keiner den anderen, was er schreiben sollte, alle schrieben, wie ihr Verstand es ihnen diktierte. Obwohl der Oberaufseher des Lagers und der schwarze Bote Versuche unternommen hatten, die Briefe zu vernichten, wurden es nicht immer weniger, sondern immer mehr ...
Man las die Papiere in der Zeit vom 5. bis zum 11. Dezember, dann beschlossen sie, eine Versammlung einzuberufen, um die Abschaffung des Kontraktes zu diskutieren.
Die Männer beschlossen, am 11. Dezember nicht zur Arbeit zu gehen. Sie versammelten sich. Sie können sich nicht so ohne weiteres versammeln, weil sie Angst haben, so wie am 7. Dezember, als die boers zu schießen anfingen, nachdem sie von den Beschlüssen gehört hatten.
Die Geschosse der Gewehre trafen die Bewohner von Windhuk. Das hatte den Menschen Angst eingejagt. Trotzdem hatten die Führer die Leute aufgerufen.
Sie kamen auf verschiedene Aufrufe zur Versammlung, einer

nach dem anderen, bis es schließlich ungefähr sechzig waren. Die Versammlung wurde mit einem Gebet eröffnet, dann begann die Diskussion.
Es wurde beschlossen, am Montag, den 13. Dezember nicht zur Arbeit zu gehen. Es war für die Anführer nicht einfach, unter den Leuten zu bleiben – sie hatten Angst, daß man sie verhaften könnte. Die Anführer waren Leonard Nghipandulua und Endola Michael Hamakali aus dem westlichen Teil des Omupanda-Gebiets und Abisalon Coronelius aus Endola.
Sie sprachen sehr bestimmt und beschworen die Leute, keine Angst zu haben. Die Versammlung beschloß, bis zum 12. Dezember weiterzumachen.
Die kamen zusammen, diskutierten und beschlossen, daß keiner zur Arbeit gehen und das Lager verlassen sollte. Am 12. Dezember begaben sie sich zu den Toren und an die Fenster, und schliefen dort; immerhin hatten die Leute beschlossen, daß jeder, der sich dem Beschluß widersetzte, bestraft werden sollte. Die Wachen an den Toren sprachen sie freundlich an, man kehrte zu freundschaftlichen Beziehungen zurück, und von jenem Tag an war niemand mehr verärgert. Mr. White, der Kommissar von Windhuk, kam und bat die Ovambos, ihre Arbeit wieder aufzunehmen. Obwohl er sich große Mühe gab, weigerten sie sich. Sie hatten den Beschluß gefaßt, erst wieder zur Arbeit zu gehen, wenn der Kontrakt zurückgenommen würde. Solange dies nicht geschah, wollten sie warten.
An dem Tag, an dem er zurückgenommen wird, gehen wir zur Arbeit. Der Kommissar hatte Schwierigkeiten, die Leute zu überreden, denn sie setzten ihm triftige Argumente entgegen. Er sagte, sie sollten Sprecher wählen, acht oder zehn Leute, während er Kontakt mit den hohen Tieren in Ovambo aufnehmen wollte, die sich wegen ähnlicher Unruhen in Walvis Bay aufhielten.
Diese Männer waren der Häuptling von Ondangwa, F. S. H. Elifas, Phillipus Kaluvi, Silas Haipumbe und der Adjutant des Häuptlings, Stefanus Itema.
Die Häuptlinge aus Ovambo kamen am 14. Dezember um 7 Uhr an. Die Lagerbewohner begrüßten sie mit einem Gebet, das von Leonard Nghipandulua gesprochen wurde. Dieses Gebet machte den Kommissar und den Ovambo-Führern klar, daß sie diese

Sache nicht allein machten, sondern daß sie einen Führer hatten, nämlich Gott! Die Gäste verlangten, daß die vom Volk gewählten Führer sich mit ihnen zusammensetzen sollten, um die Angelegenheit zu besprechen, und als sie sich gesetzt hatten, sagten die Gäste, daß die Führer dartun sollten, worum es ginge.

Der Sekretär Emmanuel Amavila aus Kokalongo las den Brief einer Gruppe vor, die die Leute am 13. Dezember zu Vertretern gewählt hatten. Die Gruppe diskutierte drei Stunden lang. Der Brief überbrachte Grüße. Liebe deinen Nächsten wie dich selbst.

Nachdem der Brief verlesen worden war, herrschte Schweigen im Raum, als ob er leer wäre, denn selbst die Häuptlinge aus Ovambo hatten nichts zu sagen. Schließlich sagte Mr. Haipumbu: »Wir verstehen euch, Männer! Ich bitte euch, an eure Arbeit zurückzugehen, denn das Kontraksystem wird im Februar diskutiert. Ich bitte euch darum.«

»Wenn es euch Schwierigkeiten bereitet, den Kontrakt zurückzunehmen, können wir nach Ovambo zurückgehen, und wenn er zurückgenommen wird, kommen wir auch zurück.«

Mr. Haipumbu begann von neuem: »Meine Söhne, ich bitte euch, meine Freunde, geht zur Arbeit.« Die Gruppe, die als Vertreter der Lagerbewohner sprach, sagte, daß sie nichts ändern könnten, denn wir würden nicht für uns allein entscheiden, sondern das Volk habe so entschieden und nicht wir. Nicht wir lenken das Volk, sondern das Volk lenkt uns. Dies war unsere Abschiedsbotschaft: daß, wer will, zur Arbeit gehen könne und daß für diejenigen, die nicht zur Arbeit gehen wollten, der Zug bereit stünde, um sie nach Grootfontein zurückzubringen. Als dies durch den Lautsprecher verkündet wurde, standen alle draußen vor dem Büro, in dem die Besprechung stattfand. Die Versammlung dankte mit Beifall.

Die Versammlung kam überein, geschlossen nach Ovambo zurückzukehren. Als die Häuptlinge das Treffen verließen, begleitete sie den halben Weg entlang Beifall, bis sie durch die Sperre waren, und man dankte ihnen, daß sie gekommen waren.

Als der Kommissar White mit den Gästen abfuhr, begann die boer-Polizei das Lager zu umstellen. Sie fingen an, die Leute schrecklich zu beschimpfen und schlossen die Tore, so daß wir nicht hinaus konnten, um etwas zu essen zu besorgen. Wir

konnten weder Geld von der Bank, noch unsere Kleidung aus der Reinigung holen. Am 14. Dezember zerschlug die Polizei die Dächer, warf Steine gegen die Fenster, schlug die Leute zusammen und zerstörte das Radio, das am eingeschlagenen Fenster stand.
Die Polizei setzte die Räume in Brand, in denen sich Menschen aufhielten. Da mußten die Menschen herauskommen und draußen schlafen. Dies ging so vom 14. bis zum 17. Dezember.
Die Menschen konnten nicht schlafen und die Anführer begannen, die Nummern der Polizisten aufzuschreiben, um sie dem Polizeichef nennen zu können, aber der Polizeichef sagte, daß er nichts damit zu tun habe.

Leonhard Nghipandulua

Ruth - oder im Kessel von Fäulnis und Verzweiflung

Der Autor dieser Reportage, *Josef Reding*, ist nicht nur bekannt als Verfasser sozialkritischer Kurzgeschichten, er hat auch auf seinen Reisen durch die Dritte Welt das Versagen der christlichen, westlichen Welt in harten, selbstkritischen Texten untersucht.
Auf diesen Reisen begegnete er aber auch immer wieder einzelnen Menschen, die durch ihren persönlichen Einsatz unser aller Versagen zu unterlaufen versuchen. Unbewußt natürlich, weil sie in ihrem Engagement für den Menschen nicht die Zeit aufbrachten, Schuldige zu suchen, sondern allein damit genug zu tun hatten, Unschuldigen beizuspringen.
Ruth Pfau, Lepra-Ärztin in Pakistan, steht als Beispiel für viele einzelne, die das Leiden der Unschuldigen nicht zur Ruhe kommen ließ.

Karachi, Pakistan, 27. Dezember 1964

VOR FÜNF JAHREN trafen wir Dr. Ruth Pfau zum erstenmal. Damals kämpfte sie mit einer Schürzentasche voll Medikamenten, mit einigen Injektionsampullen und mit einem Skalpell in den Elendsvierteln von Karachi gegen eine Armee von Leprakranken an. Vom Zuspruch bis zur Amputation fauliger Gliedmaßen auf dem rissigen Lehmboden der Pferche reichte ihre Hilfe. Dennoch: Alle, die Ruth Pfau damals erlebten, hielten ihre Arbeit für einen zwar heroischen, aber doch völlig aussichtslosen Versuch, der Lepra Herr zu werden.
Die Zweifler schienen Recht zu behalten. Wurde die Lepra in weiten Teilen des Mittleren Ostens nicht für eine Gottesgeißel gehalten, deren Schläge man hinzunehmen hatte als Strafe, als Schicksal? War man nicht überzeugt davon, daß ein Sich-Auf-

lehnen gegen die Lepra ohne Sinn ist, weil der Aussatz nicht geheilt werden kann? Und *eine* Ärztin, die allein den Kampf aufnahm gegen vierundzwanzigtausend Lepröse? Noch dazu mit unzulänglicher Menge an Arzneien und ohne einen einzigen Praxisraum?

Wir waren traurig, als wir sie damals in einer der Bretterhütten trafen. Sie saß hinter einem Kistentisch inmitten des Lepraviertels und versuchte, Befunde auf ein Bündel Karteikarten zu übertragen. Die Hitze hatte ihren Kugelschreiber zum Fließen gebracht; auf der Wange und an der Nase zeigten sich Spuren der tintenähnlichen Paste. Das zarte Gesicht der jungen Ärztin wurde noch kindlicher. Man hatte den Eindruck, daß da eine Sechzehnjährige saß, umringt von Menschen, deren vom Aussatz zerfressende Gesichter und Leiber sie schon kaum mehr als Menschen kenntlich werden ließen.

Ruth Pfau arbeitete vom Morgengrauen bis in die Nacht hinein in diesem Kessel der Fäulnis und Verzweiflung, aber die Umwelt, die Umhölle war stärker als sie: nachts kamen die Ratten durch die löcherigen Wände der Elendsbehausungen und bissen in die Gliedmaßen der alten Leprösen. – Der Aussatz macht die befallenen Stellen zunächst empfindungslos. Man spürt in den infizierten Teilen weder Stich noch Schnitt noch Biß. – Dann machten sich die Ratten an die Säuglinge heran, die von leprakranken Eltern gesund in dieses Aussätzigenviertel mitgebracht wurden. Und der Teufelskreis der Neuansteckung war wiederum geschlossen.

Als wir sie damals, vor fünf Jahren, wieder verließen, blieb eine Ärztin zurück, die von allen aufgegeben worden war, nur nicht von sich selbst.

Jetzt sind wir wieder bei ihr. Diesmal in einem Hospital am Off-Frere-Road, im »besseren Viertel« von Karachi. Der Kauf des Hospitals wurde ihr durch eine »Misereor«-Spende ermöglicht.

Dieses Hospital bedeutet für den Kampf gegen den Aussatz mehr als nur ein Krankenhaus. Das Hospital in dieser Gegend bedeutet Rehabilitierung, Anerkennung der Bemühungen um die Leprakranken überhaupt. Vor fünf Jahren noch war in Karachi die Formel »Aussätziger gleich Ausgesetzter« eine furchtbare Wahrheit. Wer die ersten blassen Signale der Lepra trug – erbsen- bis pfenniggroße Flecken auf der Haut, unter der die Fleischzellen abzusterben begannen – wurde selbst von seinen nächsten Angehörigen in Panik auf die Straße gejagt. Selbst da, wo der Leprakranke sich als Bettler an eine Mauer der Seitenstraße hockte, machte jeder einen großen Bogen um ihn. Für die menschliche Gesellschaft war ein Leprakranker bereits non-existent, tot im schrecklichsten Sinne des Wortes.

Entsprechend heftig war die Abwehr einer »vornehmeren« Umwelt, als Ruth Pfau mit den »Misereor«-Mitteln hier am Off-Frere-Road ein Hospital, eine Heilstätte und Herberge für Lepröse einrichtete. Die entsetzte Nachbarschaft lief Sturm, machte entrüstete Eingaben an die Regierung. Aber inzwischen war einiges geschehen: Ruth Pfau hatte Heilerfolge, trotz der geringen Möglichkeiten. Außer »Misereor« kam das Deutsche Aussätzigen-Hilfswerk als unterstützender Faktor hinzu. Der deutsche Bundespräsident überreichte einen Scheck anläßlich eines Staatsbesuchs in Pakistan. Das alles verstärkte die Position der Aussätzigen-Ärztin. Ihr Hospital am Off-Frere-Road blieb. Eine unerwartet große Bresche in die Isolationsmauer gegenüber der Lepra war geschlagen.

Schritt für Schritt eroberte sie neues Terrain für ihre Kranken. Der Begriff »Die Lepra ist heilbar« verdrängte allmählich das grausame Schlagwort vom Aussätzigen, der ein Ausgesetzter zu sein hat. Pakistanische Ärzte, die zuvor von der allgemeinen Psychose gegenüber der Lepra befangen waren, stellten sich Ruth Pfau an einigen Tagen der Woche zur Verfügung. Das Beispiel Ruth Pfaus riß mit. Regierungsbeamte kamen und erkundigten sich bei ihr, ob sie bereit sei, im Auftrag des Staates Krankenschwestern für geplante staatliche Leprakrankenhäuser auszubilden. Ruth Pfau war und ist bereit.

Wer ist diese Ruth Pfau? Geboren 1929 in Leipzig, bekam sie nach Absolvierung der höheren Schule keine Zulassung zum Studium. Daraufhin ging sie nach Mainz und Marburg, legte 1957 ihre medizinischen Examina ab und arbeitete als Assistentin in Krankenhäusern von Winterberg und Köln.

Gleichzeitig vollziehen sich innere Umbrüche. Sie tritt zum katholischen Glauben über und mit jener Konsequenz, die oft an Konvertiten feststellbar ist, 1957 in eine Ordensgemeinschaft ein. Die Kongregation »Les Filles du Cœur de Marie« wurde in den Tagen der Französischen Revolution gegründet. Zu den Postulaten der Gemeinschaft gehört das tätige Wirken in der Welt, ohne die Zugehörigkeit zum Orden zu plakatieren. Die Kleidung hat zivil zu sein und sich »der zeitlich und regional bestimmten Mode« in Grenzen nicht zu versagen.

1960 will Dr. Ruth Pfau nach Indien, wo sie ihr ärztliches Können einsetzen möchte. Aber schon auf der pakistanischen Zwischenstation im schlichten Konvents-Miethaus in Karachi weiß sie, daß sie nicht mehr weiterzureisen braucht; das Elend der Aussätzigen vor den Toren von Karachi bannt sowohl die Ärztin als auch die Novizin auf den Platz, den sie als den ihren besetzt: den Raum zwischen den Leprösen.

Als wir sie nun wiedersehen, bekommen wir den obligatorischen Willkommenstrunk: eine Tasse Tee aus der Aussätzigenküche. Seit damals, als wir sahen, wie furchtlos sie sich unter den Leprösen bewegt, haben wir es uns abgewöhnt, übervorsichtig zu sein. Die Tasse Tee wird getrunken, obleich sie von fingerlosen Händen auf den Tisch gestellt wurde.

Karachi, 28. Dezember 1964

Erst jetzt wird deutlich, was ein einzelner Mensch angesichts seiner Aufgabe vermag, die man vorschnell als »übermenschlich« umgehen möchte. Ruth Pfau behandelt nicht nur ihre 35 stationären und die bis zu 350 ambulanten Fälle am Tag, wobei ihr die pakistanische Ärztin Dr. Zerinah Fazelbhoy und ein deutscher Krankenpfleger helfen. Sie versucht auch, die Erfahrungen in diesem Vorposten der Leprabekämpfung wissenschaftlich auszuwerten, um so beizutragen zu einer weltweiten Einschnürung der Lepra. Sie hat Außenstationen eingerichtet, zu denen sie im Kombiwagen fährt. Sie ist dabei, ein Stück Wüste vor der Stadt aufzukaufen und dort ein Wohnheim für die Obdachlosen von Karachi zu errichten. Und neben den operativen Eingriffen, die zur Bekämpfung der Lepra nötig sind, unternimmt sie an ihren Patienten auch »Schönheitsoperationen«.

Wie kam es dazu? Ruth Pfau sagt: Mir wurde eines Tages

schockähnlich klar, daß es mit der Heilung des Leprakranken nicht getan ist. Wir hatten einen Studenten hier völlig ausgeheilt. Er war einer der ersten, den wir entlassen konnten. Eine Woche später wurde ich in der Nacht herausgerufen; der Geheilte hatte versucht, sich mit Gift das Leben zu nehmen. Warum? Zwar war der junge Mann geheilt, aber noch waren die Zeichen der ehemaligen Lepra in seinem Gesicht: Die ausgefallenen Augenbrauen, der zurückgebildete Nasenknochen, die ausgewucherten Zellen über den Backenknochen, die das »Löwengesicht« des Leprakranken formen. An diesen Spuren des Aussatzes maß die frühere Umgebung den Jungen: Für sie war und blieb der Entlassene ein Leprakranker, solange er die Zeichen der Lepra trug. »Damals habe ich mich zu den ersten Gesichtskorrekturen an den Leprösen entschlossen, deren Antlitz zerstört wurde.«

Das klingt einfach und einleuchtend, ist aber im Rahmen der nüchternen Realität eine enorme Zusatzarbeit für die ohnehin völlig überlastete Ärztin. Wir bekommen einen Eindruck von den Forderungen, die an die Ärztin gestellt werden, als wir von Anfang bis Ende eine Teiloperation beobachten. Einem geheilten Patienten werden zunächst die Augenbrauen wieder eingepflanzt. Ruth Pfau wird assistiert von einem pakistanischen Arzt: Dr. Delawar Abbas. Dr. Abbas hat sein Studium an englischen Universitäten absolviert und gehört irgendeiner feudalen chirurgischen Ritterschaft an. Er ist Spezialist für Gewebe-Transplantationen. In seiner Privatklinik verlangt und bekommt er für eine »Schönheitsoperation« bis zu zehntausend Mark. Sein Honorar im Leprösenhospital: Eine Tasse Tee aus der Aussätzigenküche, wie gehabt.

Josef Reding

Nach erster Korinther dreizehn

I

WENN ICH
das Schweigen brechen könnte
und mit Menschen-
und Engelzungen reden
und hätte der Liebe nicht
so würde ich
leeres Stroh dreschen
und viel Lärm machen
um nichts

II

Und wenn ich wüßte
was auf uns zukommt
und könnte alle Situationen
im Simulator durchspielen
und den Winkel errechnen
unter dem ich umkehren könnte
und ließe mich nicht einfangen
vom Schwerefeld der Liebe
so schösse ich
übers Ziel hinaus
und alle Reserven
nützten mir nichts

III

Und wenn ich
bei dem Versuch zu überleben
mein Damaskus hätte
und fände mich selbst
über alle Zweifel erhaben
auf dem Pulverfaß sitzend
wie in Abrahams Schoß
und hätte die Liebe nicht
als eiserne Ration
hinübergerettet
so fiele ich
auf meinen bergeversetzenden
Glauben herein

IV

Und wenn ich
alle meine Habe den Armen gäbe
daß meine linke Hand nicht wüßte
was die rechte tut
und ich ginge nicht
zur Tagesordnung über
sondern wäre der Spielverderber
und die lebende Fackel
und erklärte mich nicht
solidarisch mit der Liebe
so hätte ich
im Ernstfall
Steine statt Brot
und Essigschwämme
für den Durst des Menschen

V

Die Liebe ist lächerlich
Sie reitet auf einem Esel
über ausgebreitete Kleider
Man soll sie hochleben lassen
mit Dornen krönen
und kurzen Prozeß mit ihr machen
Sie sucht um Asyl nach
in den Mündungen unsrer Gewehre
Eine Klagesache von Weltruf
Immer noch
schwebt das Verfahren

VI

Sie stellt sich nicht ungebärdig
sondern quer zur Routine der Machthaber
Die Behauptung
sie ließe sich nicht erbittern
hat sie im Selbstversuch
eindrücklich bestätigt
Sie ballt nicht die Faust
Sie steigt nicht herab
Sie hilft sich nicht selbst
Sie dient als Kugelfang

VII

Sie freut sich nicht
über die Ungerechtigkeit
Sie ergreift Partei
für die Ausgebeuteten

Daher ist es lebensgefährlich
sich mit ihr einzulassen
Sie könnte nämlich
Bewußtsein bilden
und den Lauf der Dinge
durchkreuzen
Also üben wir ihre Vermeidung
Tuchfühlung nur
mit ihrem ungenähten Rock
dem durch und durch gewirkten
um den wir würfeln
bis zum dreimal krähenden Morgen

VIII

Was ich auch zuwege bringe
sie ist nicht produzierbar
die Liebe
In keiner Retorte zu züchten
und schon gar nicht
auszumendeln
und aus der Welt zu schaffen
Sie ist ein Skandal
geboren
bezeugt
in Beweisnot geraten
verurteilt
gestorben
begraben
in Strahlung zerfallen

IX

Die Liebe hört nicht auf
mich zu verunsichern
Sie findet Fugen zum Eingreifen
wo ich keine vermute
Sie überredet mich
in der Muttersprache des Menschen
Sie öffnet mir die Augen
und tritt als Sehnerv ein
An dieser Stelle
ist der blinde Fleck
und ich sollte nicht
mit der Wimper zucken?

X

Wir sehen jetzt den Text
nicht fettgedruckt
sondern unleserlich
im Kontext beweglicher Leuchtschrift
der an und ausgeht
Wir sind in unserem Element
im Zustand der fressenden Larve
und können nur hoffen
bis in die Verpuppung zu kommen
in den durchsichtigen Kokon
in dem wir zu erkennen sind

XI

Nun aber bleibt
Glaube Liebe Hoffnung
diese drei

Aber die Liebe
ist das schwächste
Glied in der Kette
die Stelle
an welcher
der Teufelskreis
bricht

Eva Zeller

In der Nacht des 9. Juni 1971

»Entreguenlo – VIVO, Gebt ihn heraus, aber lebend!«, so fordert ein Mahnkreuz mit dem Bild des Campesinopfarrers Hector Gallego an der Kathedrale in Santiago die Verantwortlichen. Die aber hüllen sich in Schweigen. Leere Versprechungen, »für Recht zu sorgen«, täuscht die Christen nicht: man hat einen unbequemen Christen liquidiert, verschwinden lassen.
In Hunderten von Liedern singt seitdem das Volk von Panama seinen Ruhm: »... weil ich ihre Rechte forderte, weil ich sie in ihren Hoffnungen ermutigte, weiß ich heute nicht, ob ich gefangen bin oder tot. – Die in Tränen säen, mit Jubel werden sie ernten, so wie du, Hector, so wie du.«
Zwei Berichte erzählen, was geschah.

IN DER NACHT DES 9. JUNI 1971* wurde er entführt und ist seitdem verschwunden: Padre Hector Gallego, Pfarrer von Santa Fé in der Provinz Veraguas/Panama. Man bangt um sein Leben.
Jesus Christus verkünden, der die Menschen befreit – Zeuge seiner guten Nachricht für alle sein: das wollte Hector Gallego. Die Menschen, die das Wort Freiheit, d. h. das Wort Gottes, aus seinem Mund aufnahmen, verstanden ihn und lernten von ihm, was es heißt, Mensch zu sein. Ihre neue Art, miteinander zu arbeiten und zu feiern, zu kämpfen und zu beten, beweist das.
»Verstanden« haben ihn aber auch die, deren Macht sich auf die Ohnmacht der bislang ungebildeten versklavten Campesinos gründete: das zeigt die Tat, mit der die Unterdrücker sich vom Befreier der Unterdrückten befreien wollten. Daß ihr Vorhaben sinnlos war, bezeugt das ungeahnte Echo in Panama und ganz Lateinamerika auf diese Entführung und auf den Glauben und die Verkündigung des Entführten.
Es begann 1965. Hector Gallego, damals 27 Jahre alt, Sohn einfacher Landarbeiter aus Antioquia in Kolumbien, studierte

* Aus der Zeitschrift »Actualidad Pastoral«, Buenos Aires, März 1972.

Theologie im Seminar der kolumbianischen Erzdiözese Medellín. Er bereitete sich auf seine priesterliche Arbeit im Heimatbistum Jericó vor. Ein panamensischer Mitstudent, Plinio Mójica, heute Priester in Veraguas, berichtete ihm von der beängstigenden Notlage, in der sich die gerade ein Jahr zuvor gegründete Diözese Veraguas in Panama befand: für eine Bevölkerung von fast 160 000 Menschen gab es dort nur 9 Priester; die Leute wohnten weit verstreut im fast unzugänglichen Bergland, litten an allen möglichen Krankheiten und wurden zudem von den örtlichen Machthabern unterdrückt und ausgebeutet.
Hectors Entschluß stand fest. Er schrieb an den damaligen Bischof von Veraguas, Marcos McGrath, und bot sich ihm als Mitarbeiter an. Bischof McGrath war gern einverstanden. Er lud Hector ein, ein halbes Jahr zur Probe in das neue Bistum zu kommen, um die Arbeit, die ihn erwarten würde, gründlich kennenzulernen. So verbrachte Hector als Diakon das Frühjahr 1967 in Veraguas. Mitte 1967 kehrte er nach Medellín zurück. Dort wurde er am 16. Juli von Bischof McGrath zum Priester geweiht.
Am 13. August 1967 verließ der Neupriester sein Geburtsland und ging endgültig nach Panama.
Bischof McGrath schickte den jungen Mann nach Santa Fé, einen abgelegenen Bezirk in den Bergen von Veraguas, abgeschnitten von der Umwelt, erreichbar nur per Jeep oder Landrover, und selbst das nur an trockenen Tagen; zur Regenzeit ist das Kleinflugzeug das einzige Verkehrsmittel. Fast 8000 Menschen leben im Umkreis von 100 km und mehr verstreut in den Bergen Santa Fés, und viele sind – im Kampf um ihren Lebensunterhalt – fast ständig unterwegs und haben keinen festen Wohnsitz. Ohne Schulbildung sind sie aufgewachsen, kennen keine Glaubensunterweisung und waren bislang »von Gott und aller Welt« verlassen, eingeschüchtert von den mächtigen Kaziken, die es mit großem Geschick verstanden hatten, sich auf allen Gebieten zu Gläubigern dieser einfachen Menschen zu machen, die ihnen stets etwas schuldig waren.
Padre Gallego, im Sommer 1968 zum Pfarrer von Santa Fé ernannt, begann seine Arbeit zunächst im Ortszentrum selbst. Doch schon bald spürte er, daß es wichtiger wäre, sich auf den Weg hinaus zu all den Campesinos zu machen, die mehr als

90 % seiner Gemeinde bildeten. Unermüdlich besuchte er von nun an ihre Siedlungen, wohnte in ihren Hütten, lernte ihr Leben kennen und erfuhr von ihren Nöten. Er wurde einer von ihnen. Sein Leben in ihrer Mitte überzeugte die Campesinos von der Aufrichtigkeit und Entschlossenheit ihres Pfarrers.

Darum trug seine Arbeit Früchte: in nur 2 Jahren konnte er 34 »Kirchliche Basisgemeinden« gründen. Wenn sie sich versammelten, las der Priester das Evangelium, erklärte es, deutete es. Allmählich verstanden die Campesinos die Botschaft: sie wurden zu neuen Menschen mit neuem Selbstbewußtsein, die nun auch ihre Rechte zu fordern begannen. Glaube, Bereitschaft und Entschlossenheit nahmen zu.

Das Leben nach dem Evangelium brachte es wie von selbst mit sich, daß einige mehr Verantwortung übernahmen: nun gab es sogar Führungskräfte. Nicht immer konnte der Priester bei den Versammlungen seiner Gemeinden dabei sein. In solchen Fällen versammelten sich die Campesinos auch ohne ihn und hielten miteinander Gottesdienst, wie er es sie gelehrt hatte.

Mehr und mehr wurden sie sich ihrer Würde und ihrer Verantwortung bewußt und erkannten ihre Pflicht der eigenen Gemeinschaft gegenüber. Die Geeignetsten unter ihnen lud Padre Gallego ein zu besonderen Kursen im bistumseigenen Bildungszentrum »Juan XXIII.«.

Eines der schwierigsten Probleme, mit dem die Campesinos in dieser Gegend fertig werden müssen, sind die Arbeits- und Besitzverhältnisse, die schwer auf ihnen lasten. Ohne irgendeine Organisation, die ihnen hätte helfen können, ihre Produkte zu verkaufen, waren die Campesinos der Willkür ihrer Patrone ausgeliefert. Nur ihnen konnten sie ihre Ernte verkaufen, und alles, was sie ihrerseits zum Leben nötig hatten, kauften sie in den Läden derselben Leute ein. Andere Läden gab es in erreichbarer Entfernung nicht. Alle Preise waren von den Patronen festgesetzt; und weil ein Campesino in einem solchen Laden für das zum Leben Notwendige erheblich mehr bezahlen mußte, als er für seine Erzeugnisse erhielt, geriet er in immer größere Verschuldung und Abhängigkeit.

Schon bevor Padre Gallego nach Santa Fé gekommen war, hatte das Bistum Veraguas begonnen, Kooperativen zu gründen. Doch erst die Glaubensverkündigung, wie Padre Gallego sie ausübte, schaffte den Durchbruch: mit der Gründung der Basisgemeinden wuchsen die Genossenschaften, vermehrten sich und wurden für die Campesinos zur »neuen Hoffnung«.*

Die Genossenschaft leistet dem Campesino eine Reihe elementarer Dienste. Sie zahlt ihm für die Erzeugnisse seines Landes einen Preis, der um ein Drei- oder Vierfaches über dem von den Patronen gezahlten Preis liegt. Zugleich verkauft sie ihm das, was er für seine Familie zum Leben braucht, zu Preisen, die weit unter denen in den Läden der Patrone liegen. So verschwinden nach und nach Verschuldung und Abhängigkeit aus dem Campesino-Alltag.

Auf diesem Hintergrund versteht es sich, daß Padre Gallegos Verhältnis zu den lokalen Machthabern immer gespannter wurde; mehr und mehr Zündstoff sammelte sich an.

Schon vor der Ankunft des Paters leisteten die Kaziken erbitterten Widerstand gegen jeden Versuch einer Bewußtseinsbildung bei den Campesinos. Da sie diese in politischer, wirtschaftlicher und sozialer Hinsicht völlig beherrschten, widersetzten sie sich allem, was für die Campesinos von Vorteil sein konnte.

Als Padre Gallego nach Santa Fé kam, versuchten die Kaziken, ihn auf ihre Seite zu ziehen. Doch obwohl Hector sich um ein gutes Verhältnis zu ihnen bemühte, ließ er sich zu keinem Tun bewegen, das den Campesinos geschadet hätte. Das haben ihm die Herren nie verziehen. Ihre Empörung schlug sich nieder in den zwei ersten Anklagen, die sie öffentlich gegen Hector Gallego erhoben: ihr Pfarrer residiere nicht mehr in seinem Pfarrhaus, er habe seine Gemeinde Santa Fé verlassen.**

Fast alles, was der Priester unternahm, war den Kaziken ein Dorn im Auge: die Verkündigung an der Basis, seine Art der Glaubensunterweisung, die Vorbereitung der Gläubigen auf den Empfang der Sakramente, die gemeinschaftliche Gestaltung der liturgischen Feiern und seine unversöhnliche Haltung solchen traditionellen Gebräuchen gegenüber, bei denen Hauptrollen und Ehrenplätze von Leuten besetzt wurden, deren sonstige Lebensführung ihrem »Glaubenszeugnis« am Tag der Fiesta hohnsprach.

* »La Nueva Esperanza«, Name der Genossenschaft in Santa Fé.

** Hector war die meiste Zeit in den Bergen unterwegs und darum nur gelegentlich im Ort Santa Fé anwesend.

Und weil zudem, wie wir gesehen haben, der Wandel der wirtschaftlichen und sozialen Verhältnisse auch eine Frucht von Hectors priesterlicher Arbeit war, richtete sich der Haß der entmachteten Patrone in erster Linie auf ihn. So ist es nicht verwunderlich, daß es schon lange vor der gewaltsamen Entführung zu Zusammenstößen mit der Oberschicht kam. Anfangs begnügte man sich noch mit Verdächtigungen und Beschuldigungen: 1968 wurde Padre Gallego vorgeworfen, er habe an einer neuen Anlage zur Stromversorgung Sabotage geübt, um die Regierung, in deren Auftrag die Anlage gebaut worden war, kurz vor den fälligen Wahlen in Mißkredit zu bringen. Wahr ist, daß es zu einem solchen – übrigens geringfügigen* – Sabotageakt gekommen war, um auf diesem Weg die neue Anlage als Ablenkungsmanöver und Wahlgeschenk der Regierung zu entlarven: war sie doch gerade zu dem Zeitpunkt geliefert worden, als die Campesinos von Santa Fé sich zu einem Wahlboykott entschlossen hatten aus Protest gegen die zahlreichen unerfüllten Versprechungen der Regierung hinsichtlich der technischen und zivilisatorischen Erschließung Santa Fés. Padre Gallego und seinem Bischof Martin Legarra** gelang ohne Schwierigkeit der Nachweis, daß der Pfarrer von Santa Fé an der genannten Tat weder beteiligt gewesen war, noch irgend etwas davon wußte. Die Beschuldigungen wurden als böswilliges Manöver interessierter Kreise bloßgestellt.

In den folgenden Jahren nahm der Druck stetig zu, und am 23. Mai 1971 erreichten die Angriffe gegen Hetcor Gallego einen ersten Höhepunkt: Nach einem Tag harter Arbeit hatte sich der Padre schlafen gelegt. Gegen Mitternacht erwachte er in einem Flammenmeer: man hatte seine Hütte in Brand gesteckt. Hector kam gerade noch mit dem Leben davon. Fast alles von seinem geringen Besitz wurde ein Raub des Feuers.

Bischof Legarra, Padre Gallego selbst und andere erstatteten Anzeige bei den Behörden. Man versprach, sofort eine strenge Untersuchung einzuleiten. Doch nichts geschah – nichts »konnte« geschehen, weil »die daraus evtl. entstehenden Verwicklungen das nicht zuließen«, wie später ein hoher Beamter selbst zugab.

* Der Schaden belief sich auf 7,5 Balboa bzw. Dollar, d. h. 30 DM.

** Nachfolger von Marcos McGrath, der inzwischen Erzbischof von Panamá-City geworden war.

Die Gegner Hectors erfuhren auf diese Weise, daß sie freie Hand hatten. Ihr erster Mordversuch war ungestraft geblieben: bei einem zweiten würden sie ebensowenig riskieren. Was man auch unternähme, man könnte sicher sein: nichts würde geschehen.
Am 9. Juni 1971 hatte Padre Gallego in einem abgelegenen Winkel seiner Pfarrei die Frohe Botschaft verkündet. Am Abend kehrte er dorthin zurück, wo noch drei Wochen zuvor seine Hütte gestanden hatte. Da er nun kein eigenes Dach mehr über dem Kopf hatte, übernachtete er – wie schon öfter – bei dem Leiter der Genossenschaft, Jacinto Peña, der auf diese Weise zum einzigen Augenzeugen für das wurde, was in dieser Nacht geschah.

»He, hallo, warum schleppen Sie den Mann so weg?«

Jacinto Peña war – von den Entführern abgesehen – der letzte, der Hector Gallego sah. Wenige Stunden später spricht er bei seinem Bischof Martin Legarra in der Provinzhauptstadt Santiago de Veraguas folgende Aussage auf Tondband:
»So gegen 11.30 Uhr oder 12 Uhr in der Nacht, da kam ein Jeep vor mein Haus gefahren, aus dem zwei Männer ausstiegen. Sie hatten sehr dunkle Sachen an. Vor dem Haus riefen sie meinen Namen: ›Jacinto! Jacinto!‹ Ich war schon eingeschlafen und wachte in diesem Moment auf. Padre Gallego hatte ihr Rufen zuerst gehört und geantwortet.
Die beiden Männer wußten nicht, das es Padre Hector war, und sie fragten ihn, wo man Hector Gallego finden könnte. Er sagte: ›Ich bin Hector Gallego‹, und der Mann sagte zu ihm: ›Ich muß mit Ihnen reden.‹ Hector stand von dem Bett auf, das fast gegenüber von der Tür stand, wo sie klopften. Er machte die Tür ein Stückchen auf. Hector hatte nur Unterwäsche an und steckte den Kopf zur Tür hinaus zu den beiden Männern, die an beiden Seiten der Tür standen. Die Männer fingen an, ihm zu sagen, na ja, daß sie den Befehl hätten, ihn zu verhaften. Hector fragte, warum denn? Sie antworteten, daß das ein Befehl von höherer Stelle sei. Hector sagte: ›Wenn Sie so einen Befehl haben, dann sagen Sie Ihrem Vorgesetzten, daß es mir leid tut, aber ich kann jetzt nicht mitkommen; denn ich bin sehr müde, aber ich werde morgen um 8 Uhr beim Bischof

sein*, und von dort werde ich zur Polizei gehen und mich stellen.‹
Sie bestanden jedoch darauf, daß er mit ihnen mitfahren müsse. Er sagte ihnen aber wieder: ›Ich kann Sie jetzt nicht begleiten.‹ So stritten sie sich mehrere Minuten lang. Sie bestanden darauf, daß er mitkäme, und sie müßten darauf bestehen, denn das sei ein Befehl von höherer Stelle und, na ja, sie müßten eben heute mit ihm hinunterfahren. So verging eine ganze Weile: ›Nein, ich muß mich ausschlafen, ich bewege mich jetzt nicht vom Fleck, aber ich werde morgen vorbeikommen. Ich werde mit dem Wagen der Genossenschaft mitfahren.‹
Die beiden Männer wollten das nicht glauben. Um es zu beweisen, rief Hector den Leonor**, der noch im Bett lag. Sein Bett stand gleich neben dem von Padre Hector. Er fragte ihn: ›Leonor, du kannst doch morgen früh mit mir runterfahren, nicht wahr, Leonor?‹ Dann sagte Leonor: ›Na, klar!‹ Er würde am frühen Morgen mit ihm losfahren und ihn beim Bischof absetzen. Und da sagte Hector, er solle das alles noch mal laut sagen, damit es die Männer draußen verstehen konnten. Und sie verstanden es. Aber sie bestanden darauf, na ja, darauf, daß er jetzt mit ihnen käme.
Einen Moment vorher hatten sie ihre Taschenlampen angemacht, ihm das Dokument gezeigt. Ich glaubte nicht, daß es ein Dokument war, das irgendeinen Wert hatte. Hector sah es und glaubte, daß sie Polizeibeamte waren. Sie sagten, sie hätten Befehl, ihn zu verhaften, und bestanden darauf, daß er mit ihnen käme; aber Hector wollte das nicht. Dann sagten sie, also, wenn er es nicht wolle, dann würde das Konsequenzen für ihn haben. Dann sagte Hector ihnen: ›Ich bewege mich nicht von hier weg; ich bin damit einverstanden hinzukommen, aber ich komme morgen; denn jetzt ist das unmenschlich, daß ich von hier zu dieser Zeit in der Nacht nach Santiago losfahre. Ich fahre morgen früh los. Ich komme gerade von meiner Arbeit auf dem Land zurück und will mich jetzt ausruhen. Ich will ausruhen und kann morgen früh um 8 Uhr aufstehen und Sie können mich beim Bischof finden. Und ich werde beim Bischof sein und werde dann selber zur Polizei kommen.‹ Das wiederholte Hector mehrere Male.

* In der Provinzhauptstadt Santiago de Veraguas.
** Der Fahrer der Genossenschaft.

In diesem Augenblick fragte einer von denen, die draußen standen, ob das sein Haus sei, Hector sagte: ›Nein, dieses Haus ist nicht meines. Ich bin zum Schlafen hierhergekommen, denn ich habe kein Haus, um zu schlafen.‹ In diesem Moment gab es noch etwas, was sie Hector fragten, und Hector sagte: ›Ich will keinen anderen in diese Sache verwickeln.‹
Also, bei all dem stand ich in meinem Zimmer hinter einem Vorhang, so 3 bis 4 Meter von Hector entfernt. Der Mann, der Hector diese Frage stellte, hatte es mit leiser Stimme getan; er wollte wohl, daß nur Hector verstehen konnte, was er sagte. Ich spitzte die ganze Zeit meine Ohren, denn ich wunderte mich sehr, daß man um diese Zeit in dieser Art nach Hector fragte. Sie bestanden darauf, daß Hector mit ihnen käme. Hector bestand darauf, nicht mitzugehen.
Sie sagten ihm leise, wenn das nicht sein Haus sei, ›dann ist es nicht gut, daß wir uns hier unterhalten. Wir stören die anderen Leute, die schlafen.‹ Hector sagte: ›Schon möglich.‹ Und einer von denen, die draußen waren, sagte ihm: ›Warum erlauben Sie uns nicht, Ihnen hier draußen ein paar Fragen zu stellen?‹ Da Hector nur seine Unterwäsche anhatte, sagte er denen: ›Erlauben Sie mir, daß ich mich kurz anziehe.‹ Ich weiß nicht, ob sie ja oder nein sagten, aber Hector fing an, sich anzuziehen. Als ich sah, daß Hector dabei war, seine Sachen zu nehmen, schlich ich zu ihm und fragte: ›Was ist los?‹ Ich sagte ihm das so, daß nur er es hören konnte. Da machte mir Hector ein Zeichen, ich sollte still sein und mich wieder an demselben Platz verstecken, wo ich war. Ich folgte dem Zeichen, das Hector mir gegeben hatte, und stellte mich wieder am gleichen Platz auf, von wo ich der ganzen Unterhaltung zugehört hatte.
Nachdem sich Hector angezogen hatte, ging er langsam hinaus, und dabei stellte sich ihm an jede Seite einer der beiden. Sie gingen bis da, wo sie den Jeep hatten. Der Jeep stand gegenüber von meinem Haus, aber davor stand, das heißt, vor dem Jeep stand der Lieferwagen der Genossenschaft. Er hatte schon vorher da gestanden, wir hatten ihn am Nachmittag dort geparkt und sie hatten sich dahinter mit ihrem Jeep gestellt und hatten eine Gasse zwischen den beiden Wagen gelassen, eine Gasse so ungefähr von 2 Metern.
Hector ging hinten am Lieferwagen vorbei, begleitet von den

beiden Männern. Als sie in diese Gasse hineingingen, die die beiden Wagen bildeten, verlor ich die drei Männer aus den Augen, denn der Schatten des Lieferwagens hinderte mich daran, zu sehen, was in der Gasse passierte.
Das alles sah ich durch eine Ritze in der Lehmwand meines Hauses an einer Seite der Tür. Von da sah ich das, und, na ja, das dauerte da nur wenige Sekunden. Da hörte ich zwei Schreie, aber unterdrückte Schreie, ein kurzes Aufstöhnen, so als ob eine Hand ihm den Mund gleich zugehalten hätte.
Als ich das Stöhnen hörte, ging ich sofort raus, um zu sehen, was passierte, und kam an unserem Wagen vorbei. Da war der Jeep schon dabei – ein Jeep mit weißem Klappverdeck und die Karosserie so blau oder grün, ich kann es nicht genau sagen, aber er hatte diese Farbe – ja, der schaltete die Scheinwerfer an und fuhr sofort los. Und als ich sah, daß er die Scheinwerfer anmachte und losfuhr, rief ich: ›He, hallo, warum schleppen Sie den Mann so weg?‹, aber ohne irgend etwas machen zu können.
Ich konnte den Jeep sehen, bis er verschwunden war, so runter auf die Pfarrhütte zu. Ich verfolgte ihn mit dem Blick, und er fuhr da gegenüber vom Haus von Jorge Vernaza um die Ecke in die Straße. Er fuhr rum auf die Straße nach Santiago zu, die auch der einzige Weg ist, der dahin geht. Na ja, sofort dachte ich, daß man nichts anderes machen konnte, als meinen Arbeitskollegen Bescheid zu sagen, und ich mußte losfahren, um zu sehen, was für ein Schicksal Hector haben würde. Ich machte mir Sorgen wegen der Art, in der sie ihn aus meinem Haus geholt hatten.
Darum bin ich sofort zur Genossenschaft gegangen und habe meinen Kollegen Trillo gerufen. Der ist mein Arbeitskollege, und dem erzählte ich die Sache. Wir sprachen dort nur ganz wenige Worte. Dann sagte ich ihm, daß ich nach Santiago fahren müßte und daß er die Arbeit übernehmen sollte, bis ich zurückkommen würde. ›Man soll dafür sorgen‹, habe ich ihm gesagt, ›daß die Siedlungen von Lo Alto so schnell wie möglich das erfahren: El Carmen, Bajo San Juan und die ganzen Siedlungen da bei Pantano und Tute!‹
Als ich wegging, sagte ich ihm: ›Ich gehe rüber zu Cheque Pérez, um ihn zu rufen.‹ Und ich ging rüber zu Ezequiel Pérez, ich rannte. Ich klopfte, und er stand auf, und ich erzählte ihm,

was passiert war. Er sagte mir, daß wir in einer schwierigen Lage seien und daß wir etwas tun müßten; denn man wußte ja nicht, was sie mit Hector machen würden. Daß ich wohl nach Santiago fahren müßte und daß er mich begleiten würde.
Ich achtete aber nicht darauf, daß er mich begleiten sollte; denn ich merkte, daß er zu lange Zeit brauchte. Die Sache war viel dringender, als er sich das vorstellte. Ich sagte zu Leonor: ›Los! Geh'n wir!‹ Leonor stand sofort auf, und wir fuhren in unserem Lieferwagen ab, so schnell, wie es der Wagen machte.
In Bajo de San Juan ging der Wagen kaputt. Es gab einen Schaden an der Benzinleitung. Wir reparierten also, und während wir einen Ersatzschlauch einbauten, nahm uns das eine Zeit von so einer halben Stunde weg. Und wir nahmen wieder den Weg, ohne die Scheinwerfer zu sehen, nichts mehr, keine Spur von dem anderen Wagen, gar nichts.
Schließlich kamen wir in San Martin an, wo wir unseren Lieferwagen ließen. Von hier kam ich zu Fuß zum Haus des Bischofs, und von dort benachrichtigte ich Herminio Rodriguez, damit er sofort dem Sekretär des Bischofs Bescheid sagte, was mit Hector Gallego geschehen war.
Der Sekretär hat dann den Bischof, der in Soná war, angerufen. Der Bischof war gleich am Telefon und verlangte, daß sie mich ans Telefon ließen. Ich sprach mit ihm. Ich erzählte ihm das Problem, und er sagte zu mir: ›Ich komme sofort zurück und sagen Sie Carlos, daß er mich abholt.‹ Ich sagte zu Carlos, daß er losfahren sollte, ihn abholen, und dann um 6 Uhr morgens kam er.
So fünf Minuten später waren wir dann schon auf der Polizei und berichteten den Fall.
Und diese Erklärung, die ich hier gemacht habe, die habe ich auch auf der Polizei gemacht. Und so wie ich sie dort unterschrieben habe mit eigener Hand, unterschreibe ich sie auch hier, damit festgehalten wird, was ich gesehen habe, was mit Hector passiert ist.
Mein Name ist Jacinto Peña, 32 Jahre alt, verheiratet, mit dem Personalausweis 9-108-1630.
Das ist alles, was ich im Fall des Padre Gallego von seinem Verschwinden weiß.«
Die Behörden versprachen, für Recht zu sorgen ...

Brief aus Terra Nova

Weihbischof Kindermann hat einen Brief bekommen. Von dem Missionar *Richard Weidlich* aus Terra Nova in Brasilien. Der Bischof begeht eine »heilsame Indiskretion« und übergibt diesen Brief der Öffentlichkeit. Ohne Kommentar. Jede Notiz erübrigt sich. Ein Leben entblößt sich – mit einem Lächeln.

CARISSIME CONFRATER EPISCOPE! Herzlichen Dank für die Glück- und Segenswünsche zu meinem Siebziger. Das Memento habe ich sehr nötig im Kriege gegen meinen Todfeind Krebs. Am 1. Mai 1967 wurde eine kleine Schwarte nahe der Wirbelsäule abgebrannt. Im Oktober 1967 schnitt ein Urologe aus der Harnblase einen Knollenblätterpilz und zwei Drittel der Hülle heraus. Rest: ein Bläschen von einem Achtel Liter Fassung. Im November 1968 verriet das Röntgenbild auf dem Magenboden unter dem Auslauf in den Darm einen Calo ulceroso, d. i. eine Schwarte, die ein Geschwür werden wollte, schon so groß wie eine Daumenkoppe. Von meinem Futtersack blieb nach dem Abschneiden nur ein Viertel übrig, wie ein Hühnermagen.
Im Juni 1969 sproßte der alte Giftpilz in der Nähe der Wirbelsäule aus dem Wurzelboden und wuchs langsam nach oben und nach außen. Er wurde nochmals elektrisch eingeäschert. In den folgenden Jahren stand er wieder auf aus dem Grabe, und zugleich keimten in seiner Nachbarschaft vier Ableger. Jetzt endlich gaben die Ärzte, die mit ihrer Kunst am Ende waren, Alarm und schickten mich zu einem Dermatologen in Curitiba. Dort wurden alle fünf Krebse mit Zangen samt dem Untergrund und der Umgebung herausgerissen. Die biologische Untersuchung im Laboratorium ergab eine eindeutige Diagnose: Carcer de pele, Hautkrebs und Metastase.
Seitdem sprossen auf dem Rückenfell und sogar auf der Rippen-

haut des Brustkorbes zwei Millimeter breite und einen Millimeter hohe Schwammerln, wie die Eierpilze im Walde nach einem warmen Regen. Jeden Monat werden die Knöllchen mit glühendem Draht vertilgt, so auch heute, gleich mehr als zehn auf einmal, aber es wachsen ständig junge nach. In den Schulferien im Juli will ich die alten samt der Nachkommenschaft mit den Todesstrahlen der Radiotherapie vernichten. Mit kurzen Unterbrechungen wegen des Krieges gegen den schleichenden Tod geht mein Seelsorgerdienst weiter. In Terra Nova für die deutschen Siedler und in acht Streusiedlungen (Polen, Ukrainer, Brasilianer, Neger, Indianer und Mischlinge) habe ich Gottesdienste in vier gemauerten Kirchen und sieben Kapellen aus Holz und Religionsunterricht in neun Schulen mit je einer Klasse, so oft es trotz der elenden Lehmsträßlein möglich ist. Gefahren wird mit einer chareta = Karren, der zwei Räder und zwei Deichseln hat und mit einem Regen- und Sonnenschirm aus Segeltuch überdacht ist. Die drei Pferdekräfte Pomba, Goliath und Dromedar schleppen den Zigeunerwagen, den Kutscher und das Gepäck hügelauf, hügelab durch Schlammlöcher und versumpfte Strecken bis 30 Kilometer weit. Jeder Gaul ist einen Tag im Geschirr und zwei Tage in Ruhe. Meine Rösser sind die besten Gehilfen im Seelsorgedienst. Wenn Gott will, hoffe ich noch einige Zeit fahren und reiten zu dürfen, bis der Meister seinen müden Knecht abberufen wird.

Richard Weidlich

Aufruf an die Jungen meiner Generation

William Agudelo, Freund und Genosse Ernesto Cardenals, Mitglied der gleichen christlichen Kommune auf der Insel Mancarrón im Großen See von Nicaragua, spricht die Sprache der jungen Generation Lateinamerikas. In seinem großartigen Tagebuch »Unser Lager bei den Blumen auf dem Felde«, leider nur wenig zur Kenntnis genommen im deutschen Sprachraum – das ließe sich ändern! –, gibt es Texte von ungewohnter Frische und Klarheit. Ein frommer Mann als »Kind seiner Zeit«, wie Cardenal sagt, »ein Coca Colo auf göttliche Art ...« mit allen Hobbys eines modernen Jungen, unvernünftig und laut. Wird er Wortführer sein für den Aufbruch der jungen Kirche?

SPITZT DIE OHREN, ihr Leute groß und klein,
doch auf jeden Fall jung,
in alten Blue jeans und roten Hemden wie ich.
Ich bin kein Prophet.
Ich bin nicht einmal ein Apostel.
Ich bin einer von euch.
Ihr seid wie ich.
Und jeder von euch ist mehr als ein Freund Christi:
ihr seid Blut Christi, Knochen Christi, Nerven Christi,
Haut Christi, Seele Christi.
Ihr wißt nur nicht mehr, wie oft ihr mit ihm tanztet.
Ihr nahmt ihn mit auf dem Soziussitz eures Motorrades.
Ihr küßtet ihn auf den Mund, ihr faßtet zärtlich seine Hände.
Wie oft trank er Coca-Cola mit Rum mit euch
und tanzte auf euren Festen.
Wie oft sagte er euch vor im Mathematik-Examen
und zeigte euch einen Judo-Griff.
Er blinzelte euch zu.

Er ging mit euch ins Kino.
Er teilte eure Angst, wenn ihr mit 150 Stundenkilometern auf eurem Motorrad dahinrastet.
Er war ein genauso komischer Kerl wie ihr.
Er war ein toller Hund mit euch,
und er war ein feiger Bursche mit euch.
Er schoß Tore mit euch,
und er warf den Korbball vom Mittelfeld.
Er hörte Jazz mich euch.
Er ...
Denkt nicht an dieses ach so romantische Bild mit zum Himmel verdrehten Augen und so tadellos gepflegtem Bart, als wäre er mit Lack übersprüht,
an diese Lilienhaut und die fünf sauber gemalten Wunden.
Denkt doch nicht daran.
Das ist nicht euer Christus.
Das ist nicht mein Christus.
Das ist nicht unser Christus.
Der Christus, von dem ich euch spreche,
trägt verwaschene Blue jeans
und spielt ganz prima jeden Rock
auf seiner elektrischen Gitarre.
Er liebt euch.
Bittet, und euch soll gegeben werden.
Bittet ihn, und was ihr wollt,
und sei es noch so läppisch
oder noch so unnütz
oder noch so teuer
oder noch so unerreichbar.
Er wird es euch geben.
Eure Seele ist ein Mädchen von heute
– wie die Mädchen von heute –,
ihre Slacks schmiegen sich eng um die Beine
und ihre Nylonblusen knapp um die Brüste.
Sie ist fröhlich,
sie ist weiblich,
und viele finden sie unbescheiden.
Christus ist ein Junge aus einem Guß
und leidenschaftlich verliebt in dieses Mädchen,

das eure Seele ist.
Er liebt es,
Er braucht es.
Er lädt es alle Augenblicke ein, eine kleine Spritztour auf seinem Motorrad mit ihm zu machen, denn er will allein sein mit ihm.
Laßt ihn eure Seele lieben.
Laßt ihn euch küssen
und euch streicheln
und euch zärtliche Liebesworte flüstern.
Laßt ihn euch verwöhnen,
euch kleine Geschenke machen.
Macht ihn verrückt vor Liebe, wenn ihr ihm euer Ja-Wort gebt.
Denn eure Seele bedeutet ihm
viel mehr als die Rocker-Braut dem Rocker,
viel mehr als der Lack der Frisur,
viel mehr als das Benzin dem Motorrad,
viel mehr als das Blut dem Leben.
Laßt euch von ihm lieben.
Wenn er euch im Stich läßt, bin ich bereit,
mir den Hals mit der Saite einer Gitarre abschneiden zu lassen.
Das verspreche ich.
Laßt ihn nicht links liegen wie einen Störenfried.
Stoßt ihn nicht von euch mit Fußtritten.
Versetzt ihn nicht an der Ecke im Park.
Laßt ihn mitreden bei euren Gesprächen.
Laßt ihn im Klub nicht am hintersten Tisch
bei den Schwulen sitzen.
Macht keine Witze auf seine Kosten und hinter seinem Rücken.
Er leidet wie ihr, nur viel mehr.
Nachts streicht er wie ein Irrer durch die Straßen
im Schein der Neonlampen.
Er wartet geduldig am Ausgang der Feier, zu der er nicht eingeladen war,
am Ausgang der Bar, als ihr ihn nicht batet, einen Schluck mit euch zu trinken,
vor der Kinotür, wo es einen schwedischen Film gab.
Vor der Tür eures Herzens wartet ein Junge in verschossenen Blue jeans und rotem engem Hemd,
ein Junge mit ernsten Augen, die schwarzen Haare zerzaust.

Immer wartet Christus auf euch.
Er wartet darauf, daß ihr ihn liebt.
Ich bin kein Prophet.
Ich bin nicht einmal ein Apostel.
Ich bin einer von euch.

William Agudelo

Ich habe dein Gesicht gesehen

Fünf Begegnungen auf einer Reise durch Südamerika. Fünf Begegnungen mit Menschen, für ein paar Stunden, in Haiti, in Honduras, in Brasilien. Fünfmal die Gewißheit, Menschen zu sehen, mit Menschen zu sprechen, die streng nach dem Evangelium leben.
Keiner von ihnen wortgewaltig; keiner mit »großen, allen auffallenden Werken«. Sie alle eher »kleine brüder und schwestern«, die den Geist des Evangeliums nicht nur begriffen haben, sondern ergriffen sind.

ICH HABE DEIN GESICHT GESEHEN im Pfarrhaus in einem haitianischen Kaff am Golf de la Gonave. Das Pfarrhaus ist windschief aus Brettern zusammengenagelt. Überall blitzt die Sonne durch die Ritzen.
Seit 30 Jahren ist er hier. Auf seinem Tischchen unterm Vordach des Hauses liegt die *New York Times*, acht Tage alt. Vor der Haustür ein verrosteter Herd, neben dem Hause ein Bach. Eine Treppe führt hinunter. Er holt Wasser. Drüben tuscheln neugierige Weiber über den plötzlichen Besuch.
Unterhalb der Wasserstelle planscht ein Schwein. Er mahlt gewissenhaft eine große Portion Kaffee. Der Gast bekommt eine Flasche holländisches Bier, die er aus einem völlig vergammelten Kühlschrank holt. Brot und Käse dazu. An der Außenwand der schlecht verputzten Hütte eine von oben bis unten vollgekritzelte Schultafel. Vor der Türe Säcke, bedruckt: donated by the people of the United States. Eine Zweiraumbude. Die Hühnchen gehen in der Stube spazieren, ein Mädchen kocht für ihn. Immer schimpft er auf die großen Hilfsaktionen: Immer wollen sie Pläne, Eigenbeiträge wollen sie wissen. Woher? Bin ich ein Organisator? Ich bin Priester. Ich brauche Geld, damit mir meine Leute nicht verhungern ...

Ja, er hat resigniert. Das große Plänemachen ist nicht seine starke Seite. Wenn er tausend Dollar bekommt, geht jeder Dollar weg an die hungrigen Mäuler seiner Gemeinde, damit sie ein paar Tage nicht zu hungern brauchen. Ja, er säuft (ein bißchen), sagen seine Mitbrüder. Aber wenn sie von ihm reden, sprechen sie mit großer Hochachtung von ihm. Er hat sich ihnen gleich gemacht, sagen sie. He has a donky, sagen die Mitbrüder, his name is fiasko. Er hat einen Esel, sagen sie, sein Name ist Fiasko. Er kann nicht vorausschauen, nicht rechnen, nicht planen. Er lebt mit ihnen. Wenn er tausend Dollar hat, fragt er: Was machen zweihundert halb verhungerte Kinder mit einer Tausenddollarschule?

Ich habe dein Gesicht gesehen, nein nein, ich nenne deinen Namen nicht, wir sind deines guten Namens nicht würdig. Zerfurcht wie eine Straße im Hinterland ist dieses Gesicht, besessen von Traurigkeit mit gütigen Augen. Du bist froh, als wir verschwinden. Leute, die nur anschauen, was hier ist und dann wieder gehen, unbeschwert, das ist nicht deine Sache ... Du bist ein Heiliger mit kleinen Fehlern, winzig sind deine Schulden, weit ist dein Herz. Ab und zu, wenn dir die Einsamkeit das Herz abschnürt, dann fliehst du für ein paar Tage zu deinen Mitbrüdern nach Port-au-Prince. Aber pünktlich bist du wieder zu Hause. Ohne dieses Dorf am Golf de la Gonave kannst du nicht leben ...

ICH HABE DEIN GESICHT GESEHEN unter den 65 Männern, die die Straße bauen, viereinhalb Kilometer Gebirgsstrecke, von Regenbächen überschwemmt, lebensgefährlich für den Schulweg der Kinder – das Gesicht des Poeten von El Rodeito in Honduras. Jedes Kind kennt ihn. Alt, mit Autoreifensandalen an den rissigen, nackten Füßen. Ausgefranst die Hosenbeine. Auch er ein Steineheber, lohnlos wie alle. Die Caritas spendiert Lebensmittel für den Tag der großen Familie. FOOD FOR WORK heißt das.
Praxedes, der erste Mann des Dorfes, der Delegado mit elf Kursen an der bischöflichen Colmena, Kleinlandwirt und Koordinator der Radioschulen, Vater von sieben Kindern, stellt ihn vor.

Das ist unser Poet! sagt er. Der kann mehr als hundert Gedichte auswendig, sagt er. Er hat sie alle selber gemacht.
Ob wir eines seiner Gedichte lesen dürfen?
Lesen? Nein, geschrieben gibt's das nicht. Die Gedichte stehen alle in seinem Kopf. Der Poet von El Rodeito kann nicht lesen. Der Poet von El Rodeito kann nicht schreiben. Nur dichten kann der Poet von El Rodeito!
Und während wir notieren, den Kühler des Landrovers als Schreibunterlage nutzend, erzählt der Poet – geboren am 3. Oktober 1910, am Tag des Soldaten, Sohn eines Vaters aus Nicaragua, Sohn einer Mutter aus Honduras – von seinen Gedichten. Rezitiert, viereinhalb Kilometer abseits der Pan Americana, das Loblied auf die Rundfunkstation von Choluteca, die Radioschule von Cayenemi.

Yo soy el viejito poeta del departamento de choluteca ...
singt er. Yo soy el triste campesinito poeta ...
ich bin der gedichtemacher
aus choluteca,
alt und traurig,
ein winziges männchen, –
alle fragen nach mir.
jawohl,
ich bin der bauernpoet
für den sender der radioschule
von cayenemi.
obwohl ich
weder lesen noch schreiben
kann,
hat Gott mich mit wissen
gefüllt,
meinen kopf mit verstand ...

Wie ein Kindervers sagt er die letzten Zeilen, singt sie fast:

nur Gott mit seiner macht,
so etwas möglich macht.

Wer Verse braucht zu Hochzeit und Taufe, zum Dorffest, zum Geburtstag der Radioschule – el viejito poeta ist da für alle:

um ein gedichtchen
bitten die schulmädchen:

im traum hab' ichs geschaut,
heut nacht bist meine braut,
sobald wie es nur geht,
heirat' ich dich.
bald
heirat' ich dich!

Unmündige werden mündig, mündig im Sprechen, im Denken, im Erfassen ihrer eigenen Situation. Auswege werden erfunden. Die Analphabeten von gestern schlagen sich durchs Dickicht der Schrift.

Sie hocken vor ihren Transistoren und lernen; sie besuchen Kurs für Kurs, zu Fuß hin, zu Fuß zurück, 10 Kilometer, 20 Kilometer und mehr; buchstabieren mit ihren Priestern ihre eigenen Wortgottesdienste durch, Wort für Wort, schreiben sie auf, üben sich im freien Sprechen, versuchen das Sonntagsevangelium zu leben, Woche für Woche, damit ihr Wort glaubwürdig ist; besuchen die Außenseiter, laden die Skeptiker, begrüßen die Fremden wie Freunde, putzen die Kirche, den Schulsaal, der als Versammlungsraum dient; beten, fassen gemeinsame Vorsätze, bekennen Schuld, bekennen den Glauben, von dem sie hoffen, daß er sie aus der Unfreiheit führt.

ICH HABE DEIN GESICHT GESEHEN bei einem Jugendgottesdienst in Volta Redonda, der Stahlstadt Brasiliens in der Nähe von Rio. Etwa dreihundert Jungen und Mädchen füllten den Raum, eine Mehrzweckhalle zum Theaterspielen, zum Turnen, zum Messefeiern. Du hast eine Zwanzigminutenpredigt gehalten. Ohne Manuskript. Jungen und Mädchen saßen mucksmäuschenstill und hörten dir zu. Ab und zu kamen zustimmende Zwischenrufe. Der Priester, der die Messe feierte, erzählte mir von dir. Im Amerikanischen Shop stehst du von früh bis abends hinter dem Ladentisch. Mit dem mageren Gehalt ernährst du deine bettlägerige Mutter und eine Handvoll jüngere Geschwister. Du bist die Älteste. Der Vater hat euch verlassen. Nun fällt dir die Verantwortung zu. Zu Hause und in der Gemeinde. Die Männer, die hier noch weitgehend alles bestimmen, auch in der

Gemeinde, sie fangen an, auf dein Wort zu hören. Auf das Wort einer Siebzehnjährigen, die selbstbewußt als Christin in ihrer Gemeinde lebt und nicht bereit ist, eine alte Rolle unbesehen zu übernehmen. Sie konnte lachen. Fürs Jammern wars schon zu spät ...

ICH HABE DEIN GESICHT (NICHT) GESEHEN, obwohl wir mit dir verabredet sind. Mit einem jungen Priester, der bis vor kurzem »gesessen ist«. Ein paar Monate lang. Nur einmal hat ihn sein Bischof besuchen dürfen.
Warum er in Haft war?
Mit an Sicherheit grenzender Wahrscheinlichkeit hat er »den Staat verleumdet, Hochverrat getrieben, seine Gemeinde kommunistisch unterwandert«. Es ist immer der gleiche Grund, seit die Generale an der Macht sind. Sicher hat er seinen Leuten gesagt, daß ihr Lohn nicht erst im Himmel gerecht zu sein habe, sondern gerecht schon hier unten: in Rio, in Volta Redonda, in Ibimirim und Recife, in Petrolandia und überall im Nordosten. Sicher hat er seinen Leuten gesagt, daß der Reichtum der Reichen nicht gottgewollt ist, sondern nur von den Reichen. Sicher hat er das Evangelium den Armen gepredigt. Sicher hat er den Leuten gesagt, daß das Evangelium ein Text ist, der die Armen frei machen kann, wenn sie es in ihrem Leben wirksam werden lassen.

Wir haben uns mit einem jungen Priester im Zentrum von Rio de Janeiro verabredet. Der Verkehr übersteigt jedes Maß. Vierspurig braust der wirtschaftliche Aufschwung des Landes an uns vorbei, von dem jede offizielle Stelle überschwenglich berichtet. Es sieht auf den ersten Blick so aus, als berste diese Stadt vor Wohlstand, als stellten alle Brasilianer ihren VW vor der nigelnagelneuen Kathedrale in Rio ab, in deren Keller sich die Reichen einkaufen, mottensichere Gewölbe bis zum jüngsten Gericht, vor dem sie sich zu verantworten gedenken: 1000 Dollar, Herr, für die neue Kathedrale in Rio – ist das nichts?

Wir sind mit einem jungen Priester vereinbart, von dem seine Freunde hinter der Hand sagen, daß er gefoltert wurde. Vereinbarung um zehn Uhr morgens: Ja, kommen Sie. Ich werde mit Ihnen sprechen! Wir fahren hin. Wir stellen den Wagen ab in einer Seitenstraße, weil wir nicht wissen, ob das Haus unter Beobachtung steht. Einer geht voraus und klingelt. Eine Frau öffnet und sagt: Nein, er ist nicht da. Er ist weggefahren! Was nur heißen kann: er hat es sich anders überlegt in der Nacht. Er will nicht sprechen. Er will nicht zu uns Fremden sprechen. Nicht daß er uns mißtraut. Er hat Angst. Immer noch hat er Angst.

Ich sehe ihn nachts in seinem Bett liegen und überlegen, ob er zu uns, den Fremden aus Deutschland, sprechen soll, sehe ihn das Für und Wider abwägen, sehe ihn Angst schwitzen, schäme mich selber, daß wir ihn durch unsere Wißbegier so in Schwierigkeiten bringen, ahne die Bilder, die aus der Vergangenheit auftauchen.
Sehe ihn auf einem wackligen Holzstuhl, gefesselt mit verbundenen Augen;
sehe ihn nachts kalkweiß im Blendlicht der Lampe;
sehe ihn in den Vorzimmern der Angst hocken, den Schreien der Freunde hinter verschlossenen Türen ausgeliefert.
Fußtritt, Ohrfeige und Fausthieb. Ins Gesicht, auf die Arme, auf die Schultern, in den Unterleib, gegen die Schienbeine. Stockhiebe aufs Muskelfleisch. Vor den Augen die Ende der Elektrokabel, festgeklammert an Ohrläppchen und Daumenkuppe. Der Stromstoß reißt den Körper zu Boden. Eine saubere behandschuhte Hand läßt die Voltzahlen klettern. Wasser steigert die erwünschte Wirkung. Schmerz, Schrei, Schluchzen, Zusammenbruch. Das Opfer windet sich winselnd auf dem Fußboden, kann den Urin nicht halten. Nah ist das Traumziel der Folterer: ein entwürdigtes Opfer, das die Lüge zur Wahrheit macht, Verrat als Gnade empfindet – um danach mit gebrochenem Rücken in Selbstverachtung zu versinken. Ein Kurzschluß reißt eine blaue Stichflamme aus dem Daumennagel. Es riecht nach verbranntem Fleisch. Eine Stimme sagt: In einer Viertelstunde werden Sie schön brav reden! Eine Stimme flüstert: Armer Kleiner!

Die Frau in der Haustüre sagt – und ihre Augen bitten um Einsicht: Nein, er ist nicht da. Ja, er ist weggefahren. Nein, er

kommt heute bestimmt nicht zurück. Nein, Sie sollen nicht wiederkommen. Ja, ich werde die Grüße ausrichten ...
Ich sehe ihn in seinem Bett liegen und Angst schwitzen vor dem Besuch aus Deutschland.

ICH HABE DEIN GESICHT GESEHEN, das dunkle Gesicht einer jungen Frau in Cap Haitien im Norden Haitis. Ich wollte nicht glauben, daß du schon vierunddreißig bist, denn du siehst aus wie zwanzig, schmal und zartgliedrig. Clarence ist ein schöner Name, aber du kannst ihn nicht pflegen. Denn wenn du morgens um halb sieben bei den Schwestern vom Heiligen Kreuz deine Arbeit in der Krankenstation beginnst, dann hast du schon einen Fußmarsch von zwei Stunden schlechten Weges hinter dir. Und wenn du nachmittags um vier, nach wiederum zweistündigem Heimweg zu Fuß, ins Dorf zurückkommst, dann warten die Kranken des Dorfes auf dich:
die Dreiundzwanzigjährige, die malariakrank und mit Anämie obendrein in ihrer Hütte liegt, von der Frage besessen, ob sie sterben müsse;
der arbeitslose Mann, der voller Würmer steckt und das Elend seiner großen, hungrigen Familie in billigem Rum ersäuft;
der Syphilitiker, der, vom Geist der Voodoo besessen, sich standhaft weigert, ins Krankenhaus zu gehen, nur dich heranläßt, nur zu dir Vertrauen hat.
Mit deinem Wissen und mit deinen Händen, mit Spritzen und Tabletten, mit sanfter Gewalt füllst du die Siebentagepausen bis zur Sprechstunde der Schwestern in der Krankenstation, die du mit den Schwestern gemeinsam hier aufgebaut hast. Wenn der Klöppel ans Schlageisen scheppert, machen sich die Kranken auf den Weg durchs Tal, mühselig Beladene, auf Schritt und Tritt steckt man mitten in der biblischen Geschichte. Während die einen sich ausbilden lassen und dann nach Miami gehen, weil sie in Miami besser verdienen können – du bist bei den Deinen geblieben, Clarence, für ein Taschengeld, schmal und zart, immer unterwegs ...

Kurtmartin Magiera

Severina schreibt Paul VI.

Severina ist Brasilianerin und kann nicht schreiben und lesen. Deshalb mußte sie ihren harten Brief, den sie dem Papst schreiben wollte, einer Nonne diktieren. Sie fand eine Nonne. Was sie geschrieben hat, ist nicht nur ein Schrei, der widerhallt von Not und Schmerz einer geschundenen Frau, er ist auch ein erschütterndes Zeugnis der Armen, die das Letzte, was sie besitzen, nicht verlieren wollen: den Glauben an Christus in seiner Kirche.

HEILIGER VATER, wir sind einige Frauen, die in einer Baracke eines Elendsviertels von Brasilien zusammengekommen sind. Ich, die ich den Brief an Sie diktiere, weil ich nicht schreiben kann, heiße Severina und habe zehn Kinder; neben mir Ranoulse: 14 Kinder; Aurismilde: zwölf Kinder, von denen acht gestorben sind; Idalyne: 17 Kinder, davon elf tot; Martha: elf Kinder, von denen drei gestorben sind. Zwei von uns sind nicht verheiratet, und zwar Claudia und Vera. Die beiden haben uns erzählt, daß Sie gerade in einem Land, das nicht weit von unserem liegt, einige Tage zugebracht haben, und vor allem, daß Sie zwei Dinge gesagt haben:

1. Daß man Kinder haben müsse und nichts tun dürfe, sie zu vermeiden; *andernfalls* wäre es eine Sünde.

2. Die Armen, selbst wenn man sie niedertritt, wenn man sie tötet, dürfen sich nicht auflehnen, sie dürfen nur ihre Rechte fordern. Es scheint, daß Sie diejenigen verdammen, die für uns in den Bergen kämpfen, diejenigen, die die Hände derer zu lähmen versuchen, die uns mit unseren Kindern erdrosseln. Daher wollen wir darüber zu Ihnen sprechen, weil wir soeben ein Photo von Ihnen gesehen haben. Ein Photo, auf dem Sie in einem schönen roten Auto stehen, in einem weißen Gewand,

einem roten Mantel und einem schwarz-goldenen Hut. Und als wir Sie in diesem Auto sahen, so rein und strahlend, in einer Stadt, in der man rasch – bevor Sie noch ankamen – 5000 auf der Straße ausgesetzte Kinder wegschaffte, damit Sie sie nicht sähen, da haben wir uns gesagt, daß das doch nicht möglich ist und daß wir armen Frauen mit der Last unseres Lebens vielleicht viele Dinge wissen, die Sie nicht wissen, und wir haben heute beschlossen, es Ihnen ins Gesicht zu sagen.

Ich, Severina, stamme aus dem Nordosten. Dort in meinem Land sind mir zwei Babys gestorben, weil ich keine Milch hatte. Eines Tages habe ich in meinem Dorf 42 kleine Särge zum Friedhof tragen gesehen. Meine Schwägerin, die sehr arm war, hat 17 Kinder gehabt: drei davon sind ihr am Leben geblieben, alle anderen sind zwischen einem und vier Jahren gestorben. Von den drei Lebenden sind zwei nicht normal. Bei den Entbindungen war ich bei ihr, und manchmal gab es nicht einmal ein Stück frische Leinwand, um das Baby einzuwickeln. Bei vielen, ja Tausenden Familien sieht es so aus: Zehn oder 15 Kinder, und von den zehn sterben fünf oder sechs. Tatsächlich gibt es Priester, die uns sagen: »Wenn ihr sieben Kinder habt, die ganz klein gestorben sind, seid ihr glücklich: Ein Kranz von Engeln erwartet euch im Himmel.«

Aber wer weiß wirklich, was es für eine Frau heißt, zehnmal und vielleicht noch öfter neun Monate lang ein Kind zu erwarten, davon die ersten drei Monate weinend, weil man es doch nicht würde großziehen können? Denn soll man es dafür lieben, um es nach vier Monaten verhungern zu sehen?

Sollte das tatsächlich gemeint sein, wenn man von »der menschlichen Würde« spricht? Ich sehe, daß Christus im Evangelium, das mir Claudia und Vera oft vorlesen, sicher die Armut liebte; aber das Elend der Menschen, das ertrug er nicht.

Es besteht ein Unterschied darin, ob man arm ist oder ob man seinem Baby nichts anderes als gezuckertes Wasser geben kann, und man gibt ihm Wasser und weiß, daß es sterben wird.

Und nun sagen wir Frauen von Brasilien Ihnen noch zwei Dinge:

1. Wir haben genug von unserem Elendsleben, und wir werden die Mittel ergreifen, die uns richtig scheinen, um das Sterben der Babys einzudämmen. Denn Sie wissen doch wohl, wenn Sie sich vor Christus auf die Knie werfen, daß das Wort, das er

von den Reichen gesagt hat, nur zu wahr ist: »Selbst wenn ein Toter aufersteht, werden sie nicht hören.« Was soll das heißen: »Die Strukturen müssen geändert werden.«? Wenn die Reichen vereint sind, ist es noch unmöglicher, daß sie sich ändern, als wenn sie allein sind.
2. Wann endlich werden Sie zu den Reichen sagen, daß sie im Stand der Sünde sind, wenn sie unsere armen Brüder in Vietnam mit Bomben töten, daß sie im Stand der Sünde sind, wenn sie für 10, 15, 20, 25 und mehr Prozent Geld verleihen? Und vor allem wollen wir wissen, wie Sie im Vatikanischen Palast mit dem Geld umgehen. Woher kommt Ihr Geld?
Erklären Sie uns offen, woher das Geld kommt und wozu es dient.
Darum, weil wir mit all unseren Kräften an Christus glauben, sprechen wir zu Ihnen und beten wir für Sie, aus Liebe zu Ihm, dem Barmherzigen, der hungert, der nackt ist, und in seinem Geist haben wir Ihnen all das geschrieben, auf daß Sie die Wahrheit erfahren und auf daß Sie endlich sprechen wie im Evangelium.

Gebet für die Reichen

Dom Helder Pessoa Camara, der 1909 in Fortalezza, im Elendsgebiet des brasilianischen Nordostens geborene heutige Erzbischof von Olinda e Recife, ist nicht nur bekannt durch seinen Kampf für die soziale Gerechtigkeit im eigenen Land, er ist vor allem ein unüberhörbarer Mahner der westlichen Welt, die sich zwar christlich nennt, aber am Wohlstand zu ersticken droht.
Der in evangelischer Einfachheit lebende Mann ist längst Stachel im Fleisch der reichen Christenheit, die sich mitschuldig macht an der Ausbeutung der Dritten Welt. Seine Worte schmerzen. Trotz mancher Preise – ist er nicht überall gepriesen.

VATER,
Beten für die Reichen?
Woher kommt dieser Einfall? War doch Jesus, Dein Sohn und unser Bruder, sehr hart gegen sie. Er sah für sie, menschlich gesprochen, keine Hoffnung und keine Rettung. Er gab nur zu verstehen, daß Dir nichts unmöglich ist. Auch wo Menschen keinen Ausweg sehen und keine Lösung ...

Warum ein Gebet für die Reichen, die Geld haben, aber auch Macht, Verstand und Talent; warum ein Gebet selbst für jene, die reich sind an Tugenden und frommen Taten? Sie besitzen ja alles. Sie scheinen Deine Hilfe nicht nötig zu haben. Sie sind sich selbst genug.

Doch man muß beten und Dich bitten, Du mögest ihnen die Schuppen von den Augen fallen lassen, damit sie endlich sehen: Du allein bist der wahre Reiche; denn nur Du hast das Leben, das Wissen, die Freiheit, die Heiligkeit in Fülle. Gewiß hast Du uns davon gegeben. Du hast den Menschen geschaffen nach Deinem Bild und Gleichnis. Du hast ihm aufgetragen, die Natur zu beherrschen und die Schöpfung zu vollenden. Du läßt ihn teilhaben an Deiner Gottheit, an Deiner Schöpferkraft.

Wie kann man aber nicht verstehen wollen: daß es Diebstahl ist, diese Gaben so an sich zu reißen, als wären sie nicht verliehen, als könnten sie Vorrecht weniger bleiben? Ob die wenigen es wissen oder nicht: sie sind verantwortlich für die Unterdrückung unzähliger Menschen; und mit jedem unserer Tage wächst deren Überzahl.

Herr,
hilf denen, die sich ihren Reichtum zugute halten. Es sind armselige Reiche, kommen sie nicht zu jener Einfalt, die weiß, daß sie alles erhalten hat, und zu jener Brüderlichkeit, die nie vergißt, daß alle Menschen zur Teilhabe an Deinem göttlichen Reichtum eingeladen sind.

Arme Reiche, die mit einem Schlag, vielleicht morgen, die Illusion ganz erkennen müssen, in der sie gefangen waren. Sie gleichen Schauspielern, die die Rolle von Reichen spielen. Sie geben sich wie Reiche, sprechen wie Reiche, werden für Reiche gehalten und wie Reiche empfangen. Fällt der Vorhang, ist das Schauspiel zu Ende: Können sie dann meinen, sie seien wirklich reich gewesen?

Hilf allen, die sich bereichert haben, und sei es auch durch harte Arbeit: überzeuge sie, daß die beste Erbschaft für ihre Kinder das lebendige Beispiel der Gerechtigkeit ist, des offenen Herzens und der offenen Hände, der Freiheit vom Geld, das zum Dienen gebraucht und nicht zum Götzen erhoben wird.

Ein Scheckbuch läßt sich in den Tod nicht mitnehmen. Angesichts der Ewigkeit gilt eine einzige Währung: getane, gelebte Liebe.

Wer reich geworden ist, muß gemahnt werden: Familien, die einst geeint waren, geraten in Zwist, wenn es um die Erbschaft geht. Die Stunde der Erbteilung ist keine gute, allzuoft eine schreckliche Stunde.

Hilf denen, die in der Politik den Gipfel oder den scheinbaren Gipfel der Macht erreicht haben. Sie halten sich nicht nur für mächtig, sondern auch dafür geboren, Gehorsam, Gefolgschaft, Gehör und Bedienung zu verlangen.

Sie müssen erkennen, daß Jesus, Dein Sohn und unser Bruder, gekommen ist, um zu dienen, und nicht, um bedient zu werden. Unsere Zeit erträgt Macht und Autorität nur dann, wenn sie den Dialog liebt und ihn auch führt. Auf der ganzen Welt erstreben die Völker das Ende des Zwiespalts von Volk und Macht, von Volk und Partei.

Hilf den Wissenschaftlern, Literaten und Künstlern, die sich für weise und einsichtig halten. Daß sie den Kopf nicht verlieren ... Daß ihnen bewußt bleibt: Jeder Fortschritt in der Forschung ist ein winziger Schritt im Vergleich zu dem, was noch zu erforschen bleibt. Zwar jagen sich wissenschaftliche Entdeckungen und Überraschungen. Maschinen verarbeiten Informationen und Daten. Den Gelehrten und Intellektuellen muß diese Entwicklung Demut nahelegen, heute mehr denn je.

Die Techniker erfahren als erste Ruhm und Schmach der Technik. Den Ruhm: Es genügt, an das Spektakel zu erinnern, das die ganze Welt miterlebt hat. Aus einem kleinen Winkel der Erde kontrollieren Techniker die Raumfahrten bis in letzte Einzelheiten: Kursabweichungen, selbst Atmung und Blutzirkulation der Raumfahrer werden registriert.

Neben dem Ruhm steht die Schmach: Es ist entwürdigend, Geist und spezialisiertes Wissen in den Dienst von wenigen Unternehmen zu stellen, die sich mehr und mehr zusammenballen.

In besonderer Weise, Herr, nehmen Gelehrte, Techniker, Künstler und Intellektuelle an Deiner Schöpfermacht teil. Möchten sie sich als Mitschöpfer verstehen und ihre Eingebungen stets aus der einzig wahren Quelle der Schönheit, des Lichtes und der Wahrheit schöpfen.

Hilf Deinen Dienern, die ein geistliches Amt tragen und beauftragt sind, die heiligsten Handlungen zu vollziehen. Wir Priester dürfen keinen Abstand schaffen zwischen Dir und Deinem Volk. Seien wir echte Pontifices, das heißt Brückenbauer. Die Brücken, die wir bauen, müssen breit und begehbar sein, damit jeder hin und her zu Dir gelangen kann.

Nur wenn wir die Kirche und uns nicht an Privilegien, Macht und Geld hängen, können wir Deinen Dienst ganz erfüllen: Verschwenden wir unser Leben im Dienst am Nächsten! Das ist die beste Art, Dir zu dienen und dem einen und einzigen Gebot nachzuleben – der Gottes- und Menschenliebe.

Hilf denen, die dank strengem Lebenswandel und wirksamer Wohltätigkeit das Ansehen von Heiligen erworben haben, die aber so schwach sind, sich für besser als ihre Brüder zu halten. Sie kommen sich gerecht, rein und heilig vor.
Dein Sohn und unser Bruder, Jesus, war verständnisvoll und großmütig gegenüber allen Sündern, hart gegen das Pharisäertum. Er hat die Pharisäer öffentlich angegriffen, sie bekämpft und empfohlen, zwar zu tun, was sie sagen, aber nicht, was sie tun.

Es ist eine gefährliche Abart des Reichtums: stolz zu sein auf eigene Demut, auf Armut, auf Entsagungen und auf mystische Gemeinschaft.

Hilf, Herr, jenen, die immer wieder beginnen, Wege der Heiligkeit zu beschreiten, daß sie durchhalten. Die Welt braucht Heilige. Doch echte Heiligkeit nährt sich unablässig von Demut und wahrhaftiger Liebe.

Hilf den Jungen! Sie verfügen über den unerschöpflichen Reichtum der Zukunft. Sie sind Meister des Enthusiasmus und der Hoffnung. Sie dürsten danach, in einer Welt ohne Untermenschen und Übermenschen zu leben.

Du verstehst, Vater, daß ich eine Jugend meine, die mit der Zahl der Lebensjahre nicht übereinzustimmen braucht. Es gibt

Zwanzigjährige, die weder ein graues Haar noch ein Fältchen haben, aber trübsinnig und angepaßt sind. Und es ist möglich, 84 Jahre alt zu sein (ich denke an Papst Johannes XXIII.) und sich die Jugendlichkeit der Seele und des Herzens bewahrt zu haben.

Die Welt hat ihn nötig, diesen wunderbaren Reichtum, der Jugend heißt.

Laß kein leichtes Leben die jungen Menschen verderben, laß keine Schwierigkeiten sie entmutigen. Und laß sie vor der schlimmsten Gefahr gefeit sein: vor der Gefahr, sich einzurichten, das Feuer zu verlieren, im Innern schon alt, nur noch äußerlich jung zu sein.

Hilf den Arbeitern in den Industrieländern! Sie genießen, was in der Geschichte der Arbeitskämpfe ihre Vorgänger errungen haben. Nun dürfen sie nicht verbürgerlichen. Sie dürfen ihre Brüder nicht vergessen: die Arbeiter, denen Gewerkschaften verboten sind; die Menschen, die Fremdarbeiter oder Gastarbeiter genannt werden; die Brüder in der Dritten Welt, die gar nicht Arbeiter im vollen Sinne werden können, die weiter einfache Proletarier bleiben müssen.

Möge jeder Arbeiter eine gerechtere und menschlichere Stellung erlangen, ohne dem Egoismus zu verfallen!

Du weißt, Herr, heute gibt es nicht nur den Unterschied zwischen reichen und armen Einzelnen. Es gibt reiche, ja überreiche Länder, und es gibt arme Länder. Du weißt: Dieser Unterschied wird nicht kleiner, sondern immer größer.

Hilf den Menschen guten Willens – aus allen Ländern, Rassen, Sprachen und Religionen –, durch befreienden moralischen Druck das Bewußtsein der Verantwortlichen zu wecken, damit sie der Menschheit helfen, frei zu werden vom Makel der Untermenschen, die das Elend erzeugt; vom Makel der Übermenschen, geboren aus Überwohlstand und Luxus.

Hilf jenen, die das Glück hatten, in reichen Ländern geboren zu werden; verhilf ihnen zur Einsicht, daß die Privilegien, die sie genießen, mit Unrecht gegen die armen Länder erkauft sind. Oft werden sie zu Komplizen dieses Unrechts, ohne es zu merken.

Hast Du schon bemerkt, Herr, wie sehr – in den entwickelten und in den armen Ländern – Minderheiten zahlreicher werden, die wie Abraham gegen alle Hoffnung hoffen. Sie sind entschlossen, eine menschlichere und gerechtere Welt zu bauen. Tröstlich ist es zu sehen, wie sie friedliche, aber kühne Taten in Angriff nehmen, die mehr und mehr die Strukturen der Unterdrückung erschüttern werden.

Vielleicht erscheint Dir, Herr, der Schluß dieses Gebetes etwas naiv: Es gibt nur einen Reichtum: die Teilnahme an Deinem Leben, Deiner Göttlichkeit, Deiner Schöpfermacht, Deinem Willen. Anderer Reichtum ist falscher Reichtum, angehäuft aus Egoismus.

Geld, Macht, Ruhm, Verbürgerlichung verbreiten Egoismus: Das ist jenes Tier, das in uns selber steckt, uns verschlingt und uns verleitet, zu verschlingen ...

Hilf der menschlichen Kreatur, falschem Reichtum zu entgehen und einzutauchen in den Reichtum, zu dem wir alle geboren sind: in die eine, untrennbare Liebe – Gottesliebe – Menschenliebe.

Recife, am 20. September 1972

Dom Helder Pessoa Camara

In Blue-Jeans und Sandalen

Der 1925 in Granada/Nicaragua geborene *Ernesto Cardenal* gilt nicht nur als einer der bedeutendsten Lyriker Lateinamerikas, sondern Werk und Leben dieses Christen spiegeln gleichsam wie in einem Brennglas gebündelte christliche Existenz, die in revolutionärer Gewaltlosigkeit das Evangelium des Nazareners lebendig zu machen versucht.
Seit der Priesterweihe im Jahre 1965 lebt Cardenal auf der Insel Mancarrón im Großen See von Nicaragua in einer christlichen Kommune, baute die Kirche einer alten Einsiedelei wieder auf und gründete mit den Indios der umliegenden Inseln eine Genossenschaft.
Wer meint, seine Ideen ließen sich nur in Lateinamerika verwirklichen, muß ihn auf seinen Wegen und Streifzügen durch das New York unserer Tage begleiten, die er, wie weiland die Apostel, in einem langen Erzählgedicht unter dem Titel *Reise nach New York* schildert. Der gekürzte, auf unser Thema begrenzte Text berichtet von der Begegnung mit Menschen, die sich als aufsässige, unbequeme, beunruhigende und aufregende Christen erweisen, denen die Botschaft des Nazareners wie ein Stachel im Fleische steckt.

MIT DANIEL BERRIGAN im Thomas Merton Center
Daniel (Dan) in Blue-jeans und Sandalen wie ich, sein Haar
  wie das Haar eines Straßenjungen nach einem Kampf
und sein Lächeln wie auf den Fotos als er gefaßt wurde
vom FBI (strahlend zwischen düsteren Polizisten des FBI).
  Er hat meine Psalmen im Gefängnis gelesen.
Und auch Jim Forest (Pazifist) ist da, mit einem großen Schnurrbart
aber jünger als ich dachte. Er schrieb mir einmal.

Er sagte, Merton habe ihm eine Christusfigur geschenkt, die
ich im Trappistenkloster machte.
Er kommt aus Washington, von einem Protestmarsch
vom Watergate-Gebäude bis zum Gerichtsdepartment.
Und Berrigan sitzt auf einem Schreibtisch, das spitze Gesicht
auf einem Knie und das spärliche Haar im Gesicht. Er erholt sich
nur schlecht vom Gefängnis, sagt man mir. Und ein Mädchen:
»Die Foltern, von denen *man annimmt,* daß es sie nicht gibt
in den Vereinigten Staaten«
Dies ist eine Gruppe von Kontemplativen und Widerstands-
kämpfern, sagt Berrigan.
Vereint eines Nachts in einem Kloster in Harlem
beschlossen sie, dieses Merton Center zu gründen.
Sie befassen sich mit der Mystik verschiedener Religionen
auch der Religion der Indianer.
»Merton litt Qualen im Kloster«, sagt Dan
und wir alle wissen es. Und Jim erinnert uns daran
daß sie ihm verboten, gegen den nuklearen Krieg zu schreiben
weil dies kein mönchisches Thema war.
Dan: »Er sagte mir einmal, er würde nicht wieder Mönch werden
aber weil er es nun einmal sei, wolle er es auch bleiben.«
»Er wollte nach Solentiname gehen, nach seiner Asien-Reise,
nicht wahr?« fragt Jim.
Und Dan: »Bist du sicher, daß er nicht dort ist?«
Und wieder Dan:
»Es ist eine schlechte Droge, diese Kontemplation.
Sie meditieren. Ohne auch nur zu denken an den Krieg. Ohne zu
denken
an den Krieg. Man kann nicht auf seiten Gottes stehen und neu-
tral bleiben.
Die wirkliche Kontemplation ist der Widerstand. Und die Poe-
sie.
Die Wolken zu betrachten ist Widerstand – entdeckte ich im
Gefängnis.«
Ich rate ihm, er solle nach Kuba gehen. Und er: er stehe noch
unter Bewährungsfrist.
Ich sage ihm auch: »In Lateinamerika
sind wir dabei, das Christentum mit dem Marxismus zu
verschmelzen.«

Und er: »Ich weiß. Hier nicht.
Hier ist es das Christentum und der Buddhismus.
Jim, wir sind schon alle Buddhisten, nicht wahr?
Gibt es keinen Buddhismus in Lateinamerika?«
»Nein.«
Morgen werden sie im Merton Center
die Hochzeit seines Bruders Phillip, des anderen Priesters, feiern
mit der Ex-Nonne Elizabeth McAlister – und er lädt uns ein.
Phillip goß in Maryland Blut über die Einberufungsbefehle
danach verbrannten Phillip und Daniel die Archive in Catonsville
mit selbstgemachtem Napalm (aus Waschpulver und Benzin)
und auch Jim verbrannte mit Napalm die Archive von Milwaukee
(und sie wurden gerade aus dem Gefängnis entlassen)
Merton, sagt man, habe einmal etwas ähnliches geplant.
Ein Mädchen fastet wegen der Bombardements in Kambodscha.
An der Wand ein Gedicht von Berrigan über Vietnam
die riesigen Blätter zusammengefügt wie ein Wandbild.
Zum Abschied gibt Dan mir ein großes Brot
ein großes, rundes Brot, selbstgebacken, aus reinem Weizen . . .

Auf der Straße viele Leute in Gala: die Oper.
Tony erbte von seinem Großvater, einem italienischen Aristokraten
einen Palast in der Umgebung von Rom.
Irgendwann wird er hinfahren, um ihn zu verschenken. Er will keinen Besitz.
Und Tony hatte gesagt: »Holy Communion . . .« (seine Augen glühten)
»Die Kommunion ist jeden Tag meine größtmögliche Verbindung mit den Menschen
die Kommunion ist für mich das Revolutionärste der Welt.«
Phillip Berrigan und Elizabeth McAlister
waren vom FBI angeklagt, Kissinger entführen zu wollen.
Hochzeitsfeier im Merton Center.
Kontemplative und Radikale, Pazifisten, frühere Häftlinge viele von ihnen
anarchistische Christen und buddhistische Christen

und eine Eucharistiefeier mit Protest-Songs
auf dem Fußboden sitzend
nach dem Evangelium sprechen Jim, Dan und eine junge Frau
die Blut über Nixons Eßzimmertisch goß, auf einer *tourist tour*
durch das Weiße Haus. (Die Presse schwieg.) Sie erwartet
ihre Gerichtsverhandlung, vielleicht viele Jahre Gefängnis,
schwanger.
Dan Berrigan weiht ein Brot wie jenes, das er mir gab
und kleine Gläser mit Wein.
Das geteilte Brot von Hand zu Hand und der Wein.
Danach eine Kollekte ... für die mittellosen Angeklagten von
Watergate
»unsere feindlichen *Brüder*«.
Und dann wird wieder gefeiert. Dan sagt: »No more religion.«
Gallonen kalifornischer Weiß- und Roséweine auf einem Tisch
Rosinenpudding, Apfelkuchen, Käse auf einem anderen.
Ein blonder, sehr langhaariger Junge begrüßt mich, Michael
Cullen.
Er las meine Psalmen im Gefängnis, sagt er
und ich las von ihm.
Er gibt mir einen der Handzettel, die er verteilt: *If Mike Cullen*
is deported
Geboren auf einem Bauernhof im Süden Irlands, kam er vor
10 Jahren, nicht
um Geld zu machen. Er studierte in einem Seminar. Er heiratete,
verkaufte Versicherungen
und litt an den Wohnungen mit Ratten
an den Strömen von Blut in Indochina
er verbrannte seine Einberufungskarte. Er verbrannte
zusammen mit Jim die Musterungsarchive in Milwaukee
die I-A-Karten um Körper zu verbrennen in Asien.
Jetzt wollen sie ihn deportieren, er glaubt, sie werden ihn
deportieren
sagt er traurig
jemand steckt ihm im Vorübergehen Geld in die Tasche und sagt
»keep going«, und er lächelt (traurig).
Er sagt: »Zum Alptraum wurde unser amerikanischer Traum.«
Alle Fernsehkameras gerichtet auf Phillip und seine Frau.
»Ich glaube an die Revolution«, sagt er, »mein Beitrag ist
gewaltfrei.«

Phil mit den blauen Augen. Stark wie ein Rugbyspieler
›der Gary Cooper der Kirche‹
Elizabeth, sanft: wir haben geheiratet, sagt sie, um einander zu
helfen im Kampf
und wir wollen eine Kommune gründen, um anderen zu helfen
im Kampf.
Dan mit seinem strahlenden Lächeln
und seinem Frieden Zen.
Am Ausgang des Doubleday Bookstores, in der 5. Straße
einige Männer und Frauen mit weißen Tuniken, die auf dem
Bürgersteig tanzen
und die jungen Glatzköpfe (ganz in Weiß) gleichen den Novizen
der Trappisten ...
Der Himmel schmutzig. Polizeisirenen.
Alte Frauen führen Selbstgespräche.
Coronel erzählte von jenem französischen Dominikanermönch,
der hier sagte:
»Seit ich vor 3 Monaten herkam, kann ich nicht mehr beten.« ...

Slums ›ganz ohne Schönheit, außer den Wolken‹
36 East 1st Street ... (Bowery)
bewegt sehe ich das winzige Schild an der Tür: *Catholic Worker*
ein Dicker, der auf dem Bürgersteig liegt, bittet sanft um eine
Zigarette
bewegt trete ich ein in dieses heilige Haus
sie ist noch nicht da, doch schon kommt sie die Straße entlang
mit anderen Frauen
dünn, gebeugt, mit weißem Haar
mit 78 noch schön
ich küsse die Hand dieser Heiligen, und sie küßt meine Wange.
Wie meine Großmutter Agustina in den fünfziger Jahren
(als sie noch lesen konnte und die Bücher dieser Frau las).
Dies ist das berühmte House of Hospitality, das gegründet wur-
de von Peter Maurin und Dorothy Day während der Großen
Depression
wo es kostenlos Essen und Schlafstatt gibt für jeden, der
ankommt
Betrunkene Verrückte Süchtige Vagabunden Sterbende
und es ist auch eine pazifistische und anarchistische Bewegung:

ihr Ziel, eine Gesellschaft, in der es leicht ist, gut zu sein.
Bald würden die Armen zum Abendessen kommen.
Ich studierte an der Columbia, und selbst dort hörten wir
daß ein Heiliger starb dort in dem Stadtviertel der Bettler.
Peter Maurin, Agitator und Heiliger
er predigte in den Parks:
»Entlaßt die Fabrikbesitzer« oder
»Geben und nicht nehmen
macht den Menschen menschlich«
Mit einem einzigen alten Anzug, und er paßte nicht einmal.
Ohne eigenes Bett an diesem Ort, den er gründete, ohne eine Ecke für seine Bücher.
Er ging durch die Straßen ohne auf die Verkehrsampeln zu achten.
Und seit diesem Augenblick verschrieb sie sich
den ›Werken der Liebe und der Rebellion‹. Ein Leben
täglicher Kommunion und Teilnahme
an allen Streiks, Demonstrationen, Märschen, Protesten oder Boykotts.
Hier arbeiten ohne Lohn Studenten, zukünftige Priester
Professoren, Matrosen und Bettler, und manchmal
bleiben sie ein ganzes Leben. Viele gingen ins Gefängnis oder sind noch dort.
Hennacy fastete mit Spruchband vor Regierungsgebäuden
er verteilte Zettel und verkaufte Zeitungen
und zahlte keine Steuern, weil 85 % für den Krieg sind
er arbeitete als Tagelöhner auf den Feldern, um keine Steuern zu zahlen.
Hugh, mager, mit kurzer Hose, Sandalen und Poncho
tat gleichfalls Buße auf den Straßen.
Jack English, ein glänzender Journalist aus Cleveland
war Koch beim Catholic Worker und wurde dann Mönch.
Roger La Porte war hübsch und blond und 22 Jahre. Er opferte sich
indem er sich mit Benzin übergoß und verbrannte vor den Vereinten Nationen.
Und ein alter *ex-marine*, Smoky Joe, der gegen Sandino kämpfte
in Nicaragua, starb hier, bekehrt zur Gewaltlosigkeit.
Hier arbeitete Merton bevor er zu den Trappisten ging.

Die Zeitung kostet noch immer einen Cent.
wie damals als Dorothy Day sie zum ersten Mal
auf dem Union Square verkaufte, an einem ersten Mai (1933)
Es war das dritte Jahr der Depression
12 Millionen Arbeitlose
und Peter wollte mit dem Blättchen mehr als eine Veröffentlichung von Meinungen
eine Revolution.
Die Kochtöpfe dampfen
und die ersten Armen kommen, die Obdachlosen, die aus Bowery
und stellen sich an. »Die *anderen* Vereinigten Staaten«, sagt Dorothy
der Mensch verdrängt von der Maschine
und verlassen von der Heiligen Mutter Staat.
Schreie. Einer kam schreiend und trampelnd herein
zwei vom Catholic Worker führen ihn freundlich hinaus.
»*Nie* rufen wir die Polizei, denn wir glauben an die Gewaltlosigkeit.«
Und sie sagt auch: »Als ich Kuba besuchte
sah ich, daß die Kubaner Sandino verehren
und ich freute mich. Denn als ich noch jung war, sammelte ich Geld für ihn
als ich Kommunistin war und noch nicht zum Katholizismus bekehrt.
Und ich sah die wichtigsten Generale Sandinos (ihn selbst nicht)
in Mexiko: mit ihren riesigen Hüten, wie sie hot dogs aßen.«
Und energisch, ihr weißes Haupt erhebend:
»Fidel Castros Kuba kenne ich,
wie ich Ihnen schon schrieb. Es gefiel mir.«
Schreie. Diesmal ist es eine Zwergin. Und jemand trägt sie sanft
auf den Armen hinaus wie eine Puppe.
Sie erzählt, daß sie jetzt den Arbeitern Chávez' helfen
indem sie die Kette der A & P-Geschäfte boykottieren. Und sie betet
sagt sie, um eine reinigende Niederlage für die Vereinigten Staaten.
Sie spricht von Joan Báez, die in Hanoi sang unter den Bomben.
Sie erzählt, daß Hennacy sagte: »Im Gegensatz zu dem was die
Leute denken, sind nicht wir Anarchisten die mit den Bomben,
sondern der Staat.«

Es gibt keinen Frieden, weil sonst der Verkehr auf den Straßen
stillstände, die Fabriken ruhten, und die Vögel sängen auf den
Maschinen
wie sie es erlebt hat während der Großen Depression. Sie
erzählt
von den Schrecken, die sie sah im Womens House of Detention
wenn sie wieder einmal verhaftet war. Und mit einem Blick
auf die Armen wiederholt sie, was Peter einmal sagte:
»Die Zukunft wird anders sein
wenn wir die Gegenwart verändern.«
Ich verabschiede mich ehrfürchtig von dieser heiligen Anarchistin
und diesem heiligen Ort, an dem jeder willkommen ist.
Jeder empfange nach seinen Bedürfnissen
jeder gebe nach seinen Fähigkeiten.
DOWN TOWN, UP TOWN. Bang. Bang. Es donnern die Züge
unter der Erde up town und down town
mit den Namen von Jungen und Mädchen wie Blumen
Tom Jim John Carolina
der Name und die traurige Anschrift wo sie wohnen. Sie sind
wirklich. Damit alle wissen, daß sie WIRKLICH sind. Bang
bang
die Züge über den Hochspannungskabeln mit
ihren leuchtenden Anzeigen von Calvert, Pall Mall und der
Army
es ist schön in der Army.

Nachts, in der Nähe der Wall Street, in einer Wohnung ohne
Möbel
Priester und Laien, Pastoren und Marxisten
»Das System ändern, in dem das Ziel des Menschen der
Gewinn ist«
»Die christliche Ethik paßt nicht in die Grenzen der privaten
Moral«
»Die Schau des Reiches Gottes ist subversiv«
Der eine arbeitet mit Computern, der andere mit den Armen ...

Ernesto Cardenal

Worte des abwesenden Gottes

WAS RUFST DU UM HILFE, törichter? Ich helfe dir nicht, du hast dir selbst geholfen. erwählt, geprüft, verbündet mit der allmacht, wie du sie verstehst, hast du aus deiner winzigen weltecke die erde erobert. du hast die zeichen deines sieges und die zeichen der vernichtung in die flanken der berge, in den schoß der erde, auf die linien des wassers geschrieben. und nun, da du mit deiner siegerfahne auf den leichen stehst, da du dich einsam fühlst und von der zukunft verlassen, willst du von Mir die alten verheißungen einfordern.
warum forderst du? Ich fordere nichts von dir.
Ich fordere Meine blauwale, Meine laufvögel, Meine schmetterlinge und zedern nicht zurück, Meine flüsse und Meine kohle. Ich fordere nicht einmal Meine huronen, tasmanier, pruzzen und australier; ja, nicht einmal Meine geliebten und frommen diener, die du auf scheiterhaufen verbranntest in Meinem namen.
sie gehören alle dir, du stehst auf ihnen, du hast ihre kadaver in die brunnen deiner welt geworfen und klagst nun, daß das wasser faul ist.
was habe Ich dir versprochen, was du dir nicht selbst holen wolltest?
du hast geschrien: geh fort, solange Du da bist, bin ich ein untertan, Du kannst nicht wollen, daß ich untertan bin.
Ich ging also fort, Ich gab dich frei, Ich bin abwesend, weil du es so willst. was schreist du also, daß du in Meinem auftrag gehandelt, daß du Mir vertraut hast? Ich habe dir alles überlassen – auch die vorsorge für dich selbst.
aber was hast du mit Meiner abwesenheit gemacht?

du hast Mich einen finster-weisen natur-baal genannt; und du selbst warst den deinen ein finster-dummer moloch.
du bist kein untertan mehr, aber den deinen bist du ein pfähler und röster, brauchst ihre qualen, um dich deiner herrschaft zu freuen.
solange du gefressen wurdest, hast du die welt des fressens und gefressenwerdens unerträglich gefunden, nun frißt du selbst, frißt und frißt, und schreist darüber, daß du nun vielleicht doch gefressen wirst.
du schreist: ich allein bin nach Deinem bild und gleichnis gemacht! Ich aber sage dir: an dir allein ist es, bild und gleichnis zu werden.
du schreist: der himmel ist nicht für die vögel da, die weltgeschichte nicht für die abkömmlinge von schimpansen. Ich aber sage dir: kein himmel, der nicht für die vögel da ist, war und ist je für dich da; und ferner: was du dem geringsten Meiner schimpansen, deiner brüder, antust, das hast du dir selbst getan; und abermals: wenn du nicht wirst wie der geringste dieser schimpansen, wirst du nicht in das Reich eingehen.
du fragst: wo ist dieses Reich, das Du mir versprochen hast? Ich aber sage dir: das Reich, das paradies, ist in dir und um dich, und du hältst deine augen, daß du es nicht sehen mußt.
du fragst: ist nicht alles auf meine freiheit, mein glück, meine befriedigung allein angelegt? und Ich sage dir: glück für einen allein gibt es nicht.
du fragst: wo ist das Neue Jerusalem, wo sind die zedertore, wo die edelsteinernen türme? Ich aber sage dir: zweimal zwei ist vier. du hast Meine zedern für deine hurenhäuser gebraucht und Meine edelsteine deinen huren umgehängt, Ich fordere sie nicht zurück, aber zweimal zwei ist vier. soll Ich, der Abwesende, wunder wirken, die du dem Anwesenden nicht glaubtest?
du fragst: hast Du mir nicht den sohn geschickt mit der verheißung einer Zukunft, die alle meine zurüstungen übersteigt? Ich aber sage dir: Er hat dir ein beispiel gegeben,

daß du tust, wie Er getan hat. geh hin, gib deine untertanen frei und diene, wie Er gedient hat: diene deinen brüdern und schwestern sonne, mond, ochs, esel, schimpansen, ameisen, bäumen, regen und tau.
wen habe Ich je erwählt, den anderes erwartet hat als dienen?
gedenk, daß du staub bist und zum staub zurückkehrst.
dann – kannst du Mein Sohn sein.

Carl Amery

Schwester Evelyn, 26 Jahre alt, Chicago

In seinem »Bericht aus einer amerikanischen Stadt: Chicago«, in dem der bekannte Rundfunkreporter *Studs Terkel* 72 Einzelporträts zum Gesicht einer amerikanischen Großstadt komponierte, findet sich auch das Interview mit der amerikanischen Nonne Evelyn. Er stöbert sie auf im zweiten Stock eines Hauses auf der Kenmore-Avenue in einem Stadtviertel der North-Side, die mehr und mehr von Appalachen bewohnt wird. Seine Umweltschilderung:
Die Wohnung ist einfach eingerichtet, säuberlich, ein wenig altmodisch. Ständig läuten Türklingel und Telefon. Es wohnen hier drei junge katholische Glenmary-Schwestern: Schwester Maria, Schwester Gerald und Schwester Evelyn. Ihre Kleidung ist unkonventionell: graues Straßenkostüm, durchsichtiger Schleier, leicht zurückgesetzt, so daß das Haar hervorschaut.

WIR WOHNEN HIER, weil in diesem Viertel Appalachen leben. Unsere Gemeinschaft ist zu dem Zweck gegründet worden, den Menschen dort zu dienen, wo es die Kirche bislang nicht vermocht hat. Das bedeutet für uns Arbeit in Appalachen-Gebieten. Um den Appalachen unmittelbar dienen zu können, müssen wir uns mit dem Problem der Bevölkerungsverschiebung auseinandersetzen. Deshalb sind wir hier in der Kenmore-Avenue.
Theologisch gesehen sind wir hier, weil Christus überall dort sein muß, wo es Menschen gibt. Und gewiß gibt es Menschen in jedem Haus in Chicago, und das Zeugnis Jesu, des Mensch gewordenen Heilands, ist ebenfalls da, oder sollte doch da sein. Ganz besonders in unserem Viertel hier ist es notwendig, daß der Mensch in seinem Bruder Christus erkennt.
Wir haben vor zwanzig Jahren im Appalachen-Süden angefan-

gen. Wir sind jetzt in Chicago, weil ein hoher Prozentsatz dieser Menschen hierhergezogen ist.
Als Schwestern haben wir uns auch mit dem neuen Eigenverständnis der Kirche befassen müssen: einer gewissen Bereitschaft, vorgegebene Strukturen in Frage zu stellen; einer gewissen Unzufriedenheit mit institutionalisierten Antworten; einer gewissen Bereitschaft, anzuerkennen, daß keine Antwort zu haben Problematik bedeutet; und der Notwendigkeit, eine konkrete Wahl zu treffen.
Jeder, der es unternimmt, an einer Institution zu rütteln, muß bereit sein, die Folgen zu tragen. Wir halten uns bestimmt nicht für Propheten. Wir halten uns für Menschen, die eine Situation prüfen. Aber im Verlauf dieser Prüfungen müssen wir gegen überkommene und allgemein angenommene Vorstellungen angehen, wie Schwestern sich zu verhalten haben.
Wir hoffen in erster Linie, daß es uns gelingt, in unserem Block mit den übrigen Menschen gutnachbarlich auszukommen, als Südstaatler in Chicago. Ich glaube, das hat für die Leute hier Bedeutung. Denn wir beziehen uns auf Briefe, die wir von zu Hause bekommen, aus den Gebirgsdistrikten Nord-Carolinas, aus den Bergwerksdistrikten von Virginia, und das genau ist ja für viele Menschen hier ihre Heimat.

Bekehrung gehört nicht zu Ihrer Aufgabe?

Nein, nein. Ich denke doch, fast jeder hier im Block weiß, daß wir katholische Schwestern sind. Meist nennen uns die Menschen hier aber einfach ›die christlichen Frauen‹.

Sind Sie mit Ihrer unkonventionellen Einstellung bei der kirchlichen Hierarchie auf ausgesprochenen oder unausgesprochenen Widerstand gestoßen?

Nachdem wir drei Monate in Chicago gewesen waren, erlebten wir den großen Vorzug, Kardinal Meyer persönlich kennenzulernen. Es war dies kurz vor seinem Tode. Der Kardinal war höchst freundlich zu uns. Zu dritt waren wir fast eine halbe Stunde bei ihm und haben über seine Sorgen hinsichtlich der Notleidenden in Chicago gesprochen. Wir haben auch mit

Monsignore Egan* Besprechungen und Diskussionen gehabt. Viele andere Priester und Schwestern haben uns in unserer Arbeit ermutigt. Es hat natürlich auch solche gegeben, die Fragen stellten, gewiß aber, um uns zu größerer Klarheit über unsere Ziele zu verhelfen, wobei über unsere Arbeit manchmal sehr ernst debattiert wurde. Gelegentlich begegneten wir auch Verwirrung, aber Widerstand – meiner Meinung nach nicht.

Warum sitzen Sie nicht hinter Klostermauern?

(Sie lacht.) Ich denke, das ist doch aus unseren Worten und aus anderem bereits hervorgegangen.

Wie haben sich die Menschen hier im Viertel Ihnen gegenüber verhalten?

Im schönsten Sinne ›südstaatlich‹, sollte ich wohl sagen. Ich denke, man hat uns hier als Nachbarn so ziemlich akzeptiert. Manchmal werden gewisse Vorurteile gegen die Kirche laut. Zumeist aber drücken uns die Menschen ihr Erstaunen darüber aus, daß sich die Kirche ihnen auf diese Weise zeigt, da sie sie bisher vielleicht unter anderen Aspekten oder überhaupt nicht kennengelernt haben.
Als wir hier eingezogen waren, machten wir uns wie jeder andere als erstes mit unseren Hausnachbarn bekannt. Wir sind dort hingegangen, wo ganz Kenmore hingeht. Wir haben unsere Wäsche in der automatischen Wäscherei um die Ecke gewaschen – das ist für die Frauen des Blocks die eigentliche Nachrichtenzentrale. Wir kaufen in dem kleinen Laden um die Ecke ein. Wir sind mit den Leuten zusammen auch zur L-Station** gegangen. Nachdem wir uns so ein wenig eingeführt hatten, schien uns, die Hauptaufgabe hier in diesem Block sei, eine Art Gemeinschaftssinn zu schaffen, Aufgeschlossenheit für die Fremden.

* Monsignore John Egan, Leiter des Erzbischöflichen Amtes für städtische Angelegenheiten, wurde im Januar 1966 von Erzbischof Cody, dem Nachfolger des verstorbenen Kardinals Meyer, an eine Pfarrkirche versetzt.
** L-Station: Elevated Station = Hochbahn. Anm. d. Verl.

Sie ist Teil des appalachischen Erbguts, fehlt aber hier auf der Kenmore-Avenue seltsamerweise. Daß sie geweckt würde, war unserer Meinung nach, was die Menschen hier am dringendsten brauchen.
Seither haben wir uns bemüht, auf der Kenmore sozusagen als Verbindungsleute von Nachbar zu Nachbar zu fungieren und kleine Pläne zusammenzustellen. Erste Schritte zu einem bedeutenderen Austausch.
Zunächst reagieren die Appalachen in der großen Stadt stets mit Furcht und Enttäuschtsein. Dadurch verschärft sich die Vereinzelung jeder neu hinzukommenden Gruppe. Ich denke, die Stadt Chicago ist eine einzige große unbeantwortete Frage. So denken auch viele Appalachen. Das komplizierte Beziehungsnetz, das diejenigen von uns, die in einer größeren Stadt aufgewachsen sind, als Teil des Weltgeschehens nun einmal hinnehmen, ist für den Appalachen völlig neu. Es ist dies ein Beziehungssystem, das ihm zu erklären sich meiner Meinung nach nur die wenigsten Städter überhaupt die Zeit nehmen.
In erster Linie, weil es uns selber ja nicht mehr erläutert zu werden braucht. Wir sind gewissermaßen mit dem Geschmack der Stadt auf der Zunge großgeworden. Aber für die Appalachen ist dieser Geschmack neu. Und es wird eine Weile dauern, bis sie ihn bereitwillig hinnehmen können.
Mein Wissen um die Probleme, denen sich die Neger gegenübersehen, ist geringer als mein Verständnis für die Appalachen. Ich denke, es gibt da verschiedene Bereiche, in denen sich die Dinge ähneln, und vielleicht einige Unterschiede. Ich bin sicher, daß zum Beispiel auch viele Südstaaten-Neger aus einer ziemlich isolierten ländlichen Gemeinschaft kommen. Vielleicht nicht so isoliert wie die Appalachen-Gemeinschaft, aber doch mit den gleichen Auswirkungen. Keiner von beiden ist an die komplexe Gemeinschaft Chicagos gewöhnt.
Vielleicht ergibt sich ein Unterschied zwischen diesen beiden Gruppen daraus, daß der Südstaaten-Neger zumeist viele Bindungen an seine Heimat gelöst hat, wenn er in unsere Stadt kommt. Dies gilt für die Appalachen nun nicht. Auch sie kommen, von der Notwendigkeit getrieben, in diese Stadt, möchten aber eigentlich lieber wieder zu Hause sein. Ich weiß nicht ganz, ob man das auch von den Negern sagen kann.

Haben Sie das Gefühl, daß eine Angst, eine Befürchtung unter den Appalachen hier in Chicago besonders ausgeprägt ist?

Oh, die Angst setzt sich aus vielen Elementen zusammen, die man vielleicht unter dem Begriff Fremdheit zusammenfassen könnte. Ein Nichtwissen, gekoppelt mit der Erkenntnis, daß man sie hier nicht gerade willkommen heißt. Man sieht sie fast ebenso als Klischeebild wie die Neger in Chicago. Das Klischee des ungeschlachten, ungebildeten, unmoralischen, gewalttätigen Hinterwäldlers. Es ist interessant, daß viele der Einzelzüge auch zum Klischeebild vom Neger gehören. Vielleicht sind es ganz einfach die Klischees des Außenseiters, kulturell und gesellschaftlich abgelehnte Züge. Wenn wir die an einer Gruppe ausmachen können, die wir nicht akzeptieren wollen, haben wir eine gewisse Berechtigung für unsere mangelnde Aufnahmebereitschaft.
Man findet ja im Menschen immer einen gewissen Zynismus, eine gewisse Vorsicht. Vielleicht ist der Grund dafür, daß wir dies auch hier zu spüren bekommen, oft ... wenn wir das erstemal in eine Appalachen-Gegend kommen, sind wir die Außenseiter. Der Appalache seinerseits ist bei sich daheim und hat die Lage ziemlich gut unter Kontrolle. Er könnte sich der Gastfreundschaft öffnen, weil er sich seiner eigenen Position in diesem Rahmen sicher ist. In der Stadt aber hat man ihm das Empfinden gegeben, daß er der Außenseiter ist. Er hat auch so manches erlebt, was ihn angesichts der Menschen, mit denen er sich in der Stadt abgeben muß, innerlich zur Vorsicht mahnt. Das ererklärt vielleicht, daß er sich gewissermaßen von der für ihn charakteristischen spontanen Gastfreundschaft und Offenheit distanziert.

Die Glenmary-Schwestern haben eigentlich in Cincinnati begonnen. Da hatten wir Appalachia vor der Haustür. Der Vorstoß von Cincinnati in den Süden war dann ganz natürlich. Ich denke, er führte zu unserer weiteren Beschäftigung mit dem Appalachen, der jetzt aus dem Süden wieder in die städtischen Regionen zurückwandert, aus denen viele von uns kamen.

Ich stamme aus New Orleans. Erinnerungen? Ich denke, ich habe die üblichen Berufswunschphasen eines jeden kleinen Mädchens durchgemacht, Schullehrerin, Krankenschwester, gewiß Mutter, und vielleicht später die etwas abenteuerlicheren Laufbahnen – *scheinbar* abenteuerlicher, für ein junges Mädchen – Sekretärin, Stewardeß bei einer Fluggesellschaft, Journalistin vielleicht. Ich kann mich an keinen einzelnen Beruf erinnern, der mich länger als nur ein paar Wochen gefesselt hätte.

(Das Telefon läutet mindestens zum zwölften Mal.)

Es gibt keine allgemein gültige Antwort auf die Frage, weshalb jemand Nonne wird, oder wie stark man sich persönlich erfaßt sieht. Wir als Schwestern gehen eine Verpflichtung ein, die ein Leben in Keuschheit oder Jungfräulichkeit fordert; wir heiraten nicht. Sie fordert auch ein Leben in Gehorsam. Sie fordert ein Leben der Loslösung von dem, was man ›irdische Güter‹ nannte. Was aber sind die Gründe dafür? Was berechtigt eine Frau des zwanzigsten Jahrhunderts zu der Entscheidung, ihrer Lebensenergie diese Richtung zu geben? Für einige von uns, ich spreche da nur für mich selbst, dienen die von uns übernommenen Verpflichtungen dazu, uns besser zu rüsten für den ständigen Kampf, in dem sich die Menschheit selbst findet – ich will sagen, in dem sich die Menschheit selbst zu finden unternimmt.
Wir sind nicht verheiratet. Ist das einfach der Versuch, den Schmerzen und Zwiespälten einer längeren menschlichen Bindung auszuweichen? Wenn ja, dann wäre das Schwesternleben eine Travestie dessen, was es bedeutet, Christ zu sein. Ein Christ muß solche längeren menschlichen Bindungen eingehen, denn nur in ihnen finden wir Christus. Aber wenn uns unsere Verpflichtung, ledig zu bleiben, in den Stand setzt, mehr Zeit, mehr Energie, mehr Hingabe an die Menschen zu wenden – oder doch an den begrenzten Kreis von Menschen, um die wir uns bemühen können –, dann hat sie Gültigkeit.
Wenn unsere Lossagung von irdischen Gütern, wenn unser Verhältnis zum Geld bedeutet, daß wir einfach einen Bogen machen um die quälende Notwendigkeit der monatlichen Hypothekenrate oder um die drängende Frage, ob dieser Scheck hier die dringlichsten Krankenhauskosten auch decken wird – wenn sie bedeutet, daß wir uns von diesen unmittelbar drängenden Problemen der meisten Menschen distanzieren, dann hat es damit keineswegs seine Richtigkeit.
Aber wenn Lossagung bedeutet, daß wir ein Leben ähnlich dem

der meisten Menschen führen, in dem unsere Finanzmittel so begrenzt sind wie die ihren, und das uns die gleichen Einschränkungen auferlegt, dann, denke ich, sind unser Symbol und unser Zeichen sinnvoll.
Sofern unser Gehorsam, unser Verhältnis zur Kirche auf die Zusammenarbeit und Verantwortlichkeit hinzielt, der sich jeder Mensch einmal gegenübersehen wird, wenn die Menschheit als Ganzes ihre Menschlichkeit erkennt, dann, so denke ich auch hierin wieder, haben wir in der Tat eine Botschaft zu vermitteln.
Sofern er aber einfach der Versuch ist, sich den Verantwortlichkeiten einer Lebensentscheidung zu entziehen, deren Konsequenzen wir selbst tragen müssen, dann wiederum sind wir als Zeugnisgebende unzulänglich.
Ich denke, wir als Christen, die innerhalb einer erwachsenden Menschheit selbst erwachsen werden, müssen in Begriffen reden, die die Fragen derer beantworten können, mit denen wir leben und arbeiten. Zweifellos erreicht keiner von uns ganz das Ideal der Menschwerdung, aber indem wir darum ringen, das Kerngeheimnis des Christseins zu leben, im zwanzigsten Jahrhundert, in Chicago, auf der Kenmore-Avenue, denke ich, wird unser Zeugnis gültig.
Ich entsinne mich noch: damals, als ich in der Mittelschule war, empfand ich zum erstenmal den Wunsch, mein Leben in die eigenen Hände zu nehmen. Ich weiß noch, daß ich damals meinte, mein Leben würde zu kurz dauern, und bei dieser vorgegebenen Kürze meines Lebens müßte ich ganz sicher sein, daß jeder tägliche Kampf, daß all die kleinen Siege über mein eigenes Ich hinaus eine Bedeutung hätten. Ich traf meine Wahl durch den Entschluß zu einem religiösen Leben. Es ist zweifellos nicht die einzige Möglichkeit. Die Erkenntnis, daß mein eigenes Ich nicht allen Sinnzusammenhang auszufüllen vermochte, trug zu meiner Entscheidung bei. Sie ist gewachsen, und ich glaube, sie hat sich vertieft. Aber ich glaube auch, daß die Saat von Anfang an in mir war.

Haben Sie je geschwankt, hin und her überlegt?

Ja, gewiß. Die menschliche Situation verlangt wiederholtes Überdenken. Wir bleiben zunächst drei Jahre in der Gemeinschaft, bevor wir überhaupt ein Bleibeversprechen abgeben. Und auch dieses geben wir dann zunächst für ein Jahr. Für eine Periode von insgesamt acht Jahren also haben wir die jährliche Möglichkeit, alles noch einmal zu überdenken.

Ich bin sicher, daß es auch Fragen gegeben hat für mich, teils aufgrund von Fragen, die in mir selbst lagen, und teils aufgrund von Dingen außerhalb meines Ichs. Jedes Jahr wurde mir die Last der Mehrdeutigkeit ein wenig schwerer, zugleich aber bin ich mir, so denke ich doch, meiner Antwort etwas sicherer geworden. Meiner Meinung nach gehörte dies einfach zum Reifeprozeß.

Meine Familie war nicht sehr begeistert von meiner Entscheidung vor nunmehr neun Jahren. Seit dieser Zeit haben sie – ich hasse das Wort – resigniert, was nicht bedeutet, daß sie akzeptiert hätten. (Lachend.) Ich bin mir gar nicht sicher, daß meine ganze Familie mich versteht, daß sie mein Leben sieht wie ich. Aber andererseits muß ja jeder Mensch sein eigenes Leben leben. Ich denke, meine Familie ist sich ziemlich sicher, daß ich glücklich bin – und daß meine Entscheidung ihre eigene Sorge um die Menschlichkeit, um den Menschen widerspiegelt. Daher rührt auch meine diesbezügliche Einstellung. Meine Familie ist zufrieden. Ich hoffe, daß es mir allmählich gelingen wird, ihnen ein wenig nahezubringen, aus welcher inneren Vision heraus ich Schwester geworden bin. Und Schwester nicht nur denen, denen ich diene, sondern auch den mir Nächststehenden – meiner Familie.

Ich bin seit 1956 von New Orleans fort. Ein paarmal habe ich die Familie besucht, aber zweifellos nicht oft genug, um zu ihrer Gemeinschaft noch gehören zu können.

Ich erinnere mich, Antrieb meines Schülerinnenwunsches damals, Nonne zu werden, war meine Empörung über die Lage der Neger in New Orleans. New Orleans war eine Stadt, die sich ihrer Gastfreundschaft rühmte, es war eine Stadt, die für sich ein großes kulturelles Erbe beanspruchte und auch eine starke religiöse Tradition. Aber ich hatte Viertel von New Orleans gesehen ...

Ich weiß, viele Menschen meiner Altersgruppe hatten diese Dinge wohl erkannt – viele aber auch nicht. Und bisher habe ich mir die problematische Frage noch nicht beantworten können,

wie es kommt, daß manche Menschen meinen, man solle seines Bruders Hüter sein, und andere das nicht glauben.
Mein Vater stammt aus West-Virginia. Er selbst ist, glaube ich, ein Appalachen-Hinterwäldler. Wahrscheinlich hat er mit der Rassenfrage, wie es später genannt wurde, persönlich Erfahrungen aus erster Hand gemacht. Er kam nach New Orleans, um dort zur Schule zu gehen. Meine Mutter ist in New Orleans geboren, ebenso meine Großmutter und mein Großvater mütterlicherseits. Ich glaube, meine Mutter hat zu diesem ganzen Fragenkomplex eine sehr persönliche Einstellung; sie hat sich aber gescheut, uns, meinen Brüdern und Schwestern und mir, diese Ansichten einzuimpfen, was sicher dazu beigetragen hat, daß wir uns über diese Dinge mit unseren Eltern und Großeltern jetzt in Dialogform ziemlich scharf auseinandersetzen.
Sicherlich verdanken wir viel dem angeborenen Gerechtigkeitsgefühl meines Vaters und dem Verantwortungsbewußtsein meiner Mutter, das sie bewog, uns das Recht zur freien eigenen Entscheidung einzuräumen.
Manchmal frage ich mich, ob es wirklich nur Heimweh ist, aber ich weiß noch, daß ich mich jedesmal wieder zu Hause fühlte, wenn ich nach New Orleans kam. Es hat zweifellos damit zu tun, daß ich dort ja aufgewachsen bin. Aber es ist doch interessant, daß ich auf der Kenmore-Avenue manchmal, wenn ich von einer ein- oder zweiwöchigen Reise zurückkomme, ganz ähnlich empfinden kann.
(Sie lacht.) Manchmal, wenn ich in der City bin und jemanden treffe und sage, ich gehe jetzt nach Hause, dann meine ich Kenmore-Avenue. Gelegentlich, wenn ich davon rede, daß ich nach Hause gehe, ist es unser Mutterhaus in Cincinnati, und dann wieder denke ich ans Nach-Hause-Zurückkehren, und es ist New Orleans.
Aber auf der Kenmore fühle ich mich jetzt wirklich zu Hause. Obgleich unsere Arbeit hier nur drei Jahre dauern wird.

POSTSCRIPTUM

Das Telefon klingelte unablässig: ein Student, der Ost-Kentucky besucht hat, will kommen und über eine Bergarbeiter-Organisation berichten, die in einem neu geöffneten Trucksystem-Bergwerk gebildet wurde; ein Sänger, der in der Gegend einen

Volksliederchor zusammenstellen möchte; eine Mutter aus der Nachbarschaft mit einem persönlichen Problem; ein Anruf von JOIN, einer Ortsgruppe der ›Students for a Democratic Society‹, die in dieser Straße mit Appalachen zusammenarbeitet.

»Es muß ein Mensch-zu-Mensch-Verhältnis sein«, sagt sie. »Wir treten einander von Angesicht zu Angesicht als Individuen gegenüber. Das beschwichtigt manche Befürchtung und Verdächtigung und Vorbehalte auf beiden Seiten. Und dann kann man mit wirklich großen Schritten an die Schaffung eines Gemeinschaftsgefühls gehen. Jetzt werden die kleinen Schritte unternommen, die so notwendigen ersten Schritte.«

An der Tür stellte ich noch eine Frage: »Wenn Jesus Christus heute auf die Welt zurückkäme, was, glauben Sie, würde mit Ihm geschehen?« Sie lachte: »Nun, ich hoffe, daß Er uns dann hier auf der Kenmore besuchen würde. Ich denke, Er würde sich hier zu Hause fühlen. Christus, der zurückkäme oder Christus, wie Er jetzt hier ist, verlangt von uns, daß wir Ihm in unseren Brüdern begegnen.«

Studs Terkel

Wer fällt, kann aufstehen

Sie ist Nonne in einem katholischen Krankenhaus. Sie lebt ein »Leben für die Liebe«, wie frommer Jargon es nennt. Niemand mag annehmen, daß sich hinter dem blassen Gesicht unter dunkler Nonnenhaube das Antlitz einer Süchtigen verbirgt.
Aber sie schafft es, aus eigener Kraft das Gespräch mit einem Menschen zu suchen, der ihr helfen kann. Die Begegnung mit dem Priester *Roland Melody*, der sich nicht zu schade dafür war, den Fixern an »Ort und Stelle« nachzugehen, gibt ihr die Chance zu einem neuen Anfang. Sie ergreift diese Chance. Sie demütigt sich, sie stellt sich bloß, auch vor der erst einmal entsetzten Oberin. Ein unerschütterter Glaube an die Barmherzigkeit Gottes trägt sie in einen neuen Lebensabschnitt.

ALS SCHWESTER HATTE SIE Tausende von Injektionen gegeben. Nun stellte sie wieder ihre Geschicklichkeit unter Beweis. Sie legte den Arm auf ein sauberes Handtuch, band die Zirkulation mit einer Gummimanschette ab und wartete ungeduldig, daß in der Armbeuge eine Vene heraustrete. Dann betupfte sie die klopfende Ader mit alkoholgetränkter Watte. Die Nadel stieß sanft und gekonnt hinein, und den Arm durchfuhr ein angenehmes prickelndes Gefühl. Diesmal war es ihr Arm, und er war weich und weiß. Sie beobachtete, wie ihre zarte Haut die Nadel festhielt und ihre Vene die dämpfende Droge aufsaugte, als sie die Spritze leer herauszog. Als sie die Manschette abriß, empfand sie die plötzliche dramatische Entspannung, als ob ein Eiterbeutel, der auf ihr Hirn gedrückt hatte, geplatzt sei. Sie ließ sich in ihren Stuhl fallen.
Wenn ihr vor zwei Jahren jemand gesagt hätte, daß sie es als erotisch anregend empfinden würde, wenn die Spitze einer Nadel ihre Haut durchstößt, hätte sie gelacht. Nun rief schon das bloße Halten einer mit Morphium gefüllten Spritze eine leiden-

schaftliche Erwartung hervor. Es war noch nicht lange her, daß es ihr nur darum zu tun war, die Menschheit zu bessern und ihre Liebe zu Gott zu stärken, denn sie war eine Krankenschwester und eine katholische Nonne. Aber jetzt war sie auch eine Rauschgiftsüchtige.

Einige Monate nachdem ich vor einer Gruppe von Schwestern im St.-Josephs-Kloster über Rauschgiftsucht gesprochen hatte, erhielt ich einen Anruf von Schwester Julia. Wir verabredeten uns an der Auskunft des Krankenhauses, wo sie lebte und arbeitete. Als ich ankam, ließ ich sie rufen. Gleich danach trat eine kleine Nonne Anfang Dreißig in der Tracht ihres Ordens an mich heran und stellte sich vor.

Als wir zu einem kleinen Büro neben der Station, wo sie arbeitete, gingen, bemerkte ich, daß man ihre Augen unter einer großen, dicken Brille mit gefärbten Gläsern kaum erkennen konnte.

Wir setzten uns, und sie legte ihre gefalteten Hände auf den kleinen Schreibtisch vor ihr und sagte nachdenklich: »In dieser letzten Woche habe ich sehr viel nachgedacht, Father, und ich weiß nicht, wie ich es anders ausdrücken soll, aber ich bin rauschgiftsüchtig.« Ich war wie betäubt.

»Was meinen Sie mit rauschgiftsüchtig?«

»Genau das, Father. Ich injiziere mir alle paar Stunden Morphium. Es wird schlimmer. Ich fürchte, daß es früher oder später herauskommen wird und der Skandal für den Orden, das Krankenhaus und meine Familie schrecklich werden wird.«

Obgleich es erst vormittags war, erkannte ich, daß sie schon nervös wurde und bald eine neue Injektion brauchte.

»Wo machen Sie sich Ihre Injektionen?«

»Je nachdem. Wir wohnen im obersten Stock des Krankenhauses. Tagsüber, wenn auf der Pflegestation zuviel Betrieb ist, gehe ich hinauf in mein Zimmer. Aber während des Nachtdienstes, wenn es ruhig geworden ist, mache ich es mir in der Drogenkammer, wo wir die Betäubungsmittel aufbewahren.«

Das Ganze schien unwahrscheinlich. Ich kann zornige Leute verstehen, die aus Protest Drogen nehmen und nicht mehr loskommen; Leute mit mystischen Vorstellungen, die dadurch in Drogenabhängigkeit geraten; junge Leute, die sich langweilen; Jugendliche ohne Eltern – aber eine Nonne! Die Erkenntnis

dämmerte mir, daß es keine heiligen Kühe, keine Unberührbaren gab. Jeder, gleich aus welchem Beruf oder in welcher Stellung, kann von dem erbarmungslosen Tritt des Drogenmißbrauchs getroffen werden. Eine Weile hat man vielleicht etwas davon, aber man ist zu einem Tod am lebendigen Leibe verdammt.
Tränen begannen über ihre Wangen zu strömen, und sie nahm die Brille ab, um sich die Augen zu wischen. »Es begann alles vor zwei Jahren, als ich für mein Pflegerinnenexamen in der Sommerschule arbeitete. Der Druck wurde unerträglich. Ich hatte zu viele Kurse belegt, mußte zu viele Abschlußarbeiten einreichen, die mündliche Prüfung sollte in einer Woche sein, ich hatte nie Zeit zum Lernen, viel zu wenig Schlaf. An einem Morgen dann vor der mündlichen Psychologie-Prüfung gab mir eine der Schwestern in meinem Schlafsaal eine Amphetamintablette. Und wenn ich dann eine Aufmunterung brauchte, stahl ich mich in die Zimmer der Schwestern auf meinem Flur und durchsuchte ihre Schubladen nach Amphetaminen. Ich nahm eine oder zwei Pillen aus jedem Fläschchen – immer gab es genug Mädchen mit Rezepten, so daß ich mich gut versorgen konnte. Nach dem Unterricht, wenn die Schwestern in ihre Zimmer zurückkamen, erfand ich Entschuldigungen, um sie um eine Pille zu bitten, und sie gaben sie mir immer. Anfangs dachte ich, daß ich mich durchaus unter Kontrolle hatte, Father, ich wußte, daß ich zu viele Pillen nahm, aber ich glaubte, ich könnte aufhören, sobald sich die Verhältnisse etwas beruhigt hatten. Ich machte meine schriftlichen Arbeiten und mündlichen Prüfungen mit Leichtigkeit. Ich war so angeregt, daß ich mir nie Zeit nahm, genug zu essen oder zu schlafen. Als ich mich zu beunruhigen begann, daß ich so wenig schlief, nahm ich Barbiturate.«
Unsere Unterhaltung wurde immer wieder durch Telefonanrufe und Aufnahmen von Patienten unterbrochen. Schwester Julia war eine sehr tüchtige Krankenschwester, aber ihre Drogenabhängigkeit schwächte sie. Die Gefahr, daß ihr ein gefährlicher, vielleicht sogar tödlicher Fehler unterlief, wurde jeden Tag größer. Schwester Julia wurde in die Aufnahme gerufen. Als sie zurückkam, schlug sie vor, unsere Unterhaltung in einer ruhigen Ecke des Cafés fortzusetzen. Sie fuhr fort, ihre Geschichte zu erzählen:
»Nach der Sommerschule beschloß ich, meine Woche Ferien im

Strandhaus meiner Eltern zu verbringen, um mich zu erholen und von den Pillen loszukommen. Aber tatsächlich verbrachte ich die meiste Zeit halb betäubt von Barbituraten in der Sonne. Mutter und Dad beklagten sich, daß ich zuviel schliefe, aber sie ahnten nie, warum. Ich machte mir vor, daß ich aufhören würde, sobald ich mich wieder dem regelmäßigen Stundenplan im Krankenhaus zu fügen hatte. Doch ich täuschte mich. Die tägliche Routine, die ich geliebt hatte, begann mir auf die Nerven zu gehen, ich fuhr die Schwestern an und war unliebenswürdig zu den Patienten. Die geringste Entschuldigung genügte, um eine Pille zu nehmen. Die andern Schwestern fragten sich, was los war, aber es gelang mir immer, die Gemüter bis zum nächsten Ausbruch zu beruhigen. Mein Pillenvorrat von der Sommerschule war fast aufgebraucht – ich begann zu verzweifeln! Ich wußte, daß die Oberschwestern über die täglichen Rauschgiftausgaben Buch führten, das in einem verschlossenen Schränkchen lag. So mußte ich mir einen wirklich klugen Plan ausdenken, um einen neuen Vorrat zu stehlen.

Immer wenn ich Dienst hatte und die Patienten ihre Schmerz- und Schlaftabletten bekommen sollten, nahm ich meine Schlüssel, öffnete den Schrank und bereitete das Tablett mit den Pillen vor, die Dosis jedes Patienten kam in einen kleinen Papierbecher. Ich schrieb jede Dosis unter dem Namen des Patienten auf und verteilte die Becher. Dann ließ ich die Patienten allein, was gegen die Regel ist, aber ich wußte, daß viele von ihnen ihre Pillen nicht nehmen würden, wenn ich nicht dabeistand. Wenn ich später die Runde machte, war es nicht schwierig, die nicht gebrauchten Pillen einzusammeln. Es dauerte nicht lange, bis meine Toleranzgrenze für Beruhigungsmittel gefährlich hoch war. Ich lag eine schreckliche Nacht nach der anderen weinend im Bett, starrte in die Dunkelheit, und wie oft, Gott möge es vergeben, betete ich um den Tod. Plötzlich erinnerte ich mich, in dem Drogenschrank Reihen brauner Flaschen mit Codein-Hustensaft gesehen zu haben. Am nächsten Abend nach Ende des Dienstes schloß ich die Tür des Schrankes auf und nahm eine Flasche. Ich trank zwei große Schlucke direkt aus der Flasche, und der eklige Geruch würgte mich. Dann schloß ich die Flaschen wieder in dem Schrank ein. Dieser ›Codein-Cocktail‹ wurde zum nächtlichen Ritual ...

Eine Zeitlang hatte ich das bestimmte Gefühl, daß die Ärzte mich anstarrten und mich verdächtigten. Natürlich konnte ich mir verstandesmäßig sagen, daß es ein klassischer Fall von Paranoia bei Süchtigen ist, und versuchen, mich selbst auszulachen, aber ich konnte mich nicht davon frei machen. Bald begann ich, meine Unterhaltungen mit den Schwestern und Ärzten soweit wie möglich einzuschränken. Es war nichts Ungewöhnliches, daß ich während einer schwierigen Schicht fünfzehn bis fünfundzwanzig Pillen nahm, nur damit ich sie durchstand, und danach ein gehöriges Maß von Codein-Saft, damit ich schlafen konnte!

An dem Tag, als ich vor sechs Monaten die Fünfundzwanzig-Pillen-Grenze überschritt, dachte ich zum erstenmal daran, Morphium zu injizieren. Können Sie sich vorstellen, wie mir zumute war, Father, als ich eines Tages unerwartet gebeten wurde, vor zweihundert Lehrschwestern einen Vortrag zu halten? Und nach dem Vortrag den Nachtdienst vor mir hatte? Gegen neun Uhr war ich erledigt. Während dieser Schicht mußte ich acht Morphiumspritzen geben, und als ich eine Spritze vorbereitete, kam mir der Gedanke, dieser Frau nur die Hälfte zu geben, sie würde nie einen Unterschied merken. Die andere Hälfte konnte ich für mich aufheben und die ganze Menge unter ihrem Namen aufschreiben – nichts weiter als eine kleine Abänderung meines alten Planes.

Danach war alles so einfach, Father. Ärzte verschreiben Patienten nach einer Operation oft schmerzstillende Injektionen mit dem Vermerk ›wenn nötig‹. Die meisten frisch operierten Kranken sind von der Anästhesie zu benommen, um Injektionen zu verlangen, aber in dem Rauschgiftbuch und der Patientenkartei müssen die Morphiuminjektionen vermerkt werden, falls die Ärzte nachprüfen. Ich brauchte nur festzustellen, welcher Patient die Injektion wirklich brauchte und wer sie sich nur machen ließ, weil er dafür bezahlte und für sein Geld etwas haben wollte. Ich gab ihm, was er wollte, einen Schuß destilliertes Wasser und legte für mich einen Morphiumvorrat an.

Wissen Sie, Father, ich bin besser dran als die meisten Süchtigen. Bei mir besteht nicht die geringste Gefahr einer Infektion durch schmutzige Nadeln oder Spritzen, wie Hepatitis, Staphylokokken und Streptokokken. Ich hatte einen unbegrenzten Vorrat an Spritzen, manchmal konnte ich sie einfach von dem Stationswagen stehlen. Sonst, wenn ich mit dem Patienten allein war und ihm die Spritze gab, steckte ich die leere Spritze ein. Waren ein Arzt oder Verwandter anwesend, schob ich die Schutzhülle wieder auf die Nadel anstatt sie zu zerbrechen und warf sie in den Abfallkorb. Wenn ich später die Runde machte, holte ich sie mir in den Zimmern wieder zusammen. Es war eine einfache Angelegenheit, sie nach dem Dienst in meinem Zimmer mit Alkohol zu sterilisieren.«

Ich saß da und hörte ihr bei einer Tasse kalten Kaffees zu. Ich hatte nicht einen Schluck getan. Sie schloß die Augen, atmete tief und schwieg einige Sekunden. Sie wirkte wie ein kleines Mädchen, das unartig gewesen war. Aber sie war kein kleines Mädchen. Sie war eine Frau, die ihr Leben dem Dienst der Kranken gewidmet hatte, eine Frau, die selbst von der Krankheit der Sucht geschlagen und verkrüppelt war. Als sie mich wieder ansah, sagte ich: »Der Weg zurück wird rauh sein, Schwester, aber mit Gottes Gnade müßten Sie es schaffen können.«

»Ich suche verzweifelt Hilfe, Father. Ich fühle mich nicht mehr wie ein Mensch. Meine Arme sind so wund, daß ich mir schon in die Hüften injiziere. Und ich beginne, unaufmerksam zu werden und die Übersicht zu verlieren, wie ich zu meinem Rauschgift komme. Ich vergesse. Letzte Nacht brauchte ich so notwendig einen Schuß, daß ich mir nicht einmal die Mühe machte, nach oben in mein Zimmer zu gehen. Die Drogenkammer hat eine äußere Tür, die man zumachen und verschließen kann, während man an dem Schrank zu tun hat, dann kann niemand von der Schwesternstation einsehen. Ich ging in die Kammer, rollte meinen Ärmel hoch und band eine Gummimanschette um meinen Arm. Ich hatte so Angst, von der Oberschwester überrascht zu werden, daß ich mich sehr ungeschickt anstellte. Es schien stundenlang zu dauern, bis ich die Morphiumampulle so geschüttelt hatte, daß keine Luftblasen in die Spritze kamen. Gerade hatte ich in meine Vene gestochen, als ich jemanden zu hören glaubte. Ich fummelte mit dem Kolben herum und zog dann an der Spritze.

Die Nadel riß meine Vene auf, Blut strömte über meinen Arm, ich begann zu weinen, die Spritze fiel zu Boden, als ich nach meinem Taschentuch griff, um es auf den Arm zu pressen. Ich riß die Manschette ab und zog meinen Ärmel hinunter. Als ich mich umdrehte, um die Tür zu öffnen, schob ich die Spritze unter den Schrank. Ich bückte mich, um sie aufzuheben, und stieß dabei an das unterste Bord. Als ich sie fand, steckte ich sie in meine Tasche. Ich war entdeckt, und es gab nichts, was ich sagen oder tun könnte. Ich drehte den Schlüssel um – niemand war da. Die Schwesternstation war sogar leer. Eilig wischte ich das Blut auf dem Boden mit einer Handvoll Gaze auf und lief die Feuertreppe hinauf in mein Zimmer, um einen anderen Habit anzuziehen und den Arm zu verbinden. Dann stürzte ich, so schnell ich konnte, zurück, ehe ich vermißt wurde. Father, mein Arm sieht noch schrecklich aus, so geht es nicht weiter.«

Der Kaffee-Ausschank füllte sich mehr und mehr, deswegen gingen wir zurück in das kleine Büro. Im Aufzug zeigte sie mir die ungut aussehende Wunde an ihrem Unterarm. Als wir zum Büro kamen, fragte ich sie: »Schwester, wie kamen Sie zu dem Entschluß, jetzt aufzuhören?« Sie rutschte etwas unsicher in ihrem Stuhl hin und her und sagte: »Ich bin physisch krank, Father. Ich weiß, daß mit meinen Nieren etwas geschehen muß. Der Laborleiter wird an den Injektionsspuren und der Urinanalyse erkennen, daß ich Drogen nehme. Ich leide an Depressionen und habe in den letzten Wochen oft an Selbstmord gedacht. Father, trotz meiner vielen Sünden, liebe ich Gott sehr. Ich will nicht Selbstmord begehen.«

Ich zwang mich zu einem Lächeln und hoffte, es würde uns beide beruhigen.

»Sie haben noch Ihr ganzes Leben vor sich. Das ist bestimmt nicht das Ende, wenn Sie wirklich einen neuen Anfang machen wollen. Sind Sie bereit, hinunterzugehen und jetzt mit Ihrer Oberin zu sprechen?« Der Augenblick der Wahrheit war gekommen, und sie wurde blaß. »Ich habe Angst, und ich schäme mich, Father, aber ich bin so müde.«

Als wir das Büro der Oberin betraten, schien sie nicht überrascht, uns zu sehen. Sie wußte, daß Schwester Julia Probleme hatte, aber sie wußte nicht, warum und welcher Art. Schwester Julia gab zu, daß die Oberin mehrere Male versucht hatte, mit ihr zu reden, aber ohne Erfolg. Als die Oberin hörte, was für ein Problem Schwester Julia hatte, war sie genauso erschlagen, wie ich es gewesen war. Aber einen Augenblick später trat sie auf Schwester Julia zu, nahm sie in den Arm, und beide begannen zu weinen. Die Oberin war eine sehr mütterliche Frau, und genau diese Sanftheit und dieses Verständnis brauchte Schwester Julia jetzt.

Ihre Augen schienen mir lebhafter zu blicken. Es war eine Erleichterung, alles gestanden zu haben. In diesen Monaten, als das Geheimnis auf ihrem Gewissen lastete, war sie ganz auf sich allein gestellt gewesen. Zwei Jahre lang hatte sie die Welt und die Menschen um sich nicht beachtet. Nun gehörte sie wieder dazu, und wenn sie auch krank war, so war es doch gut, sich wieder lebendig zu fühlen.

Sie war durch Zufall süchtig geworden. Die Erfolgschancen einer Rehabilitation sind bei diesen Menschen viel größer als bei solchen, die tiefsitzende psychologische Probleme haben. Das bewahrheitete sich auch bei Schwester Julia. Sie führt nun ein glückliches und nützliches Leben als Lehrerin an einer Pflegerinnenschule in einem Krankenhaus des Ordens. In der Erinnerung kann sie kaum glauben, daß es je geschehen ist. Sie wollte nie zur Drogenwelt gehören, nie hatte es sie dorthin gezogen. Sie hatte über Drogen nur in der Zeitung gelesen. Auch ihre Welt konnte wie die jedes anderen aus den verschiedensten Gründen zusammenbrechen, aber sie hätte sich nie träumen lassen, daß Drogen dabei eine Rolle spielen könnten. In aller Demut wußte sie nun, was alles passieren kann, und sie klärte ihre Schüler stets über die Leiden des Drogenmißbrauchs auf. Sie erzählte, wie es ist, denn sie erinnerte sich, wie es war.

Roland Melody

». . . ich war wohl einer der größten Skeptiker, die jemals Christus angenommen haben.«

»Ich bin erst seit drei Monaten Christ«, sagt Susan zu ihrem Besucher, der als Journalist den Anfängen der »Jesusbewegung« in den USA nachgeht. *Gerhard Adler* trifft sie in einem abbruchreifen Haus, ausgestattet mit Mobiliar vom Sperrmüll, in Berkeley in einer christlichen Kommune. »An ihrem Fall«, so der Autor, »ist vieles für die Jesus-people Typische erkennbar.«

ICH MÖCHTE VON SUSAN BERICHTEN, einer jungen Frau, die ich in einer der Kommunen traf. Sie war erst wenige Wochen vor unserem Zusammentreffen Christin geworden, wie sie mir sagte. Mit ihr lebten noch weitere Leute im Haus, ebenfalls etwa Dreißigjährige, teils neutrale Mieter, teils Mitglieder einer christlichen Kommune, die im Hippie-Stil leben.

Susan war nie ein wirklicher Hippie. Über ihre »dropout«- Zeit hinweg hat sie durchaus bürgerliche Sprache, Kleidung und Verhaltensformen bewahrt. Ich fragte sie, wie sie denn Jesus Christus kennengelernt habe. Da erzählt sie mir eine lange Geschichte.

»Ich bin erst seit drei Monaten Christ. Zuvor war ich a really angry person«, sie gehörte also zu den »zornigen Jungen« der politischen Linken. Sie stammt aus der ›middle class‹, ihr Vater ist Universitätsprofessor.

»Mit achtzehn begann es wohl, da merkte ich erst, was Armut und Rassismus bedeuten. Zuvor hatte ich das nicht so richtig mitgekriegt.« Das war die Zeit, als sie ins College ging, um Soziologie zu studieren. Da arbeitete sie als Sozialhelferin in den Slums der Schwarzen, und zwar in ihrer Freizeit. Sie geriet dadurch in immer größere Distanz zur weißen Mittelklasse, ihrer

Herkunftsschicht. Sie übernahm auch die Position der Vietnamkriegsgegner und verurteilte den Krieg als unmoralisch.
»Ich war mir vermutlich nie ganz klar über die ganzen politischen Verwicklungen, nur hatte ich den Eindruck, daß sich niemand um Krieg, Armut und Rassismus kümmerte.« So schloß sie sich der Bürgerrechtsbewegung CORE und den Students for a Democratic Society SDS an, wo sie als Führungskraft tätig wurde.
»Dann heiratete ich einen Schwarzen, einen militanten Führer von CORE. Ein paar Jahre lang haben wir gemeinsam in diesen Organisationen gearbeitet, haben Demonstrationen, ›sit-ins‹, und was es da so gibt, alles mitgemacht. Aber das ist eine furchtbar frustrierende Sache, müssen Sie wissen. Ich konnte an der Armut nichts ändern, ebensowenig am Rassismus. Auch meine Heirat mit einem Schwarzen hatte nichts daran geändert. Nur die Frustration nahm zu. Aber je mehr ich frustriert wurde, so scheint es mir, um so mehr habe ich mich in die Arbeit gestürzt.« Als sich ihr Mann einer schwarzen nationalistischen Gruppe zuwandte, befand sie sich schließlich als einzige Weiße in einer schwarzen Umgebung, in der sie nun ihrerseits diskriminiert wurde. Die Ehe wurde geschieden. Nach ihrem Examen 1966 arbeitete sie als Beraterin in einer Schule und als Fürsorgerin für drogensüchtige Jugendliche. »Da steigerte ich mich nun dahinein. Heute scheint es mir, alles, nur um nicht an mich selbst denken zu müssen.« Das führte zur Depression.
»Dann fing ich an, Drogen zu nehmen. Abends ging ich nach Hause und rauchte eine Menge ›grass‹ (Marihuana), beim Aufstehen früh nahm ich ›beans‹ (aufputschende Mittel), am Abend nahm ich gelegentlich ›reds‹ (Barbiturate).«
»Kriegt man denn das Zeug so leicht?« frage ich.
»Das ist ganz einfach. Ich bekam das Zeug von einer Kollegin, einer Lehrerin, die damit handelte. Da 'ranzukommen ist ganz einfach. Gehen Sie doch mal hier die Telegraph Avenue entlang, da können Sie kriegen, soviel Sie wollen. – Nun, um diese Zeit hatte ich auch Psychologie belegt, und ich nahm an einem Wochenendseminar teil. Und da ging mir der Verstand vollkommen durch. Ich stand auf und schrie und schrie. Das war im Mai 71. Eine halbe Stunde lang habe ich gekreischt, habe auf den Stuhl getrommelt und um mich geschlagen. Der Psychologe, der für

die Veranstaltung zuständig war, sagte mir, meine Frustrationen hätten sich so angesammelt wie Dynamit in einem Haus; dann hat jemand eben das fehlende Streichholz angezündet, und ich ging hoch. Danach war ich wirklich entspannt und hatte Ruhe in mir, zum erstenmal in meinem Leben. Da war mir alles egal, ich war völlig ausgehöhlt. Ich gab meinen Job auf, kaufte mir ein Motorrad und fuhr einen Monat lang umher. Davon hatte ich bald die Nase voll, denn ich hatte Angst, in einem Zelt zu schlafen. Da habe ich dann das Motorrad verkauft und mir den VW-Bus da draußen angeschafft. Seitdem lebe ich da drin. Ich fuhr dann einfach jeden Tag woanders hin, jeden Tag unter andere Leute, wo man halt parken kann auf diesen Zeltplätzen entlang dem Ozean.«

»Wovon haben Sie denn da gelebt?«

»Nun, das kostet doch nicht viel. Ich bekam noch Geld von der Schulverwaltung. Außerdem hatte ich eine ganze Wohnungseinrichtung und einen Wagen gehabt. Die Möbel habe ich hergegeben und den Wagen verkauft. Das ging dann schon. Ich ging einfach jede Nacht woanders hin, und überall fand ich das gleiche: Sex und Drogen. Niemand hat sich um den anderen gekümmert, die Leute haben sich einfach nicht um einander gekümmert. Bis zu diesem Zeitpunkt hatte ich gedacht, es müsse doch einen Ort geben, wo sich die Menschen lieben. Aber wie ich so umherreiste, merkte ich, es waren überall die gleichen Menschen, nur mit anderen Gesichtern. Und nach einiger Zeit dachte ich mir, Mensch, soll das etwa ein Leben lang so weitergehen? Ich hatte aufgehört zu kämpfen, kümmerte mich nach dem Nervenzusammenbruch nicht mehr um die großen Weltprobleme, aber was bleibt, was bleibt mir denn? Um diese Zeit las ich den Bericht im Time Magazine, und das brachte mich nach Berkeley. Ich konnte mir natürlich nicht ein Christentum vorstellen, das Radikale für sich gewinnen konnte oder Drogensüchtige, nicht wahr. Denn ich hatte ja auch eine Vorstellung vom Christentum, ich hatte ja Leute kennengelernt, von denen ich glaubte, sie seien Christen. Und die hatten nichts anzubieten, was für Radikale, für Rauschgiftsüchtige oder für mich attraktiv sein könnte. Aber ich hatte ja nichts Besseres vor und dachte mir, das will ich doch mal sehen. So kam ich also hierher, ging zu den Bibelabenden und traf Leute, von denen ich wußte, ihnen war es genauso dreckig gegangen wie mir. Und die hatten nun einen Frieden in sich, eine Freude am Leben. Nach einigen Tagen faßte ich den Entschluß, daß ich das auch wollte, nur wußte ich nicht wie. So fragte ich nach einem Bibelabend einfach den Leader, und der sagte mir alles, was da zu tun ist, nämlich Christus anzunehmen: daß er für dich gestorben ist, er hat schon den Preis dafür bezahlt, was du an Ekelhaftem durchgemacht hast, und du mußt ihn nur noch bitten, dein Leben zu übernehmen, und er wird es tun. Die Zweifel werden verschwinden, und du wirst merken, daß es echt ist.

Ich war da gar nicht so sicher. Ich ging zurück in meinen Bus, und ich fing einfach an, zum Herrn zu sprechen. Und ich sagte zu ihm, weißt du, ich habe da eine Menge Zweifel über diese ganze Sache, aber jetzt zeig mir mal, daß du wirklich bist. Und ich sagte, daß es mir leid tut für all die Dinge, in die ich verwickelt war. Ich hatte da eine Menge Drogen in meinem Bus, von denen jeder einen Quarter kostet, die sind nicht billig; und ich hatte so etwa dreißig. Und wie ich da so betete, kam es über mich, daß ich das Zeug wegschmeißen müßte. Ich dachte mir, das ist doch lächerlich, mitten in der Nacht, und ich wußte nicht, wohin damit. Aber ich fühlte wirklich die Gegenwart von jemandem bei mir, und ich wußte, es war der Herr. Und seitdem hat er mir in vielen Fällen gezeigt, daß er da ist.«

Ich wende ein: »Sie haben doch allerhand studiert, ist Ihnen denn all dieser Erfolg nicht ein bißchen suspekt? Haben Sie denn keine intellektuellen Probleme dabei?«

»Ich verstehe Sie, das ist genau das, was mich früher von dem Ganzen abgestoßen hat. Verstehen Sie, vor allem mit meinem Psychologiestudium, wo ich doch alles psychologisch erklären konnte, und auch jetzt noch, seitdem ich Christ geworden bin, habe ich mit Leuten gesprochen, die intellektuell und psychologisch erklären wollen, warum ich das aufgegeben habe. Aber ich kann darauf nur sagen, ich war wohl einer der größten Skeptiker, die jemals Christus angenommen haben. Und als ich in dieser Nacht betete, so habe ich gebetet, ich sagte, ich habe wirklich meine Zweifel, aber ich will es, wenn es wirklich ist. Und wenn es echt ist, dann zeig mir das. Und von da an hat er es mir gezeigt. Und das ist halt so: Der erste Schritt muß im Vertrauen gemacht werden.«

»Ist es denn nicht sehr schwierig, so einfach umzuschalten auf eine emotionale und fundamentalistische Religion, wenn man einen intellektuellen Hintergrund hat? Haben Sie denn gar keine Schwierigkeiten?« Da erhalte ich wieder eine typische Antwort:

»Der Unterschied, verstehen Sie, das ist keine Religion. Ich bin doch mit der Religion aufgewachsen, meine Eltern haben mich in die Kirche mitgenommen. Aber das war nur ein Bündel von Vorschriften, die mir angehängt wurden. Und sobald ich von zu Hause wegging, gab ich sie auf. Sie hatten einfach keine Bedeutung für mich. Das ist keine Religion jetzt, sondern ein persönliches Verhältnis zu Christus. Religion ist für mich nur eine Menge von Vorschriften, eine Art zu leben. Christus ist für mich ein Freund, ich bin mir seiner Gegenwart bewußt, die ganze Zeit. Und wenn ich bete, dann weiß ich, daß er mich führt und mir antwortet. Das ist ganz anders als Religion. Es ist eine Beziehung mit dem lebendigen Gott, nicht jemand, der da oben irgendwo ist, sondern hier, genau hier.«

»Erwarten Sie die Wiederkunft Christi?«

»Nun ja, die erwarte ich auch, aber das ist doch nicht die Hauptsache. Die Hauptsache ist, daß ich jetzt Tag für Tag versuche, das zu tun, was ihm gefällt.«

Susan lebte bei meinem Besuch in wirklich miserablen Umständen. Sie fristete ihr Leben, indem sie auf die Kinder der Nachbarschaft aufpaßte. Sie lebte von der Freude, einen Lebensinhalt gefunden zu haben, das Äußerliche spielte keine große Rolle dabei.

»Bevor ich Christ wurde, hätte ich nie in diesen Umständen leben können, in denen Sie mich hier sehen. Ich hatte ein hübsches Apartment. Aber Jesus hat mich tolerant gemacht, auch Dingen und Leuten gegenüber, die ich früher nicht ausstehen konnte. Ich konnte zum Beispiel die alten Damen mit ihren Establishment-Ideen nicht riechen. Und heute gehe ich sogar in die presbyterianische Kirche dort drüben, und ich fühle eine wirkliche Liebe für diese Leute. Das bringt Jesus, eine Liebe, die nicht einfach aufhört.«

»Sie haben aber doch eine Ausbildung hinter sich, mit der Sie mehr tun könnten als Babysitting.«

»Das ist wirklich nur ein vorübergehender Job, um zu überleben.

Zur Zeit gehe ich jeden Abend zu einer Bibelstunde, zu ganz verschiedenen, zum Beispiel zu CWLF oder zu den Presbyterianern, einer typischen etablierten Kirche, ganz anders als die CWLF. Einmal gehe ich auch zu einer Pfingstkirche. Ich bin im Augenblick ernsthaft dabei, zu lernen, eine Richtung zu finden, die Bibel wirklich kennenzulernen. Ende November gehe ich dann nach Indianapolis zu meinen Eltern. Zum erstenmal in meinem Leben liebe ich sie wirklich. Seitdem ich ein Christ geworden bin, ist mir aufgegangen, daß sie so viel für mich getan haben. Früher habe ich sie deswegen gehaßt. Nun möchte ich eine Zeitlang bei ihnen sein, um ihnen zu zeigen, daß ich sie wirklich liebe, daß es mir leid tut für all das, was ich ihnen angetan habe. Mein Vater zum Beispiel ist Professor in der Universität, wo ich demonstrierte. Ich habe ihm die tollsten Schwierigkeiten gebracht. Aber er hat es hingenommen, er hat mich nie enttäuscht. Er sagte mir immer, ich solle tun, was ich für richtig hielte, auch wenn er nicht damit einverstanden sei. Er war wirklich gut zu mir, und ich habe ihm den Rücken zugewandt. Und so war's auch mit meiner Mutter. Ich glaube, bevor ich Christ wurde, war ich gar nicht richtig fähig, zu lieben. Mein Leben war so intellektuell, daß ich Liebe gar nicht kannte.« ...

Gerhard Adler

Ich will »Bruder« zu ihm sagen und hoffen, daß er mir vergibt und mich versteht

James Kavanaugh, neun Jahre lang in der Seelsorge einer amerikanischen Pfarre tätig, als Lehrer an einer Oberschule, als Eheberater, ausgezeichnet mit dem Doktortitel der Catholic University, hat sein Priesteramt aufgegeben und arbeitet, inzwischen verheiratet, als Kinder-, Familien- und Eheberater. In seinem Buch *Protest aus Liebe* bekennt Kavanaugh in einer leidenschaftlichen Analyse seiner selbst die Irrwege unzeitgemäßen kirchlichen Handelns als Sünden der Kirche, die seine eigenen Sünden wurden. Ein amerikanischer Kritiker sagte über ihn: »Nur jemand, der ein großer Priester war, konnte den Mut haben, sich so zu sehen, wie er ist, und ohne sich in blinder Wut aufzulösen, sorgfältig und konstruktiv schreiben über die gewaltige Revolution, die die amerikanische katholische Kirche bis zu ihren Wurzeln erschüttern muß.«
Die nachfolgenden zwei Stücke sind dem Kapitel »Der Mensch, der Nicht-Katholik ist« entnommen, in dem Kavanaugh seine Schuld bloßlegt, die seine Beziehungen zwischen Katholiken und Nichtkatholiken vergiftete.

VON KINDHEIT AN und als Priester habe ich stets gehört, daß jeder Nichtkatholik ein potentieller Katholik ist. Eine andere Bedeutung hat er nicht. Die Hoffnung auf seine Bekehrung ist der Grund, warum ich ihm mein Lächeln anbiete und ihm im Vorbeigehen ein freundliches Wort sage. Lebt er in meiner Nachbarschaft, so muß ich ihn durch mein Beispiel bekehren, lebt er in China, durch meine Gebete. Der Nichtkatholik ist die Zielscheibe einer unaufhörlichen Verschwörung, die ihn wider seinen Willen nach Rom schleifen will. Wenn er meinen Bemühungen widersteht, wird die Zeit ihn zweifellos über seine

Häresie, die ihn fesselt und blind macht, belehren, und ich werde ihn ignorieren und seine gelehrigeren Kinder aufsuchen.

Ein Nichtkatholik ist nicht ein Jude, dem sein Glauben und die Geschichte seines Volkes teuer sind. Er ist einfach kein Katholik, und ich muß ihn geduldig zur Wahrheit führen. Er ist nicht ein überzeugter Protestant, der seinen Nächsten liebt und seinen Gott verehrt. Er ist kein Katholik, und daher entbehrt er der Stärkung und des Trostes der Kirche. Ein Nichtkatholik ist nicht ein aufrichtig Suchender, der außerhalb des Gefüges eines organisierten Glaubens lebt. Er ist ein Heide, ein Krüppel, der erst dann lieben lernt, wenn er den Weg nach Rom gefunden hat. All dies habe ich in meiner Pfarrschule gelernt und im Seminar, in dem ich zum Priester ausgebildet wurde. Ich lernte es von meinen Mitpriestern in ernsten Gesprächen und bei Seminarübungen, bei Unterhaltungen am Biertisch und daraus, wie Nichtkatholiken auf Grund der kirchlichen Vorschriften behandelt werden.

Ich lernte meine Lektion gut und praktizierte sie in meinen priesterlichen Bemühungen gewissenhaft.

Ich erinnere mich an die Dame mit dem traurigen Gesicht, die jeden Sonntag nach der letzten Messe auf mich wartete. Sie war gut gekleidet, lebte in einem schönen Haus und hatte zwei intelligente und gesunde Kinder; sie war mit einem aufgeschlossenen und rücksichtsvollen Mann verheiratet. Und doch war sie eine tragische Figur, und ich habe mitgeholfen, sie dazu zu machen. Nicht ihre Gesundheit oder ihre Arbeit beunruhigten sie. Es war der Mann, der ihren Glauben nicht teilte. Er war ein Nichtkatholik, der sich der Macht ihrer Gebete und meiner liebenswürdigen Annäherung hartnäckig widersetzte. Sie wartete nach der Messe, weil sie wußte, daß ihr Mann sie bald abholen würde. Sie pflegte mich aufzuhalten, damit er eine Gelegenheit mehr hätte, den hypnotischen Einfluß des katholischen Priesters zu erfahren. Möglicherweise würde er dieses Mal die Torheit seines Weges einsehen und das Geheimnis und die Freude erfahren, die er entbehrte. So standen wir da, die Dame mit dem traurigen Gesicht und ich, und warteten auf ihren Mann, bis er vom Golfspiel kam, um ihn durch unsere Anwesenheit zu den heiligen Riten Roms einzuladen.

Er fuhr stets an dem hinteren Eingang der Kirche vor. Er sprang

jedesmal schnell aus dem Auto, schüttelte mir die Hand und sagte über das ganze Gesicht grinsend: »Glauben Sie, daß meine alte Dame jemals irgend etwas erreicht, Herr Pfarrer?« Wir lachten, aber seine Frau und ich fragten uns, ob Gott je unsere Gebete erhören werde, oder ob allein der drohende Tod diesen Nichtkatholiken dazu bewegen würde, sich der einen, wahren Kirche anzuschließen.
Er war ein guter Ehemann, ein uneigennütziger und liebender Vater, aber ein Herzenskummer für seine Frau. Meine Kirche hat ihn zu ihrem Herzenskummer gemacht, und ich bin daran beteiligt, indem ich sie antrieb, für seine Bekehrung zu kämpfen. Und wenn er sich dagegen in seiner gütigen und männlichen Art wehrte, so hielt sie ihre Gebete, ihr tägliches Beispiel, die Aufrichtigkeit der Bußen, die sie sich seinetwegen auferlegte, für ungenügend. Und jeden Sonntag nach der Messe sah ich in ihren Augen ihr Flehen und ihren Schmerz. Sie baute auf mich, weil ihr Gatte mich als Menschen gern hatte und weil ich mich für ihre Kinder interessierte. Ich war ihre neue Hoffnung, ihr letzter Verteidiger, der starke Ritter, der ihren Ehemann auf dem religiösen Schlachtfeld herausfordern und zur Kirche führen konnte. Sie lud mich zum Mittagessen ein. Sie rief mich an, um mir von jeder religiösen Andeutung zu berichten, die seinen arglosen Lippen entschlüpfte. Sie betete unaufhörlich und sagte ihren Kindern, sie müßten den Himmel mit ihren glühenden Bitten bestürmen. Sie schickte den Missionaren Geld, die versprachen, ihr mit ihren Mühen und Gebeten in einem anderen Land zu helfen. Sie ließ in einer »bestimmten Absicht« Messen lesen, jauchzte, wenn er Weihnachten und Ostern mit ihr in die Kirche ging, freute sich, wenn er in der katholischen Literatur blätterte, die sie im ganzen Hause vorsorglich verstreut hatte.
Aber irgendwie widerstand er; er las die Bibel beinahe jeden Tag und liebte seine Familie weiterhin ohne die Führung meiner Kirche. Jetzt frage ich mich, wie er lächeln konnte, wenn wir ihn unter Druck setzten und ihn mit unserem wahnsinnigen Angriff plagten. Wir haben ihn gezwungen, ein Versprechen zu unterzeichnen, daß er seine Kinder im katholischen Glauben erziehen werde. Wir hatten seine Eltern in Verlegenheit gebracht, als wir uns weigerten, ihn vor dem Altar unserer Kirche zu vermählen. Er hat die Unterweisungen über sich ergehen

lassen, die unsere Glaubensposition erklären und auf seine »Bekehrung« hinarbeiten sollten. Er hat die Bitten seiner Kinder ausgehalten, sich ihnen bei ihrer ersten Kommunion anzuschließen und mit ihnen in der Messe zu beten. Er hat versucht, ihre Fragen zu beantworten, warum er kein Katholik sei oder wie er ohne Priester in den Himmel kommen könne. Trotzdem lächelte dieser Mann, den wir zu einem Fremdling in seinem Hause gemacht haben.

Seine Frau hat keine Versprechungen unterschrieben, daß sie seine Ehre und seine Würde in dem Hause achten werde, das er baut. Man fordert von ihr nicht, den Kindern zu sagen, daß die Menschen Gott auf sehr verschiedene Weise dienen könnten. Sie brauchte nicht zu erklären, daß seine Treue die Frucht des Glaubens und seine Liebe dessen innerster Kern sei. Sie hatte nur versprochen, ihn zu bekehren, ihn von der Torheit seiner einfältigen und unvollkommenen Religion wegzuführen und darauf zu achten, daß er die Kinder nicht für seinen eigenen armseligen und irrigen Glaubenszustand gewinne.

Die Geschichte berichtet uns, daß Omar und seine mohammedanischen Horden einst Bekehrungen mit dem Schwert erzwangen. Sie bedrohten Christen und schleppten sie zu Gebet und Gottesdienst in die Moscheen. Wenn wir solche blutigen und barbarischen Berichte lesen, schaudern wir und vergessen die Schwerter, die wir noch jetzt in Spanien schwingen, und die Dolche, die wir in das Herz des Nichtkatholiken mit der traurigen Frau stoßen. Unsere Dolche sind überall, und wir handhaben sie mit äußerster Geschicklichkeit. Wir zücken sie vor jedem Nichtkatholiken, der eine katholische Ehepartnerin heiraten möchte, vor protestantischen Eltern, deren Kinder in unserer Kirche getraut werden. Wir zücken sie vor den Juden, auch wenn wir ihnen zulächeln, und ignorieren ihre Traditionen, die ebenso heilig und tiefverwurzelt sind wie die unsrigen. Wir zücken sie vor den Millionen, die Kirchen als leeren Schein und die organisierte Religion als ein heuchlerisches Bemühen betrachten. Wir zücken sie vor der Welt, den Vereinten Nationen, den Wohlfahrtskonferenzen, vor den ökumenischen Versammlungen, wo wir Brüderlichkeit vortäuschen und nicht bereit sind, auch nur einen Zoll preiszugeben. Unsere Dolche sind vielleicht verborgener als Omars Schwert, aber nicht weniger schmerzlich.

Der Nichtkatholik spürt den scharfen Stahl bei jeder Berührung mit der katholischen Kirche.
Wir können die protestantischen Beobachter beim Zweiten Vatikanischen Konzil vielleicht täuschen oder die Juden beschwichtigen, wenn sie bei einer Papstaudienz eine gesegnete Medaille empfangen. Aber wir täuschen nicht den Studenten, der ein katholisches Mädchen zu heiraten hofft. Er kommt zu mir und erklärt mir, daß er seine Kinder nicht im katholischen Glauben erziehen will. Er ist nicht bitter oder zornig, nur ehrlich und offen in seiner Suche nach dem Glauben. Er will seinen Kindern weder eine Religion aufzwingen noch Versprechungen unterschreiben, die er mit seinem Gewissen nicht vereinbaren kann. Colleen ist bei ihm und beobachtet mich, wenn er spricht, in der Furcht, ich könnte ihr den nichtkatholischen Verlobten entfremden. Sie will ihre Kirche nicht verlassen, aber sie kann ihren Partner nicht bewegen, seine Ansichten zu ändern. Sie hat es nicht gewagt, ihm von den Unterweisungen zu erzählen, die er über sich ergehen lassen muß, um den Inhalt der Versprechungen mitzuteilen, für die ich seine Unterschrift fordern werde. So reden wir in der Hoffnung, seine ehrlichen Ansichten ändern und seinen Glauben untergraben zu können. Ich gehe vornehm und ruhig vor, rede einfach und spiele auch nicht den Autoritätsträger, wie er das im Verkehr mit meiner Kirche erwartet. Aber er ist hartnäckig und offen. Er wünscht keine Doppelzüngigkeit, keine Winkelzüge, die nur ein kompromißloses »Nein!« besagen.
Colleen hört furchtsam und mit katholischem Schuldgefühl zu. Sie besuchte meinen Unterricht in der Schule, in der ich ihr nahelegte, einen Katholiken zu heiraten. Seit ihrer Kindheit hatte sie gehört, daß sie in der einen, wahren Kirche getauft worden ist und daß die Preisgabe ihres Glaubens der »Weg zur Hölle« sei. Sie spürte die Nichtigkeit unserer Unterhaltung, denn sie kennt die Entschlossenheit ihres Freundes und liebt ihn deswegen. Aber sie beobachtet und bittet mich, ihrer Liebe eine Chance zu geben, bittet um eine Ausnahme von unseren unerbittlichen Regeln, indem sie mir mit einem beredten Blick zu sagen versucht, daß ich ihre letzte Hoffnung bin. Sie will in der Messe vermählt werden. Sie möchte in dem einzigen Glauben, den sie kennt, reifen, und will, daß ihre Kinder den Trost

ihres Glaubens erfahren. Aber dieser ist ihr Mann, der Mann, der ihren Kindern Vater sein und ihr Leben erfüllen wird, der Mann, der seinen eigenen Glauben und seine eigenen Prinzipien hat. Darf sie sein Recht mißachten, um ihrer Kirche zu willfahren? Kann sie ihn aufgeben, um einen Gatten zu finden, der das unerbittliche Gesetz Roms nicht kompromittieren wird?

Ihr Verlobter redet und hört gefaßt zu. Er ist Lutheraner und stammt aus einer frommen Familie, die unabhängig in ihrem Urteil und ehrlich in ihrem Umgang mit anderen Menschen ist. Er hat Freunde und gute Berufsaussichten; er hegt große Hoffnungen für seine Kinder und liebt seine zukünftige Frau. Nach dem Studium machte er vierzehn Monate lang Militärdienst in Vietnam. Aber er ist ein Nichtkatholik, nicht ein Mann, ein ehrlicher Amerikaner, ein erfolgreicher Student oder ein treuer Lutheraner. Und da er ein Nichtkatholik ist, muß er meinen Diktaten folgen oder gehen.

So ging er, und Colleen mit ihm. Er hätte die Versprechen wie tausend andere unterzeichnen und sich dann weigern können, sie zu halten. Er hätte die Unterweisungen anhören und meinen Versuchen, ihm seinen Glauben zu entreißen, widerstehen können. Aber er war zu ehrlich, um etwas vorzutäuschen; daher ging er zornig und angeekelt weg. Ich war auch zornig, nicht auf Colleen und ihren mutigen jungen Mann, sondern auf meine anmaßende Kirche und ihr überholtes Gesetz, das einem Menschen gegen sein Gewissen etwas aufzuzwingen versucht, wenn er die Frau, die er liebt, heiraten will. Es war ein feiges, ein despotisches Gesetz, ein Gesetz, das Gott zum Gespött machte.

Aber ich hielt mich an das Gesetz und ich muß mich noch daran halten. Ich muß warten auf einen Papst, der es ändert, oder darauf, daß die Bischöfe den päpstlichen Hof dazu bewegen. Ich muß mich zufriedengeben mit den Krumen, die nach und nach vom Tische Roms fallen. Ich darf jetzt Nichtkatholiken auffordern, Katholiken in der Messe zu heiraten, und einen andersgläubigen Pfarrer bitten, dieser Ehe in meiner Kirche einen Segen zu erteilen. Ich kann auf unterschriebene Versprechen verzichten, solange ich die Erlaubnis dazu habe, und darf mich mit der feierlichen Zusicherung begnügen. Ich muß mich mit solchen bedeutungslosen Krumen zufriedengeben, während ich nach einem Laib Brot schreie! . . .

MEIN BRUDER, der du nicht das gleiche glaubst wie ich, ich bitte um Verzeihung. Ich leiste Abbitte für das Leid, das ich verursacht, für den Schimpf, den ich deinen Kindern zugefügt habe. Ich leiste Abbitte, daß ich euch meine Gesetze aufgenötigt habe, für die Anmaßung in meinen öffentlichen Äußerungen, für die Blasiertheit, in der ich mich immer im Recht fühlte. Mein Bruder, ich verwehrte dir meine Sakramente und machte die deinigen zum Gespött. Ich nannte meine Kirchentreue »Glaube« und deinen Glauben Trug. Ich lachte über deine Religionsdiener, schmähte deine Rabbiner und Bischöfe, kritisierte eure Konferenzen und untergrub euren Ruf. Für all das leiste ich Abbitte.

Und, mein Bruder, ich belog dich, wenn ich von der Sicherheit meines Glaubens sprach. Ich lebe im Zweifel und Dunkel wie du. Ich ringe unter Schmerzen um den Glauben, suche inmitten der Verwirrung und ergreife oft ein Phantom, wenn ich versuche, Gott festzuhalten. Ich erscheine dreist, wenn ich meine Lehren hersage, und sicher, wenn ich die Dilemmas des Moralgesetzes löse. Aber ich bin nur ein suchendes, ein schwaches und erschrecktes Kind, das mit dem Geheimnis des Glaubens ringt. Ich glaube nicht, ich versuche nur zu glauben. Ich liebe nicht, ich versuche nur zu lieben. Ich bin dein Bruder oder ich möchte es sein, wenn du mir vergibst, daß ich eine Mauer errichtet habe, um unsere Herzen zu trennen.

Mein Bruder, ich brauche dich, ich vermisse dich. Ich brauche die Treue Israels, das Feuer Luthers, die Zucht Calvins, die Wärme Wesleys, die Weisheit der Humanisten, damit sie zu mir vom Menschen sprechen. Ich lebte in Mißtrauen, in Verkrampfung, in Zorn, in Bitterkeit, in Verleumdung und Selbstgerechtigkeit, in Enge und Furcht. Ich habe meine Schwäche vor dir verborgen und meine Stärke übertrieben. Ich bitte dich jetzt: Laß mich dein Bruder sein, nicht in vorgetäuschter Liebe, sondern in meiner eigenen tiefen Einsamkeit, um mich mit dir auf der Suche nach dem Vater zu vereinen, der uns beide gleicherweise liebt.

Ich kann das Unrecht der Vergangenheit nicht wieder gutmachen. Ich kann die Vielen nicht zusammenbringen, die religiöse Uneinigkeit auseinandergerissen hat, und den Zwist nicht beseitigen, den ich nährte. Es hilft nur, dir verständlich zu machen, wie elend und unmenschlich ich mich in der Treue zu meinem Beruf gefühlt habe. Es hilft nach dem Tag ausschauen, an dem meine Kirche ihre Anmaßung aufgegeben haben, an dem sie nicht mehr ihren katholischen Codex dem Gewissen der Welt aufzwingen wird. Es wird dann keine »Nichtkatholiken« mehr geben, sondern nur noch Personen, die darum ringen, aufrichtig gegen sich selbst zu sein. Dann kann ich dich »Bruder« nennen, nicht Jude oder Protestant oder Nichtkatholik, und hoffen, daß du mir meine Engherzigkeit verzeihst.

James Kavanaugh

Man sollte es von den Dächern schreien

In ihrem Buch »Geschlecht: weiblich; Religion: katholisch« wertet *Sally Cunneen* in einem Sozialreport über die Frau eine Umfrage aus, die 1965 an 4627 Leser der nordamerikanischen Vierteljahreszeitschrift CROSS CURRENTS, einer von katholischen Laien getragenen fortschrittlichen, ökumenischen Publikation, gerichtet war. Zusammengetragen wurden die Antworten von Frauen unterschiedlichster Art, die bereit waren, über das zu reden, was ihnen unter den Nägeln brannte: Hausfrauen und Professorinnen, Lehrerinnen und Ordensschwestern, Geschiedene, Ledige, Witwen und Verheiratete trugen Zweifel und Ängste, Freuden und Hoffnungen zusammen.
Fünf Frauen kommen hier in kurzen Texten zu Wort. Sie alle getragen von einer unsentimentalen Bereitschaft, als Christen zu leben. Mit all den Schwierigkeiten, die sie haben; und denen das »Programm des Frauenvereins, Gartenfeste, Modenschauen, Bazare und Abendessen« nicht ausreichen, weil sie »Gott suchen, ihn aber noch auf keiner Modenschau gefunden haben«.

ANNE C., pensionierte Schullehrerin aus New York:
»Wer kennt mich schon, aber ich möchte es allen sagen! Man sollte es von den Dächern schreien, daß das Konzil stattgefunden hat, daß ich eine einmalige Person bin und daß Gott mich liebt. Ich wünschte, die Kirche würde mir, uns allen, helfen, Christus zu lieben und bessere Christen zu werden. Ich möchte nicht, daß mir von der Kanzel befohlen wird wie auf einem Bahnhof: ›Gehe, sitze, stehe, leiere die Gebete, gehorche Priestern und Bischöfen, spende, verpflichte Dich . . .‹ und außerdem noch gepfefferte Predigten oder Histörchen anhören. Die Freude, die sich erheben wollte, wird gedämpft oder erstickt durch formali-

stische Priester, denen es aus Bequemlichkeit auf Bruchteile von Sekunden ankommt. Manchmal denke ich, daß die nachkonziliare Bewegung nur in Zeitschriften, Büchern oder Vorträgen existiert.«

EINE CHRISTIN AUS NEW YORK, in einem Werbebüro tätig, spricht aus, was ihr persönlich am meisten geholfen hat, ein Mensch zu werden:

»Gerettet werden von guten Samaritern, die in gewisser Weise die ›falschen‹ waren, und von ihnen umerzogen werden.

Fromme Menschen, die mir ihr inneres Leben zugänglich machten.

Geliebt werden, lieben, verraten werden.

Fertig werden mit viel unwillkommener und ein wenig willkommener Einsamkeit, in der man über alles nachdenken kann.

Eine, wie ich glaube, ungewöhnlich große Anzahl echter, sinnvoller Beziehungen zu andern Menschen.

Große Spannkraft, wahrscheinlich dank einer guten Gesundheit.

Ein alter Doktor, der mir verordnete, sofort die Geschichte vom häßlichen Entlein zu lesen.

Ein Bekannter, der mir sagte: Hör um Gottes willen auf, immer ›mea culpa‹ zu sagen; bete statt dessen jeden Tag: ›Lieber Gott, ich danke Dir für meinen dicken Hintern, der so viele alte Knaben sich mit mir anfreunden läßt!‹

Eine sanfte, tatkräftige jüdische Dame, die ausrief: ›Quatsch, das jüngste Gericht ist jeden Tag! In dir selbst!‹

Und eine andere, die unverheirateten schwangeren Frauen beibrachte, die Jungen, die sie sitzengelassen hatten, nicht zu verurteilen: Denn sie wissen nicht, was sie tun . . .«

EINE FRAU ÜBER FÜNFZIG, tätig in einem katholischen Wohlfahrtsamt, legt ein bewegendes Zeugnis ab über ihre ureigensten Schwierigkeiten mit der Institution Kirche:

»Wenn meine Bemerkungen selbstgerecht klingen, so ist das nicht so gemeint, denn ich halte mich gar nicht für vollkommen. Was diesen Ausbruch veranlaßt, ist mein Gefühl für soziale Gerechtigkeit. Die Lage der Brazeros und Landarbeiter ist ein geheimer

Skandal. Auf Druck der reichen und mächtigen Pflanzer wird alles verschwiegen.
Es ist sehr schwer, diese Schwäche und Heuchelei, dieses grobe Mißverhältnis zwischen unserer Lehre und unserer offen zutage liegenden Praxis mit dem zu versöhnen, was die Kirche mir eigentlich bedeutet.
Ich muß das Verfahren in Frage stellen, durch das Kardinäle wie Laienvertreter, die für die Kirche sprechen sollen, ausgewählt werden. Wie kommt es, daß Leute, die ›bekannt‹ und ›erwählt‹ sind, so wenig soziales Gewissen haben?
Was fürchten wir denn? Haben wir vergessen, daß das Christentum eine radikale, nonkonformistische Religion gewesen ist? Ich habe mich mit diesem skandalösen Faktum abgefunden; für mich repräsentieren diese Leute nicht die Wahrheit, die sie mich gelehrt haben, und sie sprechen nicht mehr für mich und die Kirche Christi.
Wenn sie wieder einmal schweigen, dann kann ich nur mir und meinen Freunden unter den ›getrennten Brüdern‹ sagen, daß die Kirche nicht die des Kardinals ist, sondern meine Kirche. Das heißt nicht, daß es mehr meine Kirche ist als die seine, sondern daß sie genau so gut meine Kirche ist wie die seine und daß er nicht für mich spricht!
Ich habe noch eine weitere Verpflichtung, wie ich neulich erkannt habe. Um keine Unterlassungssünde zu begehen, habe ich angefangen, an alle bekannten Persönlichkeiten zu schreiben, die in der Kirche Ärgernis geben, entweder indem sie das, was der Papst sagt, ablehnen oder öffentlich das Evangelium verleugnen; ich will diesen Leuten respektvoll mitteilen, daß sie nicht im Namen der Kirche sprechen, sondern mir und andern Ärgernis geben.
Ich habe auch endlich eingesehen, daß Bosheit und Dummheit Teil unseres irdischen Loses unserer gefallenen Natur sind und daß man nicht erwarten kann, daß alle Menschen in der Kirche ein Christus-ähnliches Beispiel geben können.«

ANGELA DI S. auf die Frage, welche Änderungen sie sich als Ergebnis des Konzils wünsche:
»Der Geist des Konzils müßte in die Pfarre hineingetragen wer-

den. Zuerst müßte etwas für die Pfarrer geschehen. Sie erleben selbst oft Autorität nur in anmaßender Form. Sie sollten vom Bischof um Rat gefragt und in seine Entscheidungen einbezogen werden. Wenn sie wie Menschen behandelt werden, behandeln sie vielleicht auch ihre Kapläne wie Erwachsene und nicht wie Kinder. Schließlich muß das bis zu den Laien heruntersickern. Auch sie müssen in Entscheidungen einbezogen werden, sonst werden sie nie die Verantwortung übernehmen. Sie werden Fehler machen, aber Pfarrer und Bischöfe haben das in der Vergangenheit ja auch getan. Was ist da zu fürchten? Der Herr ist mit uns.«

Und ihr Eingeständnis:

»Nachdem ich alle negativen Seiten meiner Pfarrei aufgezählt habe, sehe ich ein, daß ich nichts getan habe, etwas daran zu ändern.«

EINEN KONKRETEN TRAUM von der Kirche, von ihrer Kirche, hat die ehemalige Nonne (mit ihren zehn Kindern!), die für ihre Genossenschaft ein »ausgezeichnet« in allen Punkten hatte:

»Alle Eltern Priester, keine Halbpriester!

Keine katholischen Schulen, Universitäten, Krankenhäuser und ähnliche Einrichtungen mehr!

Die Bischöfe machtlos wie die Königin von England!

Keine Bindung unter Sündenstrafe!

Betonung der Bergpredigt!

Die zehn Gebote und die Kirchengebote nur als ›Räte‹ verkündet, nur um unseres Glückes willen, nicht unter Sünde verpflichtend!

Römisch und katholisch sind Gegensätze! Der Heilige Geist weht nicht nur über Katholiken.

Laien sollen Bischöfe wählen.

Jeder Priester soll seinen eigenen Ritus haben dürfen!

Ordensleuten sollte die Wahl gelassen werden, entweder ihre Absonderung aufzugeben oder die Kirche zu verlassen!

Lateinamerika sollte protestantischen Missionaren überlassen werden!

Kirchenvermögen besteuern!

Laien die Finanzen der Kirche verwalten lassen!

Die Kurie sollte sich aus Laien und Missionaren zusammensetzen, mit einer Amtszeit von höchstens 5 Jahren!
Die Kirche entsage allem feudalen Aufputz!
Höhere Geistliche mit ›Alfred‹ anreden, damit sie Menschen werden statt Beamte!
Die geographischen Grenzen der Pfarrei aufgeben!
Messen in den Häusern!
Firmung der Heranwachsenden!
Keine Beichte!
Seminaristen, Priester, Ordensleute wie Erwachsene behandeln!
Keine Mischehe-Versprechen!
Braut und Bräutigam heiraten im Altarbereich, der Priester sitzt bei der Gemeinde!
Keine Kirchenbauten!
Nicht die Kirche verehren, sondern Gott!
Hochzeit zu Hause!
Taufe durch die Eltern!
Nun, ich kann gut träumen ...«

Brief aus dem Gefängnis von Birmingham vom 16. April 1963

Wer nur den Brief kennt, den *Martin Luther King* fünf Jahre vor seiner Ermordung am 4. 4. 68 als 34jähriger Pastor aus dem Gefängnis in Birmingham als Antwort auf eine Erklärung von acht Geistlichen aus Alabama geschrieben hat, der hat den Schlüssel zum Leben dieses Menschen, das eingespannt ist zwischen die beiden unentrinnbaren Pole eines Christen von heute. Zwei Zitate des gewaltlosen Streiters der Bürgerrechtsbewegung amerikanischer Neger umreißen seine Lage:

- »Jede Religion, die erklärt, sie kümmere sich um die Seelen der Menschen, und kümmert sich nicht um die Slums, die die Menschen ruinieren, um die wirtschaftlichen Verhältnisse, die ihnen den Hals zuschnüren, und um die sozialen Verhältnisse, die sie lähmen, ist saft- und kraftlos. Eine solche Religion sehen die Marxisten gern – sie ist Opium für das Volk.«
- »Religion befaßt sich nicht nur mit den Dingen, die den Menschen im Augenblick beschäftigen, sondern auch mit dem Letzten, dem er nicht entrinnen kann. Tut eine Religion das nicht, so ist sie nur noch ein ethisches System, in dem die Zeit die Ewigkeit völlig verschlingt, und Gott nur ein bedeutungsloses Produkt menschlicher Einbildung ist.«

Drei Stücke des bedeutsamen und umfangreichen Briefes stehen hier für das Ganze: die Beschreibung der Ausgangslage seines Kampfes; sein bitterer Schmerz über das Versagen der »weißen Kirchen und ihrer führenden Männer«; seine im wahrsten Sinne des Wortes menschenfreundliche Haltung allen Andersdenkenden gegenüber.

... MEHR ALS 340 JAHRE* haben wir auf unsere von Gott gewährten und von der Verfassung verbürgten Rechte gewartet.

* Die ersten Negersklaven kamen im Jahre 1619 in die heutigen USA. (Anm. d. Ü.)

Mit der Geschwindigkeit eines Düsenflugzeugs erringen Nationen in Asien und Afrika ihre Unabhängigkeit, wir aber kriechen noch immer im Tempo einer Postkutsche auf das Recht zu, an einer Imbißstätte eine Tasse Kaffee zu erhalten. Vielleicht ist es für jene, die nie den Stachel der Rassentrennung in ihr Fleisch dringen fühlten, einfach zu sagen: »Wartet!« Aber wenn Sie bösartige Massen beobachten könnten, wie sie ganz nach Belieben Ihre Eltern lynchten und Ihre Geschwister ertränkten; wenn Sie sehen müßten, wie haßerfüllte Polizisten auf Ihre schwarzen Brüder und Schwestern fluchten, nach ihnen stießen und sie sogar töteten; wenn Sie erkennen müßten, daß die große Mehrheit der dunkelhäutigen Mitmenschen in einem luftdicht abgeschlossenen Käfig der Armut inmitten einer Gesellschaft des Wohlstandes ersticken muß; wenn Sie erlebten, wie Ihre Zunge erlahmt und Ihre Sprache sich in Stammeln verwandelt, wenn es darum geht, Ihrer sechsjährigen Tochter zu erklären, warum sie nicht in jenen Vergnügungspark gehen könne, für den eben im Fernsehen geworben wurde, und ihr dann die Tränen in die Augen treten, wenn sie erfährt, daß »Funtown« vor Negerkindern seine Tore verschließt; und wenn Sie erkennen müssen, daß unheilschwangere Minderwertigkeitsgefühle Ihren geistigen Horizont zu verdüstern beginnen und Ihr Herz sich unbewußt gegen Weiße verbittert; wenn Sie sich gezwungen sehen, eine Antwort zu erfinden, wenn Ihr Fünfjähriger Sie fragt: »Papa, warum sind die Weißen zu den Negern so gemein?«; wenn Sie über Land fahren und gezwungen sind, allmählich in den unbequemen Ecken Ihres Wagens zu schlafen, weil kein Motel Sie aufnimmt; wenn Sie tagtäglich durch provozierende Schilder »Für Weiße« und »Für Schwarze« verärgert werden; wenn »nigger« Ihr Vorname, »boy« Ihr Mittelname wird (gleichviel wie alt Sie sind) und »John« Ihr Nachname; wenn Ihrer Mutter und Ihrer Frau nie die höfliche Anrede »Mrs.« gewährt wird; wenn Sie am Tag von der Tatsache, daß Sie Neger sind, gehetzt und in der Nacht von ihr geängstigt werden; wenn Sie sozusagen stets auf Zehenspitzen Ihr Dasein fristen, ohne je ganz zu wissen, was der nächste Augenblick bringen mag; wenn Sie stets von inneren Furchtzuständen und äußeren Mißachtungen gepeinigt werden; wenn Sie unablässlich anzukämpfen haben gegen ein verrottendes Gefühl, daß Sie nichts und niemand seien – dann werden Sie verstehen, warum wir es schwierig finden abzuwarten. Einmal kommt der Tag, an dem der Becher des Ausharrens überquillt und Menschen nicht länger geneigt sind, in den Abgrund der Verzweiflung geworfen zu sein. Ich hoffe, daß Sie, verehrte Herren, unsere gerechtfertigte und unvermeidbare Ungeduld begreifen werden ...

... OBSCHON ICH ENTTÄUSCHT WAR, daß man mich in den Reihen der Extremisten unterbrachte, so gewann ich doch bei längerer Überlegung eine gewisse Befriedigung aus dieser Abstempelung. War nicht Jesus ein Extremist der Liebe, als er forderte: »Liebe Deine Feinde, segne die, so Dir fluchen, erweise Gutes denen, so Dich hassen und bete für die, so Dich mißachten und verfolgen.« War nicht Amos ein Extremist der Gerechtigkeit, als er ausrief: »Lasset Gerechtigkeit fließen wie die Gewässer und lasset unser Tun münden in dem ewigen Strom der Gerechtigkeit.« War nicht Paulus ein Extremist für das Evangelium Christi, als er ausrief: »Auf meinem Körper trage ich Zeichen unseres Herrn Jesus.« War nicht Martin Luther ein Extremist, als er klärte: »Hier stehe ich – ich kann nicht anders.« Und John Bunyan: »Ich werde lieber bis zum Ende meiner Tage im Kerker ausharren, als mein Gewissen aufopfern.« Oder Abraham Lincoln: »Dieses Volk kann nicht bestehen bleiben, halb versklavt und halb frei.« Und Thomas Jefferson: »Wir haben die Wahrheit offenkundig erkannt, daß alle Menschen gleich sind vom Augenblick ihrer Erschaffung an ...« Es ist also nicht die Frage, ob wir Extremisten sein wollen, sondern vielmehr, Extremisten welcher Art wir sein wollen. Wollen wir Extremisten für den Haß oder für die Liebe sein? Werden wir Extremisten für die Fortdauer der Ungerechtigkeit oder für die Ausweitung der Gerechtigkeit sein? In dem Drama, das sich auf dem Kalvarienberg zutrug, wurden *drei* Männer gekreuzigt. Nie sollten wir vergessen, daß sie alle drei für das gleiche Verbrechen den Tod am Kreuz erlitten – für das Verbrechen, Extremisten zu sein. Zwei waren Extremisten der Sündhaftigkeit und fielen damit unter das Niveau ihrer Umwelt. Der andere – Jesus Christus – war ein Extremist für die Liebe, Wahrheit und Güte und erhob sich damit über seine Umwelt. Es mag wohl sein,

daß der Süden, unser Volk, ja die ganze Welt schöpferische Extremisten bitter nötig haben.
Ich hatte die Hoffnung gehegt, daß die weißen Gemäßigten dieses Bedürfnis erkennen würden. Vielleicht war ich zu optimistisch und vielleicht erwartete ich zuviel. Vermutlich hätte ich mir bewußt werden sollen, daß nur wenige der unterdrückenden Rasse viel Verständnis aufzubringen vermögen für das tiefe Stöhnen und die leidenschaftliche Sehnsucht der unterdrückten Rasse; noch viel kleiner ist die Zahl derer, die klar erkennen, daß die Ungerechtigkeit durch kraftvolle, konsequente und entschlossene Aktionen ausgerottet werden muß. Aber ich bin dankbar dafür, daß einige unserer weißen Brüder das Wesen dieser gesellschaftlichen Umwälzung erkannt und sich ihr verschrieben haben. Einige – wie Ralph McGill, Lilian Smith, Harry Golden, James McBride Dabbs, Ann Braden und Sarah Patton Boyle* – haben über unseren Kampf beredt und prophetisch geschrieben. Andere sind mit uns auf den namenlosen Straßen des Südens gezogen. Sie schmachteten in verdreckten und von Ungeziefer verseuchten Gefängnissen, wo sie die Schmähungen und Mißhandlungen von Polizisten erdulden mußten, welche sie als »schmutzige Negerliebhaber« (dirty nigger-lovers) betrachteten. Ganz im Gegensatz zu ihren gemäßigten Brüdern und Schwestern haben sie die Dringlichkeit der Stunde erfaßt und erkannt, daß kraftvolle »Aktion« unerläßlich ist, um der Seuche der Segregation entgegenzutreten.
Offen will ich noch von meiner zweiten großen Enttäuschung sprechen. Zutiefst enttäuscht haben mich die weißen Kirchen und ihre führenden Männer. Natürlich gibt es einige bemerkenswerte Ausnahmen. Ich bin mir sehr wohl bewußt, daß jeder der Unterzeichnenden der Erklärung in bemerkenswerter Weise sich zu dem Problem geäußert hat. Ich erkenne gerne an, daß Sie, Reverend Stallings, sich am letzten Sonntag als wahrer Christ erwiesen haben, als Sie in Ihrem Gottesdienst Neger ohne die Fesseln der Segregation willkommen geheißen haben. Ich weiß auch, daß die katholischen führenden Persönlichkeiten in

* Sämtliche Schriftsteller und Redakteure in den Südstaaten, die sich kraftvoll für die Rechte der Neger einsetzten. Golden publizierte 1964 ein umfassendes Werk »Kennedy and the Negroes«. (Anm. d. Ü.)

diesem Staate sich lobenswert verhalten haben, als sie schon vor einigen Jahren das Springhill-College integrierten.
Aber trotz dieser anerkennenswerten Ausnahmen muß ich doch wirklich neuerlich betonen, daß die Kirche mich enttäuscht hat. Ich stelle dies fest, nicht etwa als einer jener negativen Kritiker, die an der Kirche immer etwas zu mäkeln und zu beanstanden wissen. Ich sage es vielmehr als ein Geistlicher, der die Kirche liebt, der an ihrem Busen aufgezogen wurde, der durch ihre geistigen Kräfte gestärkt wurde und der ihr ein treuer Sohn bleiben wird, solange sein Leben währt.
Als ich so urplötzlich vor ein paar Jahren in die führende Rolle bei dem Autobus-Protest in Montgomery im Staat Alabama katapultiert wurde, da erwartete ich, daß die weißen Kirchen uns unterstützen würden. Ich meinte, daß die weißen Pfarrer, Priester und Rabbiner im Süden zu unseren stärksten Genossen und Gefährten zählen würden. Statt dessen gab es unter ihnen einige, die sich ausgesprochen gegen uns stellten, die es ablehnten, der Freiheitsbewegung Verständnis entgegenzubringen, und die sogar ihre Führerschaft verleumdeten. Allzu groß war die Zahl der Geistlichen, die sich mehr in einem vorsichtigen Schweigen als in einer mutvollen Stellungnahme gefielen: sie verharrten still und lautlos hinter der betäubenden Sicherheit ihrer bunten Glasfenster.
Trotz meiner zerstörten Traumwelt kam ich nach Birmingham mit der Hoffnung, daß die weißen religiösen Führer dieser Stadt die Gerechtigkeit unserer Sache erkennen würden und daß sie sich in moralischem Verantwortungsbewußtsein zu dem Sprachrohr machen würden, durch das unsere Beschwerden das Ohr der Machthaber erreichen würden. Aber ich bin wiederum enttäuscht worden.
Vielen religiösen Führern des Südens habe ich zugehört, die ihren Gläubigen empfohlen haben, einer Segregations-Anordnung zu folgen, denn sie sei Gesetz. Noch harre ich jedoch des weißen Geistlichen, der seiner Gemeinde zuruft: »Befolge die Gerichtsentscheidung, denn sie ist moralisch und gerecht, denn der Neger ist Dein Bruder!« Ich mußte mit ansehen, wie weiße Geistliche beiseitestanden und sich damit begnügten, fromme Gemeinplätze und heiligklingende Plattheiten zu murmeln. In einer Zeit, in der wir in einen gewaltigen Kampf verwickelt

sind, dessen Ziel es ist, unser Volk von rassischer und wirtschaftlicher Ungerechtigkeit zu befreien, vernahm ich, wie viele Geistliche erklärten: »Dies sind soziale Probleme, die das Evangelium nicht berühren.« Und ich mußte mit ansehen, wie sich viele Kirchen einer Religion verschrieben haben, die einer ganz anderen Welt anzugehören scheint und die in der absonderlichsten, höchst unbiblischen Art und Weise glaubt, zwischen dem Körper und seiner Seele, dem Heiligen und dem Weltlichen unterscheiden zu dürfen.

Kreuz und quer durchwanderte ich Alabama, Mississippi und alle anderen Staaten des Südens. An glühendheißen Sommertagen und an kühlen Herbstmorgen staunte ich die herrlichen Gotteshäuser mit ihren hochragenden Kirchtürmen an. Die eindrucksvollen Konturen ihrer gewaltigen, der Religion geweihten Gebäude sind mir unvergeßlich, und so habe ich mich immer wieder gefragt: »Was sind denn das für Menschen, die hier zum Gottesdienst schreiten? Wer ist denn ihr Gott? Wo vernahm man denn ihre Stimmen, als die Lippen des Gouverneurs Barnett* überschäumten von Worten der Rechtsbeugung und des widerrechtlichen Einschreitens? Wo waren sie denn, als Gouverneur Wallace** unüberhörbar zum Widerstand und zum Haß aufrief? Wo hörte man ihre Stimmen der Unterstützung, als verprügelte und ausgemergelte Neger, Männer wie Frauen, sich entschlossen, aus den dunklen Verliesen des Hinnehmens auszubrechen und zu den hellen Hügeln schöpferischen Protests aufzubrechen?«

Ja, diese Fragen bewegen mich wahrlich noch immer. In grenzenloser Enttäuschung habe ich über die Trägheit der Kirche geweint. Aber glauben Sie mir, daß es Tränen der Liebe gewesen sind. Es gibt keine tiefe Enttäuschung, wo keine tiefe Liebe herrscht. Ja, wahrlich, ich liebe die Kirche. Wie könnte es auch anders sein? Ich bin einer der wenigen, die Sohn, Enkel und Urenkel von Geistlichen sind. Ja, ich sehe in der Kirche den Körper Christi. Aber ach, wie haben wir diesen Körper aus

* Ross Barnett, Gouverneur von Mississippi, der sich gegen Kennedy in dessen Kampf für die Neger wandte.

** George C. Wallace, Alabama, ein Hauptgegner der Präsidenten Kennedy und Johnson in deren Kampf um die Bürgerrechte. (Anm. d. Ü.)

sozialer Verantwortungslosigkeit und aus der Angst heraus, man könnte uns als Nonkonformisten betrachten, geschändet und verunstaltet!

Es gab eine Zeit, in der die Kirche große Macht besaß: das war, als sich die ersten Christen glücklichpriesen, für wert befunden worden zu sein, zu leiden für das, woran sie glaubten. In jenen Tagen war die Kirche nicht lediglich ein Thermometer, das die Ideen und Leitbilder der öffentlichen Meinung registrierte, sondern ein Thermostat, der die Sitten der Gesellschaft wandelte. Wann immer die frühen Christen in eine Stadt gelangten, wurden die Machthaber unruhig und verstört und bemühten sich sofort, diese Christen als »Landfriedensbrecher« und »auswärtige Agitatoren« zur Aburteilung zu bringen. Aber die Christen ließen niemals von ihrem Glauben ab, denn sie waren von der Überzeugung erfüllt, daß sie »eine Kolonie des Himmelreichs« waren, aufgerufen, mehr Gott als den Menschen zu gehorchen. Ihre Zahl war klein, aber ihre Hingabe groß. Sie waren zu sehr vom Geist des Herrn beseelt, als daß man sie »gewaltig einschüchtern« hätte können. Ihr Bemühen und ihr Beispiel setzte solch alten Übeln wie Kindesmord und Gladiatoren-Metzeleien ein Ende.

Heute liegen die Dinge anders. Allzuoft ist unsere zeitgenössische Kirche zu einer schwachen und wirkungslosen Stimme herabgesunken, deren Ton gar unrein klingt. Zu oft gehört sie zu den hartnäckigsten Advokaten des Status quo. Die Gewaltigen und die Machthaber der meisten Städte werden keineswegs dadurch gestört, daß die Kirche existiert: im Gegenteil, sie werden getröstet dadurch, daß sie schweigend, ja oft sogar vernehmlich die Dinge gutheißt, wie sie nun einmal sind.

Aber mehr denn je steht die Kirche vor dem Richterstuhl Gottes. Wenn unsere heutige Kirche nicht aufs neue den Opfergeist der Frühkirche zurückerobert, dann wird sie ohne Glaubhaftigkeit dastehen und die treue Anhänglichkeit von Millionen Gläubiger verlieren und bald als ein unmaßgeblicher Gesellschaftsklub abgeschrieben werden, der im 20. Jahrhundert nichts mehr zu melden hat. Tagtäglich treffe ich junge Menschen, deren Enttäuschung über die Kirche in offenem Widerwillen gipfelt.

Vielleicht bin ich wieder einmal zu optimistisch gewesen. Vielleicht ist die organisierte Religion zu unlösbar mit dem Status quo verbunden, als daß sie noch fähig wäre, unser Volk und die Welt zu erretten? Vielleicht muß ich meinen Glauben auf die innere geistige Kirche, die Kirche verborgen innerhalb der Kirche, gründen als der wahren Ecclesia und der Hoffnung der Welt. Aber immer wieder werde ich Gott dafür danken, daß einige edle Seelen der Kirchenführung die lähmenden Fesseln der Konformität abstreifen und sich in dem Kampf um die Freiheit zu uns gesellt haben.

Sie haben die Sicherheit ihrer Gemeinden aufgegeben und schreiten mit uns durch die Straßen von Albany im Staate Georgia. Sie haben sich mit uns an unseren qualvollen »Freiheits-Fahrten« auf den Straßen des Südens beteiligt. Ja, sie ließen sich sogar mit uns einsperren. Einige sind von ihren Gemeinden verlassen worden und haben die Unterstützung seitens ihrer Bischöfe und ihrer geistlichen Kollegen eingebüßt. Aber sie handelten in dem Glauben, daß das besiegte Recht doch stärker ist als das siegreiche Übel. Ihre Zeugenschaft hat den wahren Geist des Evangeliums in diesen aufgewühlten Zeiten bewahrt. Ich hoffe, daß die Kirche als Ganzes angesichts der Herausforderung dieser Entscheidungsstunde ihren Mann stehen und sich bewähren wird.

Aber selbst wenn die Kirche sich nicht an die Seite der Gerechtigkeit stellen sollte, werde ich an der Zukunft nicht verzweifeln. Ich hege keinerlei Befürchtungen über den endgültigen Erfolg unseres Kampfes in Birmingham, selbst wenn unsere Beweggründe gegenwärtig noch mißverstanden werden. Wir werden das Ziel, das Freiheit heißt, in Birmingham und allerorts erreichen, denn das Ziel Amerikas ist eben die Freiheit. Wenn wir auch heute noch verachtet und verschmäht werden, so ist doch unser Schicksal unlösbar mit dem Amerikas verbunden. Wir waren hier schon, bevor die Pilger in Plymouth* landeten. Wir waren schon hier, bevor Jefferson über die Seiten der Geschichte die majestätischen Worte der Unabhängigkeitserklärung schrieb. Mehr als zwei Jahrhunderte haben unsere Ahnen hier ohne jede Entlohnung Sklavendienste geleistet und haben dadurch die Baumwolle zum König gemacht. Sie haben die Häuser

* Hier landeten 1620 die »Pilger-Väter«, die ersten englischen Aussiedler, in den heutigen USA. (Anm. d. Ü.)

ihrer Meister erbaut, während sie himmelschreiende Ungerechtigkeiten und schamlose Demütigungen erlitten – und dennoch haben sie in ihrer grenzenlosen Vitalität weiter gestrebt und sind weiter gewachsen. Wenn die unaussprechlichen Grausamkeiten der Sklaverei uns nicht zum Stillstand bringen konnten, dann werden bestimmt unsere heutigen Widersacher es nicht vermögen. Wir werden unsere Freiheit erringen, weil das heilige Erbe unserer Nation und der ewige Wille Gottes ihren Niederschlag in unseren widerhallenden Forderungen gefunden haben ...

... NOCH NIE habe ich einen so langen Brief geschrieben. Ich muß befürchten, daß er angesichts Ihrer kostbaren und bemessenen Zeit allzulang geworden ist. Ich versichere Ihnen, daß er wesentlich kürzer geraten wäre, wenn ich ihn an einem bequemen Schreibtisch verfaßt hätte, aber, was kann man denn tun, wenn man allein ist in einer engen Gefängniszelle, als lange Briefe schreiben, lange Gedankenketten schmieden und lange Gebete sprechen?
Sollte ich in diesem Brief etwas gesagt haben, das die Wahrheit in übertriebener Weise ausspricht und eine unvernünftige Ungeduld beweist, dann erbitte ich Ihre Vergebung. Wenn ich etwas gesagt haben sollte, das die Wahrheit nicht scharf genug ausspricht und eine Geduld verrät, die bereit wäre, sich mit Geringerem abzufinden als mit Brüderlichkeit, dann bitte ich Gott um Vergebung.
Ich hoffe, daß dieser Brief Sie stark im Glauben antrifft. Ich hoffe auch, daß es die Umstände bald gestatten werden, jedem einzelnen von Ihnen zu begegnen, und zwar nicht als Fürsprecher der Integration und als Vorkämpfer der Bürgerrechte, sondern als Kollege und als Bruder in Christo. Wollen wir hoffen, daß die dunklen Wolken rassischen Vorurteils sich bald auflösen lassen und der dichte Nebel des Mißverstehens sich von unseren furchtgeschwängerten Städten und Gemeinden erheben wird. Und daß in naher Zukunft die glänzenden Sterne der Liebe und der Brüderlichkeit in ihrer hinreißenden Schönheit über unserer Nation erstrahlen werden.

Der Ihre für Friede und Brüderlichkeit!
Martin Luther King, Jr.

Nur eine Hausfrau: Viola Gregg Liuzzo, † 25. März 1965

Nur eine Hausfrau hätte sie sein sollen, sagten viele. Die sie kannten und liebten, waren anderer Meinung. Ein Freund beschrieb sie als »den Typ Mensch, der alles für dich zu tun bereit ist, auch wenn er in Gefahr gerät, Schuld auf sich nehmen zu müssen. Es ist falsch, eine Heilige aus ihr zu machen. Darum geht es nicht. Sie war oft wunderlich« – da steckt das Wort Wunder drin – »und manchmal fehlgeleitet, aber sie war sonnig, sogar strahlend, und über die Maßen anständig.«
Und ihr Mann, der nicht wenig an ihrer Seite mitgemacht hat, erzählt von einem Weihnachten in ihrer alten Waldhütte in den Wäldern bei Grayling: »Ehe sie (mit den Kindern) hinfuhr, ging sie aus und kaufte Spielzeug für eine Familie, von der sie wußte, daß sie ausgebrannt war und den Kindern nichts schenken konnte. So war sie immer. Manchmal machte mich das fast verrückt, aber sie mußte immer irgend etwas für andere Leute tun, ob diese es verdient hatten oder nicht. ›Niemand ist schlecht, wenn er geboren wird‹, sagte sie, und dann wurde sie ganz prinzipiell und aufgeregt.«
Weiße Rassegenossen machten der Bürgerrechtlerin auf dem Highway 80 im Lowndes County ein Ende: »Eine Kugel traf ihren Kopf und tötete sie augenblicklich.«

VIOLA LIUZZO brauchte für ihre Fahrt nach Selma mit dem alten Oldsmobile der Familie drei Tage. Sechs Tage später war sie tot, erschossen in ihrem Wagen während der Fahrt auf dem Highway 80, der Straße von Montgomery.
Viele Leute meinten damals, eine Hausfrau mit fünf Kindern hätte auch in Selma nichts zu suchen gehabt. Wer kümmerte sich um die Kinder? Wer kochte das Essen? Bürgerrechtskämpfe solle man den Männern überlassen. 55 % der Frauen, die von

der Alfred Politz Research Inc. befragt wurden, waren dieser Meinung, nur 26 % billigten, was sie tat. Der Rest besaß keine eigene Meinung.

Um die Statistiken mit Leben zu füllen, sandte das »Journal« den Schriftsteller Lyn Tornabene in ein Klubtreffen von achtzehn jungen weißen Hausfrauen aus den Nordstaaten, auf welchem die Vorsitzende ohne Vorankündigung die Frage nach der ersten weißen Frau, die als Kämpferin für die Bürgerrechte sterben mußte, zur Erörterung stellte. Die ersten Äußerungen glichen den üblichen: »Die Frau gehört zu ihren Kindern; ihre erste Pflicht sind die Kinder und der Ehemann«, d. h. sie muß immer selber da sein. Im Verlauf des Gesprächs wurden Zweifel laut – daß möglicherweise das Nachdenken über größere Dinge auch wertvoll sei. Eine Frau sagte: »Ich dachte gerade darüber nach . . ., was sein würde, wenn wir alle Farbige wären? Würden wir dann bereit sein, uns zu erheben und für unser Stimmrecht einzutreten? Als Mütter? Ich glaube, daran haben wir noch gar nicht gedacht. Würdet ihr, wenn ihr farbig wäret, nach draußen gehen und für diese Sache kämpfen?«*

Nach der Sitzung setzte sich Lyn Tornabene bei Kaffee und Kuchen zu den jungen Frauen und stellte fest, daß viele die Selbstoffenbarungen dieses Gespräches durcheinandergebracht hatte. Eine sprach mit Verwunderung und Traurigkeit davon, daß »wir zwar bereit sind, für das materielle Wohlergehen unserer eigenen Angehörigen etwas zu tun, nicht jedoch für eine Idee«.

Sie wurden gefragt, wie sich nach ihrer Meinung Viola Liuzzos Kinder zu der Sache stellen würden, um deretwillen ihre Mutter zu Tode gekommen war. Sie meinten, die Kinder würden ablehnend reagieren. In Wirklichkeit waren sie jedoch stolz auf ihre Mutter. Die achtzehnjährige Penny sagte in der Aufbahrungshalle in Detroit, daß der Ausdruck des Gesichts ihrer Mutter »fast wie ein Triumph« sei. Der zehnjährige Anthony sagte das gleiche. »Immer, wenn Mutter eine Schlacht gewonnen hatte, sah sie so aus.«

Viola Gregg Liuzzo war keine gewöhnliche Hausfrau. Sie besaß

* Murder in Alabama. American wives think Viola Liuzzo should have stayed home, in: The Ladies Journal vom Juli 1965.

viel Energie und innere Unabhängigkeit, sie war von Natur aus eine »Unruhestifterin«. Sie fuhr nach Selma in der Überzeugung, damit ihrer Familie einen Dienst zu tun. Ihre Familie aber war die Menschheit.

Viola Fauver Gregg wurde am 11. April 1925 als erste von zwei Töchtern der Familie Heber Gregg in Kalifornien, Pennsylvanien, geboren und verbrachte den größten Teil ihrer Kindheit in Georgia und Tennessee. Violas Mutter war Lehrerin, und das bewirkte vielleicht in Viola jenen Hunger nach Bildung, der sie in ihren späteren Lebensjahren dazu trieb, ein Dutzend Bücher in einer Woche zu lesen und noch als Achtunddreißigjährige sich in einem College einschreiben zu lassen. Aber die Familie Gregg war so häufig unterwegs, daß Viola nach der neunten Klasse die Schule verließ.

»Sie war ein bezaubernd hübsches junges Mädchen mit einem südlichen Einschlag«, sagt Gordon Green von ihr. Green war Lehrer und Zeitungsberichterstatter in Montreal, der die »warmherzigen« Greggs gut kannte, da sie vor Jahren in einem barackenähnlichen Siedlungsgebiet in Ypsilanti, Michigan, Nachbarn waren. Viola war ein Mensch voller Unruhe; eine Ehe, die die Sechzehnjährige mit einem über zweiunddreißigjährigen Mann schloß, wurde nach einem Tag im gegenseitigen Einverständnis annulliert. Nach zwei Jahren heiratete sie wieder einen älteren Mann namens George Argyris, einen geborenen Griechen, der eine Cafeteria in Detroit betrieb. Während ihrer siebenjährigen Ehe wurden ihnen zwei Töchter, Penelope und Evangeline, geboren. Im Jahre 1949 reichte Viola, die damals als Kellnerin in der Bar und dem Restaurant New Olympia in Detroit arbeitete, eine Scheidungsklage ein, zog sie dann aber wieder zurück. Im April 1950 gewährte der Bezirksrichter Arthur Webster George Argyris eine von seiner Frau nicht angefochtene Scheidung und übertrug Viola die Betreuung der beiden Töchter. Noch im gleichen Jahr trat Viola zum Katholizismus über und heiratete Anthony J. (Jim) Liuzzo, den Geschäftsführer des Bezirks 247 der »International Brotherhood of Teamsters« (Transportarbeiter-Gewerkschaft). Im Jahre 1951 wurde ein Sohn, Thomas, geboren und 1955 ein weiterer Sohn, Anthony. Ein Jahr später adoptierte Jim Liuzzo Penelope und Evangeline.

Im Jahre 1958 war Viola wieder schwanger und litt an Kreislaufstörungen, die schon zu drei Fehlgeburten beigetragen hatten. Ihr Ehemann berichtete: »Zwei oder drei Mal mußte sie, während sie Sally erwartete, Hals über Kopf ins Krankenhaus gebracht werden, aber sie wünschte sich dieses eine Kind so sehr. Als dann die kleine Sally geboren wurde, dachten wir, alles sei zu Ende. Der Arzt sagte, daß das Kind kaum lebensfähig sei und wenn es am Leben bleiben würde, würde es niemals den Kopf aufrecht halten können. Wir holten den Priester zur letzten Ölung, aber Vi war entschlossen, das Kind durchzubringen. Und, wissen Sie, sie schaffte es. Es zeigte sich, daß Sally einfach unterernährt war, und zwar durch die Medikamente, die ihre Mutter wegen der Kreislaufstörungen erhalten hatte. Und das Kind war aufgeweckt. Mit sechs Jahren hatte Vi Sally so weit, daß sie Zeitungen lesen und verstehen konnte.«
Auch eine Nachbarin erinnerte sich an die Ereignisse, die mit Sallys Geburt zu tun hatten. Sie erzählte dem Berichterstatter der »Detroit News«, Anthony Ripley, das, was er dann am 23. Mai 1965 in einem Artikel »Das Rätsel der Frau Liuzzo« wiedergab: »Etwa acht Monate nachdem Sally geboren war, kam Viola zu uns herübergerannt: Damals saß die kleine Sally zum ersten Mal aufrecht und hielt den Kopf gerade. Viola sagte: Ich habe euch ja gesagt: Die Liebe unserer Familie würde dieses Kind gesund machen.«
Als Sally sich nun normal entwickelte, konzentrierte Viola ihre überschüssigen Energien auf ein neues Betätigungsfeld. Sie nahm Abendunterricht im Carnegie Institute of Detroit, einer Ausbildungsstätte für ärztliche Laboratoriumsassistenten und Arzthelferinnen. Sie begann damit im März 1961. Der Ausbildungsleiter des Instituts, James F. McEachern, spricht mit Herzlichkeit davon, wie Viola als Dynamo unter den Studenten wirkte, so begeistert und intensiv bei der Sache, daß sie ein Tonbandgerät mit in den Unterricht nahm, um die aufgenommenen Vorträge zu Hause noch einmal zu hören. Er sagte, »sie hatte großes Ansehen bei ihren Mitstudenten. Sie achteten ihre Meinung, und wenn sie Schwierigkeiten hatten, mit denen sie nicht gern einem Lehrer kommen wollten, dann wandten sie sich an Frau Liuzzo.«
Unter den Studenten, die sich um Viola sammelten, bildete sich

eine »Kaffeeklatschgruppe«, die sich nach dem Unterricht in Violas Zimmer versammelte, wo man Platten hörte oder die halbe Nacht hindurch studierte und redete. Viola brauchte niemals viel Schlaf wegen ihres unruhigen Kreislaufs. Ein Mitglied der Gruppe, Julia Deaton, erzählt, wie Viola die andern für die Examen drillte: »Manchmal ließ sie uns die ganze Nacht aufsitzen und trieb uns unentwegt an. Einige von uns hätten ohne sie die Ausbildung niemals geschafft.« Julia Deaton berichtete auch, daß sie und eine andere junge Frau durch Violas Vermittlung ihre ersten Anstellungen bekamen und daß Viola sie »durch die ganze Stadt jagte«, damit sie die Laborsachen besorgten, die von den Ärzten gebraucht wurden, für die sie arbeiteten. »Sie war ein wundervoller Mensch.«
Einmal saßen die Studenten im Hause der Liuzzos die ganze Nacht hindurch auf und diskutierten die Bürgerrechtsfrage. Julia Deaton sagte zu Viola: »Ich bin genau so für die Bürgerrechte wie du, aber was würdest du sagen, wenn deine Tochter einen Neger heiraten würde?« Viola antwortete, wenn die Kinder groß wären, stünden sie auf eigenen Füßen und hätten in solchen Dingen selber ihre Entscheidung zu treffen.
Am 15. März 1962 erhielt Viola das Abschlußzeugnis von Carnegie mit ausgezeichneten Zensuren und gemeinsam mit einer anderen Frau die höchste Auszeichnung, die die Schule zu vergeben hatte; im Juni nahm sie eine Arbeit im Parkview Medical Center in Detroit auf, in dem sie eine kurze und stürmische Zeit zubrachte. Sie erhob kräftige Einwände gegen einige der Arbeitsbestimmungen in Parkview, die sie als ausbeuterisch bezeichnete. Als eine der Sekretärinnen entlassen wurde – nach Violas Meinung ungerechtfertigt –, gab sie ihren eigenen Gehaltsscheck dieser Frau und begann einen Feldzug, der die Verwaltung in Verlegenheit bringen sollte. An einem Augustabend blieb sie im Gebäude zurück, als alle anderen schon gegangen waren, rief dann die Polizei an und sagte, sie werde jetzt ein Mikroskop stehlen. Sie beschrieb ihr Auto, gab die Richtung an, in die sie fahren würde, und hängte ein. Ein Polizeiwagen fing sie ab, und sie verlangte, daß man sie zur Wache brächte; sie wußte sehr wohl, daß die Zeitungsberichterstatter an dieser Sache interessiert sein würden – schon wegen der Stellung ihres Mannes. Da sie nichts gestohlen hatte, wurde keine Anklage

erhoben, aber sie benutzte die Gelegenheit, um öffentlich ihre Meinung über die in Parkview geübten Praktiken kundzutun.
Da Parkview sie nicht mehr haben wollte, nahm sie sofort eine Halbtagstätigkeit im Gewebelaboratorium des Sinai-Hospital auf. Dort assistierte sie einem besuchsweise anwesenden wissenschaftlichen Forscher aus Nigeria; das dabei Gelernte stachelte ihr Verlangen nach weiterer Ausbildung an. Man hatte sie in Sinai sehr gern und drängte sie zu bleiben, aber im Oktober meldete sie sich zur Aufnahmeprüfung an der Wayne State University, bestand sie und wurde vorläufig als Gasthörer aufgenommen. Im Januar 1964 wurde sie regulärer Student in Wayne und arbeitete, um einen akademischen Grad zu erlangen; Englisch oder Soziologie sollten die Hauptfächer sein, wenn sie auch immer noch die leise Hoffnung hegte, einmal Medizin studieren zu können.
Die Fragen der Erziehung und Bildung waren für Viola Liuzzo so vordringlich geworden, daß diese Frau, die seinerzeit die High School vorzeitig als »drop out« verlassen hatte, jetzt mit der Erziehungsbehörde in Detroit den Kampf um die Verlängerung der Schulzeit aufnahm. Sie meinte, man solle als Abschlußalter für die Schulzeit lieber das achtzehnte statt des sechzehnten Lebensjahres vorschreiben. Als mildere Kampfmittel keine Wirkung zeigten, nahm sie ihre Söhne Thomas und Anthony, die damals zwölf und neun Jahre alt waren, von der Schule und unterrichtete sie zu Hause. Als das vierzig Tage so gegangen war, lud die Schulbehörde sie vor und im Juni hatte sie vor dem Richter Joseph A. Gillis am Städtischen Gerichtshof in Detroit zu erscheinen. Richter Gillis wollte die Sache gern vertagen, denn er verstand das Vorhaben von Mrs. Liuzzo und meinte, daß sie die Kinder nach der Sommerpause im September wohl wieder zur Schule schicken würde und die Schulverwaltung dann die Beschwerde zurückziehen könnte. Gillis erzählte: »Genau so geschah es auch, aber Frau Liuzzo bestand darauf, daß sie sich als schuldig im Sinne der Anzeige erklärte. Das tat sie auch und der Richter Arthur Koscinski gab ihr Bewährungsfrist und legte ihr 50 Dollar Gerichtskosten auf.«
Das ist der Hintergrund der Gerüchte, die nach ihrem Tode von Segregationalisten in Alabama verbreitet wurden und andeuteten, daß sie im »Strafregister verzeichnet« sei.

Nach ihrer langen und ergebnislosen Auseinandersetzung mit dem Schulausschuß geriet Viola an den Rand eines Nervenzusammenbruchs. Im Juli verschwand sie ohne weitere Erklärung und machte eine Solofahrt durch Kanada, um zu ergründen, wer sie eigentlich sei und was sie vom Leben erwarte. Sie landete schließlich in Gordon Greens Haus in Montreal. Green sagte später zum Reporter Anthony Ripley: »Ich denke, man kann sagen: sie war ziemlich durcheinander, als sie bei uns ankam, aber als sie abfuhr, ging es ihr viel besser. Sie kam einfach, um einmal Ruhe zu haben, und sie brauchte Zeit, um alles abklingen zu lassen. Ihr Interesse galt in dieser Zeit besonders der Geologie. Ich habe noch ihren Gesteinhammer als Erinnerungsstück hier. Als sie ankam, brachte sie eine ganze Anzahl von Steinen mit, die sie wohl überall während ihrer Fahrt gesammelt hatte. Während ihres Aufenthalts bei uns hatte sie immer etwas vor; sie stand sehr früh auf und wanderte querfeldein, Steine zerschlagend, und war ganz glücklich, solange sie sich mit etwas beschäftigen konnte. Häufig rief sie ihren Mann an. Zwei oder drei Mal am Tage hing sie am Telefon. Jim kam zu uns und er und meine Frau fuhren mit Vi nach Detroit zurück.« Green sprach mit Ripley nach Violas Tod und kannte das Gerede über ihre Unbeständigkeit und die Vernachlässigung ihrer Kinder. Er sagte: »Sie war schon etwas unberechenbar und leicht erregbar und es konnte auch ein Nervenzusammenbruch bei ihr vorkommen. Aber fast immer war sie ein klarer Denker. Was die Kinder anbelangt, so hatte sie immer etwas Interessantes mit ihnen vor. Am allerwenigsten konnte man sie des Mangels an mütterlicher Liebe beschuldigen, und wir wußten außerdem, daß ihre Hausangestellte ein ausgezeichneter Mensch war.«

Die »Hausangestellte« war eine der engsten Freundinnen Violas, eine Negerin namens Sarah Evans, die mehrere Jahre lang für die Liuzzos gearbeitet hatte und die sich jetzt, nach Violas Tod, der jüngeren Kinder ganz annimmt. Sarah Evans war es, die Viola zuerst zu Treffen der NAACP und anderer Bürgerrechtsorganisationen mitnahm. Dafür nahm Viola Sarah Evans mit zu einem Seminar über die Vereinten Nationen, das von der »Unitarian Universalist Association« gefördert und im Frühjahr 1964 in New York stattfand. Sarah Evans sagte: »Häufig schlang Vi ihre Arme um mich und sagte: Sarah, du machst es dir zu schwer. Das ist nicht recht.« ...

Jim und Viola saßen um 23.00 Uhr vor dem Fernseher an jenem Sonntag im März, an dem State Troopers und Jim Clarks berittene Truppe Tränengas, Peitschen und Knüppel gegen die Bürgerrechtsmarschierer an der Edmund Pettus Bridge in Selma eingesetzt hatten. Als Viola die dramatischen Aufnahmen des Fernsehens sah, rollten ihr, wie Jim sagte, Tränen über das Gesicht. Sie erzählte Jim, daß sie sich mit dem Priester der Episcopal Church in Wayne, Reverend Malcolm Boyd, unterhalten habe, der im Süden gewesen war und an einigen der Kundgebungen teilgenommen hatte. »Er hat mich sehr nachdenklich gestimmt«, sagte sie. Eine Woche lang brütete sie in Gedanken über Selma und über den Tod von Jim Reeb.

Am Abend des 16. März läutete das Telefon im Hause Liuzzos. Jim war zu Hause, nahm den Nebenhörer auf und hörte, wie Viola von Wayne aus zu Penelope sagte, sie würde jetzt nach Selma fahren. Jim mischte sich ein und fragte: »Wovon redest du?«

»Ich fahre nach Selma«, sagte Viola.

»Höre, Vi, komm doch erst nach Hause und laß uns darüber sprechen, und wenn du dann immer noch gehen möchtest, gebe ich dir das Geld, damit du fliegen kannst.«

»Nein«, sagte Viola, »ich fahre sofort«, und legte den Hörer auf.

Viola fuhr offenbar den Oldsmobile der Familie allein nach Alabama und brauchte etwa drei Tage für die Reise. Einer der ersten, die ihre Anwesenheit in Selma bemerkten, war ein neunzehnjähriger Neger aus Selma, LeRoy Moton, der dabei war, für die Hunderte von Bürgerrechtsanhängern, die aus allen Teilen der Vereinigten Staaten und Kanadas eintrafen, einen ständigen Transportdienst zwischen Montgomery und Selma einzurichten. Viola bot sich als Freiwillige an und ihr Auto fand seinen Platz in dem Gebäude von Mrs. Willie Lee Jackson in den George Washington Carver Homes, der Siedlung in Selma, die vom Bund gebaut war und die der Mittelpunkt der Stimmrechtskampagne war. In den letzten sechs Tagen ihres Lebens zählte Viola zur Jackson-Familie. Jeden Abend kehrte sie in deren Wohnung zurück, nachdem sie den Tag über geholfen hatte, die Gäste unterzubringen, oder Fahrdienste zwischen Selma und Montgomery absolviert hatte. Mrs. Jackson sagte: »Man konnte sie so lieb haben, sie war gar nicht wie eine Fremde. Sie kam einfach herein und machte alles so wie wir. Sie sagte, sie sei nach Selma gekommen, weil sie hoffte, helfen zu können. Sie sprach viel mit meiner Tochter Frances, die die oberste Klasse der High School besucht. Sie sagte, wenn sie nach Detroit zurückführe, würde sie Frances gern mitnehmen. Sie meinte, Frances würde ein Ortswechsel gut tun. Wir machten große Pläne. Es sah aus, als ob sich nun alles zum Besten und Rechten wenden würde.«

Einer der Pfarrer, die nach Selma gekommen waren, um am Marsch teilzunehmen und mit besonderer Anerkennung Violas gedenkt, ist Carl Sayers, Pfarrer der St. Stephens Episcopal Church in Birmingham, Michigan. »Als wir ankamen, waren wir müde und ängstlich. Wir wurden in das Pfarrhaus der Browns Chapel geführt, und Mrs. Liuzzo saß an dem Tisch, an dem die Gäste ihre Einweisung bekamen. Sie sah, daß wir müde und etwas besorgt waren und kam auf uns zu, um uns freundlich zu begrüßen. Ich werde nie vergessen, wie sie sich um uns kümmerte und wie freundlich sie war.« Später sah Sayers mehrere Male Viola arbeiten. »Sie schien sich besonders der katholischen Nonnen anzunehmen, die gerade ankamen«, sagte er. »Ich war verwundert, von Ferne zu sehen, wie viele Dinge sie anpackte, immer um Menschen zu helfen. Sie war ein Tatmensch. Ich glaube, daß all der Dreck, mit dem man um sich wirft, aus der Verzweiflung verzweifelter Menschen kommt, die einfach nicht glauben, daß es Barmherzigkeit und Menschenliebe gibt, selbst wenn sie sie sehen.«

Jeden Abend rief Viola zu Hause an und sprach mit ihrem Mann und ihren Kindern. Zweimal sandte Jim Liuzzo ihr telegrafisch Geld. Am 25. März, dem letzten Tag des Fünftagemarsches, rief Viola an und sagte, sie werde bald nach Hause fahren und brauche noch Geld. Nach Arbeitsschluß ging Liuzzo zum Telegrafenamt und schickte ihr 50 Dollar. Das Geld sollte sie nicht mehr erreichen.

Die Marschierer verbrachten ihre letzte Nacht in Zelten auf dem Gelände der City of Jude, einem ausgedehnten Gebäudekomplex der katholischen Kirche, der das Krankenhaus und die Schule umfaßt und sich in den Vororten von Montgomery den Highway 80 entlang erstreckt. Viola war mit ihrem Auto von Selma nach St. Jude gefahren, um an dem letzten triumphalen Abschluß des Marsches teilzunehmen. Father Edward O'Reilly Cassidy, einem Missionspriester an der St. Mel's Church in Chicago, fiel auf, wie sich Viola um die erschöpften Marschierer bemühte: »Die Leute waren todmüde vom Marsch und einige wurden ohnmächtig. Die Priester erlaubten, daß der Keller der Schule und der Kirche als zeitweilige Station für Erste Hilfe benutzt wurden. Frau Liuzzo half ständig, holte Leute aus der Menge heraus, sprang ein, wo es ihr möglich war und tat einen prachtvollen Dienst. Wir waren erstaunt über die Kraft, die sie besaß.«

Father Cassidy erinnerte sich auch, daß einer der Priester Viola einen Platz zum Schlafen im Keller der Schule zur Verfügung stellte, aber sie lehnte das ab und sagte: »Ich kann in meinem Wagen schlafen. Es sind Menschen da, die diesen Platz nötiger brauchen als ich.«

Als sich am nächsten Morgen die Marschierer zum Kapitolgebäude des Staates aufmachten, sah Viola mit Father Cassidy und einigen anderen zu und fragte Father Tim Deasy von St. Jude, ob es irgendeinen hochgelegenen Platz gäbe, von dem aus sie die Stadt überblicken und so einen besseren Eindruck gewinnen könne. Er führte sie die Treppe zum Kirchturm hinauf, von wo aus sie die Marschierer sehen konnte. Als sie herunterkam, hielt sie inne und sagte zu Father Deasy, daß sie ein seltsames Gefühl kommender Gefahr habe. »Irgend etwas passiert heute«, sagte sie, »ich fühle es. Es wird jemand getötet werden.« Father Deasy versuchte, sie zu beruhigen, aber sie sagte: »Wissen Sie, es könnte sogar Gouverneur Wallace sein, vielleicht bringt ihn einer von seinen eigenen Leuten um, denn er hat viele Feinde hier. Und dann würden sie die Marschierer beschuldigen.«

Father Cassidy erzählt, daß sie immer wieder zu ihm und zu einigen Nonnen von ihrer Angst sprach und daß sie dann sagte, sie gehe in die Kirche, um zu beten. Father Cassidy sagt: »Ich war sehr betroffen von dieser Frau und der Güte, die sie ausstrahlte. Sie war ein Vorbild für uns alle. Ihre Energie, ihre

Begeisterung und ihr Mitgefühl waren geradezu ansteckend und beschämten viele von uns. Ich weiß nicht, ob in der ganzen großen Schar, die aus allen Teilen der Vereinigten Staaten gekommen war, auch nur einer war, der sie in der Haltung, im Handeln oder in ihrem Helferdienst ihren Mitmenschen gegenüber übertroffen hätte.« Später sagte Father Deasy in der Erschütterung über ihren Tod zu Father Cassidy: »Frau Liuzzo starb im Dienst des allmächtigen Gottes in Ausübung von Werken der Barmherzigkeit. Du sollst deinen Nächsten lieben wie dich selbst.«

Nach den Siegeskundgebungen auf den Stufen des Kapitolgebäudes kehrte Viola nach St. Jude zurück und ließ LeRoy Moton ihren Wagen nach Montgomery fahren, um Leute aufzunehmen, die nach Selma gebracht werden wollten. Als Moton mit seinen Passagieren in St. Jude ankam, stieg Viola zu ihnen in den Wagen und fuhr selber. Sie wollte sich für die lange Rückreise nach Detroit wieder etwas einfahren ...

Während der fünfundvierzigminütigen Rückfahrt nach Selma am 25. März holte ein Wagen, der mit Weißen voll besetzt war, von hinten auf und berührte ein paar Mal die Stoßstange, ehe er überholte. Viola sagte: »Diese weißen Leute machen lauter Unsinn. Sie sind verrückt.« Moton denkt, daß sie das scherzhaft meinte, und dann davon redete, daß sie nach Alabama später einmal zurückkommen würde, falls »man mich inzwischen nicht umbringt«.

Nachdem sie ihre Mitreisenden in Selma abgesetzt hatten, gingen Viola und Moton auseinander, um zu Abend zu essen, und trafen sich dann später wieder, um nach Montgomery zu fahren und noch mehr Teilnehmern Fahrmöglichkeit zu bieten. Kurz vor 19.30 Uhr fuhren sie über die Edmund Pettus Bridge und kamen auf den Highway 80. Sie entdeckten bald, daß ihnen ein Wagen folgte. Etwa zwanzig Meilen blieb Viola vor den Verfolgern und die ganze Zeit summte und sang sie »We shall overcome« und andere Freiheitslieder. Etwa gegen 20.00 Uhr holte der verfolgende Wagen auf einer einsamen Strecke des Highway im Lowndes County auf, setzte sich neben Violas Wagen und die Insassen begannen zu schießen. Eine Kugel traf ihren Kopf und tötete sie augenblicklich.

Moton berichtet: »Ich hörte, wie das Glas splitterte und sie blutüberströmt über das Lenkrad fiel. Ich griff nach dem Lenkrad und versuchte, den Wagen auf der Straße zu halten, indem ich auf die Bremsen trat, aber er schwenkte aus, raste durch eine Vertiefung und wurde gegen die Einrahmung geschleudert. Ich schaltete den Motor und das Licht aus und versuchte, Frau Liuzzo zum Sprechen zu bringen. Ich sah, daß sie tot war. In dem Augenblick bemerkte ich, wie die Lichter des anderen Wagens auf uns zukamen und tat deshalb so, als sei ich tot. Ich war mit Blut bespritzt. Sie leuchteten in unseren Wagen mit Taschenlampen und fuhren dann weg. Ich gab Hupsignale in der Hoffnung, einen der Bürgerrechtswagen, die nach Selma fuhren, dadurch anzuhalten, aber niemand stoppte. Dann stieg ich aus und lief in Richtung Montgomery, weil ich nicht wußte, welches der rechte Weg war. Ich muß etwa drei Meilen gelaufen sein, als ich einen Lastwagen sah, der von Montgomery kam und der zu unseren Wagen gehörte (wir brauchten ihn zum Transport der Marschierer). Ich begann zu schreien und zu winken.«

Der Lastwagenfahrer, Reverend Leon Riley aus Richmond, Kalifornien, fährt in dem Bericht fort:

»Ich sah LeRoy auf der linken Fahrbahn. Er winkte uns zu. Als ich anhielt, kam er zum Lastwagen und sagte: ›Man hat eine Frau erschossen. Sie ist ermordet!‹«

Reverend Raymond J. Magee aus Lafayette, Kalifornien, saß hinten im Lastwagen:

»LeRoy kletterte hinten in den Wagen zu uns. Er war völlig hysterisch und schrie: ›Alle hinlegen! Da sind Leute mit Gewehren um uns herum. Sie haben gerade eine Frau erschossen. Wir müssen hier weg.‹ Plötzlich meinte LeRoy einen Wagen zu erkennen, der an uns vorbei fuhr. ›Das ist der Wagen‹, schrie er. Wir waren völlig durcheinander und riefen Riley zu, er solle anhalten. Wir wollten dem Wagen nicht folgen, den LeRoy gesehen hatte. Plötzlich sprang der arme LeRoy auf und sagte: ›Ich will ihn anhalten.‹ Dann verlor er das Bewußtsein und fiel um, lag bewegungslos da. Riley fuhr weiter. Wenigstens zwei oder drei Wagen verfolgten uns auf dem Highway. Jeder rief: ›Fahr schneller!‹ Wir warteten darauf, daß geschossen würde.«

Riley fuhr den Lastwagen zur Browns Chapel, von wo aus

Magee nach einem Krankenwagen und der FBI telefonierte. Moton rief Dr. Kings Mitarbeiter Hosea Williams im Zentrum der SCLC in Montgomery an und Williams riet ihm, die städtische Polizei in Selma anzurufen. Er tat das, und wurde bald darauf als Tatzeuge in Haft genommen. Williams sagte später: »Er hatte eine Todesangst. Er fürchtete, man würde ihn in das Lowndes County zurückbringen. Es gibt für einen Neger keinen schlimmeren Platz als das Gefängnis des Lowndes County.«

Jim Liuzzo hatte den Abend zu Hause verbracht, nachdem er das Geld für die Rückfahrt seiner Frau telegrafisch überwiesen hatte. Um 23.00 Uhr, als die Kinder schliefen, sah er im Fernsehen die Berichte von den historischen Ereignissen des Tages in Montgomery und ging zu Bett. Um 0.10 Uhr klingelte das Telefon und er stand auf, um zu antworten. Ein Mann am anderen Ende der Leitung stellte sich als Meryl Ruess, Beauftragter der Episcopal Church vor, der von Montgomery aus anrufe. »Ich habe eine sehr traurige Nachricht für Sie«, sagte er. »Man hat auf Ihre Frau geschossen.« »Ist es gefährlich?« fragte Liuzzo.

»Ja«, sagte Ruess, und dann entstand eine lange Pause.

»Reden Sie, Mann, sagen Sie mir, was passiert ist«, schrie Liuzzo. – »Ihre Frau ist tot«, sagte die Stimme und brach in Schluchzen aus.

Das Läuten des Telefons hatte die Kinder aufgeweckt, und als er den Hörer aufhing, rief ihnen Liuzzo weinend zu: »Mein Gott, Mammi ist umgebracht worden.«

Die folgenden Stunden waren ein Alptraum; Liuzzo erinnert sich kaum noch. Reporter, Fernsehleute und Freunde eilten in das Haus Liuzzos. Liuzzo weiß noch, daß er verschiedene Beamte in Selma und Montgomery anrief und immer wieder ausweichende Antworten oder Zurückweisungen erhielt. »Tut mir leid, ist nicht mein Bezirk.« Einmal fragte die sechsjährige Sally, die weinend auf seinem Schoß saß: »Warum konnte Mammi nicht einfach sterben, weil sie alt genug fürs Sterben war?«

Am nächsten Tag bezeugten selbst höchste Stellen ihre Anteilnahme und Mittrauer. Präsident Lyndon B. Johnson rief Liuzzo an, um ihm seine und Mrs. Johnsons Mitgefühl und Kummer auszudrücken. Vizepräsident Hubert Humphrey machte einen persönlichen Besuch im Hause Liuzzos. Das gleiche tat der Gouverneur George W. Romney. Reverend Malcolm Boyd, dessen Haltung Violas Entschluß, nach Selma zu gehen, mitbeeinflußt hatte, sagte: »Sie repräsentierte jene starken Persönlichkeiten in der Freiheitsbewegung, die nicht nach einem leitenden Amt fragen. Menschen wie Frau Liuzzo sind das moralische Rückgrat der Bewegung. Sie sind der Sache der Freiheit so verpflichtet, daß sie wirklich bereit sind, dafür zu sterben.«

Walter P. Reuther, der Präsident der United Automobil Worker, der gerade von Selma und Montgomery zurückkam, sagte: »Der brutale, kaltblütige Mord an Frau Liuzzo durch die Extremisten zeigt erneut, wie Menschen verblendet und verwirrt werden können durch Haß und Heuchelei.«

Als dann angekündigt wurde, daß eine feierliche Totenmesse am 30. März in der Immaculate Heart of Mary Church, zu deren Gemeinde die Liuzzos gehörten, gehalten werde, begann in der Zentrale der Diözesankanzlei der Katholischen Kirche in Detroit wild das Telefon von anonymen Anrufern zu läuten, die wissen wollten, wieso man einer geschiedenen Frau ein christliches Begräbnis gewähren könnte. Die Zeitung der Diözese, »Michigan Catholic«, schrieb dazu:

»Vielleicht geht es einigen dieser besorgten Anrufer wirklich um die feinen Nuancen des kanonischen Rechts. Wenn das so ist, dann sind sie also nur wißbegierig. Vielleicht ohne Arg, vielleicht aus Unverschämtheit. Aber die meisten dieser Anrufer haben etwas ganz anders als eine unschuldige Anfrage im Sinn. Es ist etwas Kriegerisches in ihrem Ton und Streitsucht in ihrer Stimme ... Haß und Böswilligkeit ... Sie wollen nicht, daß man für diese Frau betet und lehnen den Trost ab, den man der Familie geben möchte ...

Wir können denjenigen, die ein Urteil des Hasses gegen sie gefällt haben, kein Mitleid entgegenbringen. Sie haben den einzigen Weg eingeschlagen, auf dem man sich einem vergebenden Gott entfremden kann ... Wir wünschen ihnen ein vergebendes Herz. Wir stimmen ein in die Gebete der Kirche, die Ruhe, Frieden und Licht für Viola Liuzzo erbitten. Vielleicht hat sie jetzt das Leben gefunden, das keine Vorurteile und keinen Haß kennt.«

Jack Mendelsohn

Ein Tag wird kommen

EIN TAG WIRD KOMMEN, an dem die Menschen rotgoldene Augen und siderische Stimmen haben, an dem ihre Hände begabt sein werden für die Liebe, und die Poesie ihres Geschlechts wird wiedererschaffen sein ...
... und ihre Hände werden begabt sein für die Güte, sie werden nach den höchsten aller Güter mit ihren schuldlosen Händen greifen, denn sie sollen nicht ewig, denn es sollen die Menschen nicht ewig, sie werden nicht ewig warten müssen ...
Ein Tag wird kommen, an dem unsere Häuser fallen, die Autos werden zu Schrott geworden sein, von den Flugzeugen und von den Raketen werden wir befreit sein, den Verzicht leisten auf die Erfindung des Rads und der Kernspaltung, der frische Wind wird niederkommen von den blauen Hügeln und unsere Brust weiten, wir werden tot sein und atmen, es wird das ganze Leben sein.
In den Wüsten wird das Wasser versiegen, wir werden wieder in die Wüste können und die Offenbarungen schauen, die Savannen und die Gewässer in ihrer Reinheit werden uns einladen, die Diamanten werden im Gestein bleiben und uns allen leuchten, der Urwald wird uns aus dem Nachtwald unserer Gedanken übernehmen, wir werden aufhören, zu denken und zu leiden, es wird die Erlösung sein.

Ingeborg Bachmann

Quellenverzeichnis

Gerhard Adler, Die Jesusbewegung. Aufbruch der enttäuschten Jugend, Patmos-Verlag, Düsseldorf 1972, S. 66–71.

William Agudelo, Unser Lager bei den Blumen auf dem Felde, Peter Hammer Verlag, Wuppertal 1972.

Carl Amery, Das Ende der Vorsehung. Die gnadenlosen Folgen des Christentums, © Rowohlt Verlag GmbH, Reinbek bei Hamburg 1972.

Ingeborg Bachmann, Malina, Suhrkamp Verlag, Frankfurt/M. 1971.

Helder Camara, Gebet für die Reichen, Pendo-Verlag, Zürich 1972.

Ernesto Cardenal, Orakel über Managua, Peter Hammer Verlag, Wuppertal 1974, S. 72–76, 83–86.

Père Christian, Die Armen vor der Tür, Verlag Erich Wewel, deutsche Lizenzausgabe, München/Freiburg 1973.

Sally Cunneen, Geschlecht: weiblich Religion: katholisch, Kösel-Verlag, München 1971.

Erst war ich einige Monate arbeitslos, aus: Jesus kommt, hrsg. von Wilfried Kroll, Aussaat-Verlag, Wuppertal 1971, S. 50–55.

Raoul Follereau, Revolution der Nächstenliebe, Herder-Bücherei 317, Verlag Herder, Freiburg 1968, S. 11–17.

In der Nacht des 9. Juni 1971, aus: Zum Beispiel Hector Gallego, Dokumente / Projekte Heft 9, hrsg. von ADVENIAT, Essen 1973, S. 11–22.

Hans Axel Holm, Bericht aus einer Stadt in der DDR, Nymphenburger Verlagshandlung, München 1970, S. 97–100.

Johannes XXIII., Geistliches Tagebuch, Herder-Bücherei 304/05, Verlag Herder, Freiburg 1964.

James Kavanaugh, Protest aus Liebe, Walter-Verlag, Olten/Freiburg 1969, S. 233–239, 245–247. Copyright © 1967 by Father James Kavanaugh. Alle deutschen Rechte durch Ruth Liepman, Zürich.

Michel Kayoya, Auf den Spuren meines Vaters, Jugenddienst-Verlag, Wuppertal 1973.

Martin Luther King, Warum wir nicht warten können, Econ-Verlag, Wien/Düsseldorf 1964, S. 105–106, 116–123, 126.

Elisabeth Kübler-Ross, Interviews mit Sterbenden, Kreuz-Verlag, Stuttgart/Berlin 1974, aus S. 170–182.

Roland Melody, Ich half den Haschern, Verlag Herder, Freiburg 1972.

Jack Mendelsohn, Die hungern und dürsten nach der Gerechtigkeit. Rassenkampf und Bürgerrechtsbewegung in 14 Schicksalen, Chr. Kaiser Verlag, München 1968, S. 242–259.
Marie-Jean Mossand, Keiner lebt für sich allein. Wege und Begegnungen eines Pfarrers in Paris, Verlag Herder, Freiburg 1974, S. 128–135.
Malcolm Muggeridge, Mutter Teresa. Erste authentische Biographie, Verlag Herder, Freiburg 1972, S. 42–48.
Leonhard Nghipandulua, in: Sklave im eigenen Land. Unterdrückung und Widerstand im südlichen Afrika, hrsg. von Kai-Michael Schreiner, Peter Hammer Verlag, Wuppertal.
Charles Péguy, Das Mysterium der Erbarmung, Herold Druck- und Verlagsgesellschaft, Wien.
Manfred Porsch, in: Mandala – Texte, Zeichnungen und Fotos junger Menschen zwischen fünfzehn und einundzwanzig, zusammengestellt und herausgegeben von Traude Hirschbühl, Fährmann-Verlag, Wien.
Josef Reding, Wir lassen ihre Wunden offen, Paulus Verlag, Recklinghausen 1965, S. 22–26. © by Josef Reding, Dortmund.
Hans Joachim Sell, An Spaniens Fell zerren Dämonen, Hans Christians Verlag, Hamburg 36.
Severina schreibt Paul VI., aus: Paul Gauthier, Ich habe dich gerufen. Ansprachen an Priester, Ordensfrauen und Laien, Verlag Styria, Graz Wien Köln 1969.
Rochus Spiecker, Augenblick und Wimpernschlag. Montagsglossen, Verlag bibliotheca christiana, Bonn.
Chun Tae-il, Tagebuch eines südkoreanischen Arbeiters, Übersetzung von Gerhard Breidenstein, © by Gerhard Breidenstein, Kaarst.
Studs Terkel, Chicago – Bericht aus einer amerikanischen Stadt, Nymphenburger Verlagshandlung, München 1967, S. 124–133.
Abram Terz (Sinjawski), Gedanken hinter Gittern, © Paul Zsolnay Verlag GmbH, Wien/Hamburg 1968, S. 100–102, 13–15.
Jan Twardowski, Ich bitte um Prosa. Langzeilen, Johannes-Verlag, Einsiedeln 1973.
Chad Varah, Samariter – Hilfe durchs Telefon, Kreuz-Verlag, Stuttgart/Berlin 1966, S. 21–24.
Richard Weidlich, Brief aus Terra Nova, Sudetendeutsches Priesterwerk Taunus, Königstein im Taunus, Heft 3.
Birgitta Wolf (Hrsg.), Die vierte Kaste – junge Menschen im Gefängnis, Verlag Rütten & Loening, Hamburg 1963, S. 284–286.